中等职业学校汽车检测与维修专业教学用书

汽车电器构造与维修

主　编　石杰绪
参　编　郑爱华　王兴娟　张英华　徐春良　付清洁
　　　　李兴杰　段德军
主　审　张茂国

机械工业出版社

本书是"中等职业学校汽车检测与维修专业教学用书"之一，理论与实践紧密结合，注重培养学生在实践中发现问题、解决问题的能力，主要内容包括：电源系、起动系、点火系、照明与信号系、仪表系、辅助电气设备和汽车全车电路，重点介绍了主要电气设备的构造、拆装、工作过程、使用及维修方法。

本书可供中等职业学校汽车类学生使用，也可作为从事汽车行业生产和维修的技术工人培训、自学用书。

图书在版编目（CIP）数据

汽车电器构造与维修/石杰绪主编. —北京：机械工业出版社，2011.12 (2024.3重印)

中等职业学校汽车检测与维修专业教学用书

ISBN 978-7-111-36197-8

Ⅰ.①汽… Ⅱ.①石… Ⅲ.①汽车—电气设备—构造—中等专业学校—教材②汽车—电气设备—车辆修理—中等专业学校—教材 Ⅳ.①U472.41

中国版本图书馆 CIP 数据核字（2011）第 218027 号

机械工业出版社（北京市百万庄大街22号　邮政编码100037）
策划编辑：朱　华　陈玉芝　　责任编辑：林运鑫
版式设计：霍永明　　　　　　责任校对：刘秀芝
封面设计：路恩中　　　　　　责任印制：郜　敏
中煤（北京）印务有限公司印刷
2024年3月第1版第8次印刷
184mm×260mm·11.25印张·275千字
标准书号：ISBN 978-7-111-36197-8
定价：39.80元

电话服务　　　　　　　　网络服务
客服电话：010-88361066　机　工　官　网：www.cmpbook.com
　　　　　010-88379833　机　工　官　博：weibo.com/cmp1952
　　　　　010-68326294　金　书　网：www.golden-book.com
封底无防伪标均为盗版　　机工教育服务网：www.cmpedu.com

编委会名单

主 任 委 员 任 东
副主任委员 张茂国　祖国海（常务）
委　　　员 张凯良　毛洪艳　孙 朋　车立新　方瑞学
　　　　　　　姜海艳　潘 波　李淑萍　石杰绪　杨春青
　　　　　　　郝风伦　李秉玉　王军方　蒋卫华

前 言

本教材是根据教育部制定的"中等职业学校三年制汽车检测与维修专业技能型紧缺人才培养"的指导方案对"汽车电器构造与维修"课程的教学要求编写的。教材以提高学生的职业实践能力和职业素养为宗旨，倡导以学生为本位的教育培训理念和建立多样性与选择性相统一的教学机制。通过综合和具体的职业技术实践活动，帮助学生积累实际工作经验，突出中等职业教育的特色，全面提高学生的职业道德、职业能力和综合素质。

长期以来，我国的中等职业教育教材强调专业知识的体系结构，过分看重专业知识性，专业课教材对专业技能的培养和训练重视不足，过分追求理论化、系统化，存在学用脱节、实用性不强等问题。随着我国汽车工业的迅速发展，对汽车使用、保养、维修等专业人才有了更新的要求。本教材针对当前中等职业教育的特点，以学生就业为导向，从职业活动出发，兼顾劳动者的职业生涯，以企业工作现场为平台，根据企业的工作任务，将职业活动转换为教学内容；教材内容以国家有关的职业标准（中级）为基本依据，摒弃"繁难偏旧"的内容，突出学生岗位能力的培养，提高学生的操作技能，培养学生在实践中发现问题、解决问题的能力，体现了实用性、科学性、可操作性。

本教材采用任务驱动编写模式，使学生在动手操作中逐步掌握汽车电器的构造、工作过程、使用及维修等方面的知识。本教材分为七个单元，每个单元中设置多个工作任务，每个工作任务都是一个完整的工作过程。工作任务中设置了与汽车维修企业对汽车维修工要求相适应的任务目标，着重介绍工作任务的具体实施方法以及对任务实施有直接指导作用的相关知识。学生通过对本教材的学习，完全能够掌握必要的专业知识，达到相应的技能要求，并且能够取得相应的职业资格证书，为以后的就业打下良好的基础。

本教材由石杰绪主编（编写单元六中的任务一、任务二，并负责全书统稿及部分插图的制作），参加编写的还有郑爱华（编写单元一）、王兴娟（编写单元二）、张英华（编写单元三）、徐春良（编写单元四）、付清洁（编写单元五）、李兴杰（编写单元六中的任务三、任务四）、段德军（编写单元七），全书由张茂国主审。

本教材在编写过程中参考了许多相关文献、资料，在此谨对这些文献、资料的作者表示衷心的感谢。

由于能力所限，书中难免会出现疏漏和差错，恳请广大读者不吝指正。

编　者

目　录

前言

单元一　电源系 …………………………… 1
  任务一　认识汽车电源系 …………………… 1
  任务二　铅蓄电池的充电 …………………… 3
  任务三　交流发电机的检修 ………………… 12
  任务四　电压调节器的检测 ………………… 23
  任务五　电源系电路检查 …………………… 27

单元二　起动系 …………………………… 31
  任务一　认识起动系 ………………………… 31
  任务二　起动机的检修 ……………………… 32
  任务三　起动系电路检查 …………………… 46

单元三　点火系 …………………………… 49
  任务一　认识点火系 ………………………… 49
  任务二　检查传统点火系电路 ……………… 51
  任务三　检查传统点火系主要部件 ………… 54
  任务四　检查磁感应式电子点火系电路 …… 62
  任务五　检查霍尔效应式电子点火系
        电路 …………………………………… 66
  任务六　认识微机控制的有分电器式电子
        点火系 ………………………………… 72
  任务七　认识微机控制的无分电器式电子
        点火系 ………………………………… 79

单元四　照明与信号系 …………………… 86
  任务一　认识汽车灯光与信号系 …………… 86
  任务二　检查前照灯电路 …………………… 89
  任务三　前照灯的检测与调整 ……………… 94
  任务四　检查雾灯电路 ……………………… 97
  任务五　检查转向灯电路 …………………… 99
  任务六　电喇叭电路的检查及电喇叭的
        调整 …………………………………… 103

单元五　仪表系 …………………………… 107
  任务一　认识仪表系 ………………………… 107
  任务二　认识报警指示装置 ………………… 114

单元六　辅助电气设备 …………………… 118
  任务一　检查电动刮水器电路 ……………… 118
  任务二　检查电动车窗电路 ………………… 122
  任务三　认识电动座椅 ……………………… 127
  任务四　检查电动门锁控制电路 …………… 131

单元七　汽车全车电路 …………………… 135
  任务一　解放 CA1092 型汽车全车电路的
        识读 …………………………………… 135
  任务二　桑塔纳 2000 型轿车全车电路的
        识读 …………………………………… 147

参考文献 ………………………………… 172

单元一

电 源 系

任务一 认识汽车电源系

【任务目标】

1) 熟悉电源系的组成。
2) 了解电源系各组成部件的作用。
3) 了解电源系各组成部件的安装位置。

【任务分析】

汽车上有很多用电设备，电源系的主要作用是向汽车上的各个用电设备供电，满足汽车用电需要。汽车上有蓄电池和发电机两个电源，它们与汽车上的其他用电设备之间为并联关系，如图1-1所示。发动机不工作时，由蓄电池向用电设备供电；当发动机正常工作时，由发电机向各种用电设备供电。电源系根据发电机的搭铁形式不同，可分为内搭铁式和外搭铁式两种类型。

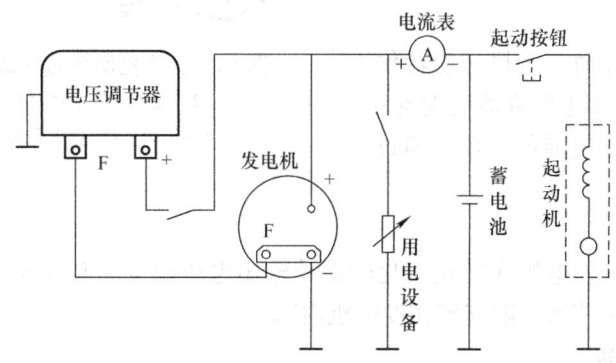

图1-1 汽车电源系电路

【任务实施】

一、准备工作

1) 准备实习车辆或实习设备和万用表。

2)将车辆(设备)停放在通风良好、地面平整干净、周围无安全隐患的环境中。
3)放置车轮挡块并拉紧驻车制动,避免工作时车辆移动。
4)安装防护套件,防止工作时划伤、弄脏车辆。
5)检查车辆的油、水、电及制冷剂等,使车辆处于完好状态。

二、实施任务

1)观察实习车辆或实习设备,了解电源系电气部件,记住各电气部件的名称、形状和安装位置。
2)断开所有用电设备的开关,用万用表测量蓄电池的端电压。
3)打开前照灯,观察前照灯亮度。
4)起动发动机,观察发动机起动后前照灯亮度的变化。
5)发动机怠速运转时,测量蓄电池的端电压;使发动机转速逐渐提高,观察蓄电池端电压的变化。操作完毕,断开点火开关,使发动机熄火。
6)做好实习记录,并对端电压的变化进行分析,写出实习报告。
7)完成清洁整理工作。

【相关知识】

汽车电源系主要是由蓄电池、发电机、电压调节器、充电指示装置等部件组成的,图1-2所示为汽车电源系的组成部件及安装位置。

1. 蓄电池

发动机不工作时,向各种用电设备供电;起动时,向起动机、点火系供电。

2. 发电机

发动机正常工作时,将机械能转化为电能,向用电设备供电并给蓄电池充电。发电机都安装在发动机前部一侧,通过V带由发动机带动转动。

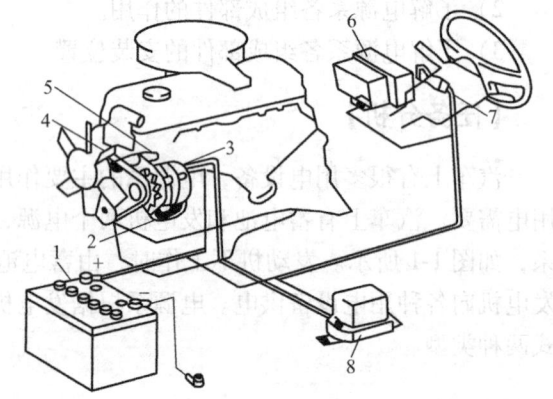

图1-2 汽车电源系的组成部件及安装位置
1—蓄电池 2—支架 3—发电机 4—V带 5—调整支杆
6—仪表 7—点火开关 8—调节器

3. 电压调节器

调节器的作用使发电机在转速变化时保持输出电压稳定。有些车辆电压调节器是独立的,轿车上的电压调节器一般安装在发电机内部。

4. 充电指示装置

充电指示装置用来指示蓄电池充放电情况。充电指示装置一般为电流表或充电指示灯,都设置在仪表板上。

【知识链接】

有些汽车的电源系装有电源总开关、充电指示灯及继电器、电压表等。充电指示灯用来指示充电系工作情况。在蓄电池放电时,充电指示灯亮;发电机向蓄电池充电时,充电指示灯熄灭；若发动机正常工作时充电指示灯突然亮了，表明电源系出现故障。

蓄电池的安装位置根据汽车制造厂的车型结构设计而定，一般轿车安装在发动机舱内，货车安装在车架中前部的左侧或右侧，客车多安装在车厢底部。蓄电池在安装时要用特制的金属框架和防振垫固定。

任务二　铅蓄电池的充电

【任务目标】

1) 熟悉铅蓄电池的结构和型号。
2) 了解铅蓄电池的工作原理。
3) 掌握铅蓄电池的充电方法，会对蓄电池进行充电。
4) 能够对铅蓄电池技术情况进行检查和维护。

【相关知识】

汽车用铅蓄电池是一种储存电能的装置，放电时把储存的化学能转化为电能，充电时把电能转变为化学能储存起来。同时，蓄电池还相当于一个大容量的电容器，能够吸收瞬间过电压，以保护电子元器件。

一、铅蓄电池的结构

铅蓄电池一般由 3 个或 6 个单体蓄电池串联而成，每个单体蓄电池的额定电压为 2V。普通型铅蓄电池主要由极板、隔板、电解液、外壳、联条、极柱、电池盖及加液孔盖等部分组成，如图 1-3 所示。

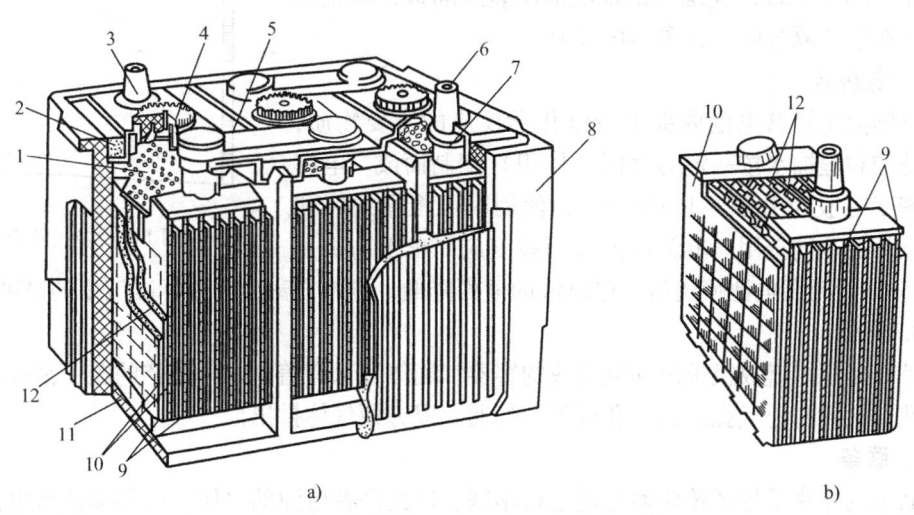

图 1-3　普通型铅蓄电池的结构
a) 整体结构　b) 单体结构
1—护板　2—封料　3—负极柱　4—加液孔螺塞　5—联条　6—正极柱
7—电极衬套　8—外壳　9—正极板　10—负极板　11—肋条　12—隔板

1. 极板

极板上的活性物质与电解液反应，完成铅蓄电池的充放电化学反应。极板分为正极板和负极板，它们都是由栅架和活性物质组成的，如图1-4所示。正极板上的活性物质为二氧化铅（PbO_2），呈棕红色；负极板上的活性物质是海绵状的纯铅（Pb），呈青灰色。现在大多数蓄电池的极板，在制造过程中采用了特殊工艺，其负极板在干燥状态下可长期保存制造过程中得到的负电荷，制成干式荷电极板。这种干式荷电铅蓄电池在启用时只需加足电解液，静置20~30min即可投入使用，无需进行初充电，使用方便。

为了增大铅蓄电池的容量，在一个单体电池中，将多片正、负极板分别焊接在一起，组成正、负极板组，如图1-5所示。

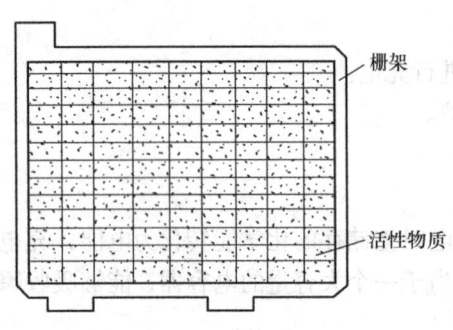

图1-4 极板的结构

图1-5 极板组

2. 隔板

隔板的作用是隔在正、负极板之间以防止相互接触发生短路。隔板的形状与极板的形状相同，面积比极板稍大，厚度小于1mm。免维护铅蓄电池用袋式隔板，其正极板被装在袋式隔板中，如图1-6所示。

3. 电解液

电解液是铅蓄电池内部进行电化学反应的主要物质，由纯硫酸和蒸馏水按一定的比例（体积）配制而成。电解液的密度一般为$1.24 \sim 1.30 g/cm^3$，使用时可根据地区和气候条件的不同选用。电解液的液面高度应高出上防护片10~15mm，铅蓄电池使用后，电解液的液面降低，应补充蒸馏水至标准液面的高度。

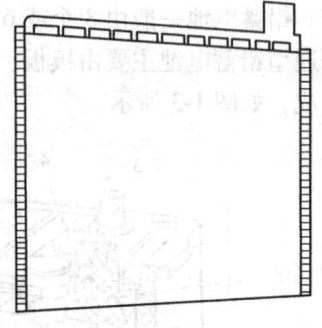

图1-6 袋式隔板

4. 外壳

外壳是用来盛放极板组和电解液的容器，壳体顶部有盖，每个单体的盖子都设有加液孔盖。孔盖上设有通气孔，该小孔应保持畅通，以方便气体排出。

5. 联条

联条的作用是把各单体蓄电池进行串联，以提高蓄电池的电压。整体盖式蓄电池的联条多采用穿壁式或跨接式结构，如图1-7所示。

6. 极柱

极柱分为正极柱和负极柱。正极柱一般用"＋"或"P"标记，负极柱一般用"－"

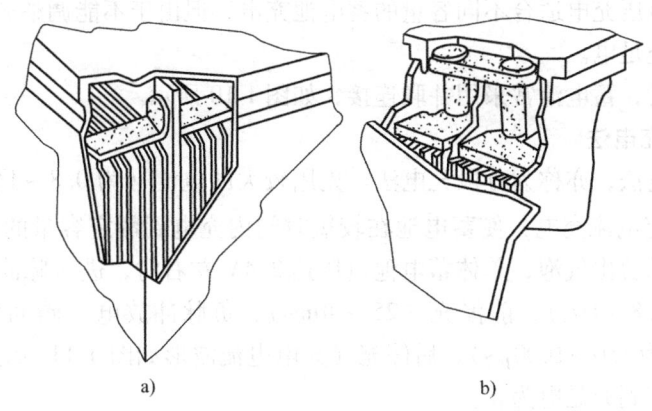

图 1-7 联条
a) 穿壁式　b) 跨接式

或"N"标记,有些在正极柱上涂上红色。极柱结构型式有锥形和 L 形两种,如图 1-8 所示。

二、蓄电池的充电方法

蓄电池的常规充电方法有定电流充电和定电压充电两种,而非常规充电有脉冲快速充电。

1. 定电流充电

定电流充电是指在蓄电池充电过程中,使充电电流保持恒定不变的充电方法。这种充电方法可任意选择和调整电流,适应各种不同条件下的蓄电池充电。其缺点是充电时间长,需专人看管。

定电流充电时,蓄电池采用串联法,如图 1-9 所示,即把同容量的蓄电池串联起来接入充电电源。按公式可计算出最多允许串联的蓄电池单体数,蓄电池总单体数 = 充电机的额定充电电压值/2.70。

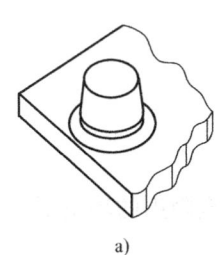

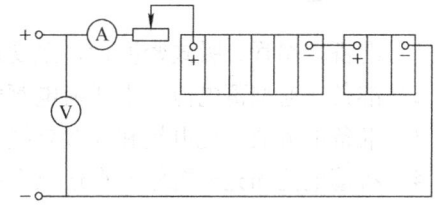

图 1-8 蓄电池极柱的结构型式
a) 圆锥形　b) L 形

图 1-9 蓄电池定电流充电

2. 定电压充电

定电压充电是指在充电过程中,加在蓄电池两端的充电电压保持恒定的充电方法。汽车上的发电机对蓄电池的充电即定电压充电。定电压充电的电压选择合适时,蓄电池充足电后,充电电流可自动减小到 0。这种充电与定电流充电相比较,具有充电时间短,不需专人照管的优点。定电压充电适合不同容量的蓄电池充电,但由于不能调整充电电流,因而不能保证蓄电池彻底充足电。

定电压充电时,蓄电池常采用并联连接,如图 1-10 所示。

3. 脉冲快速充电法

脉冲快速充电法,亦称为分段充电法。先用较大的电流(为 $0.8\sim1Q_e$,Q_e 为蓄电池的额定容量)进行定电流充电,使蓄电池在较短时间内充电到额定容量的 50%~60%,当蓄电池电解液中开始冒出气泡,单体蓄电池电压达 2.4V 左右时,进入脉冲充电。其具体过程为正脉冲充电($0.8\sim1Q_e$)、前停充($25\sim40$ms)、负脉冲放电(瞬间电流为充电电流的 1.5~3 倍,时间为 150~1000μs)、后停充(充电电流波形如图 1-11 所示)。以后就按前述过程重复进行,直到充足电为止。

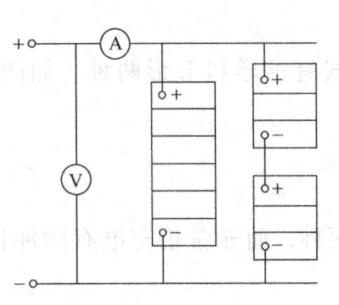

图 1-10 不同容量蓄电池并联充电

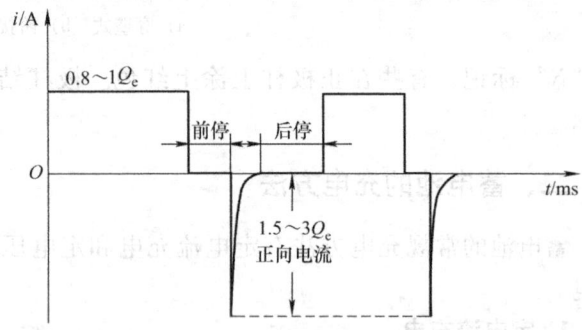

图 1-11 脉冲充电电流波形

该充电方法的显著特点是充电速度快,充电时间可大大缩短。一次初充电只需 5h 左右,补充充电仅需 1h 左右。

【任务实施】

一、准备工作

1)准备玻璃管、吸式密度计、温度计、高率放电计和万用表。
2)准备普通型蓄电池、干式荷电蓄电池和免维护蓄电池。
3)准备电解液、充电机和连接导线。
4)将蓄电池和充电机停放在通风良好、地面平整干净、周围无安全隐患的环境下。

二、实施任务

(一)蓄电池的维护

1)检查蓄电池在车上安装是否牢靠,极柱是否晃动,接线是否紧固。
2)保持蓄电池表面的清洁,电解液溅到蓄电池表面时,应用抹布蘸质量分数约 10% 的苏打水或碱水擦净,如图 1-12 所示。电池极柱和电缆夹头上出现氧化物时,应及时清除,如图 1-13 所示。

单元一 电源系

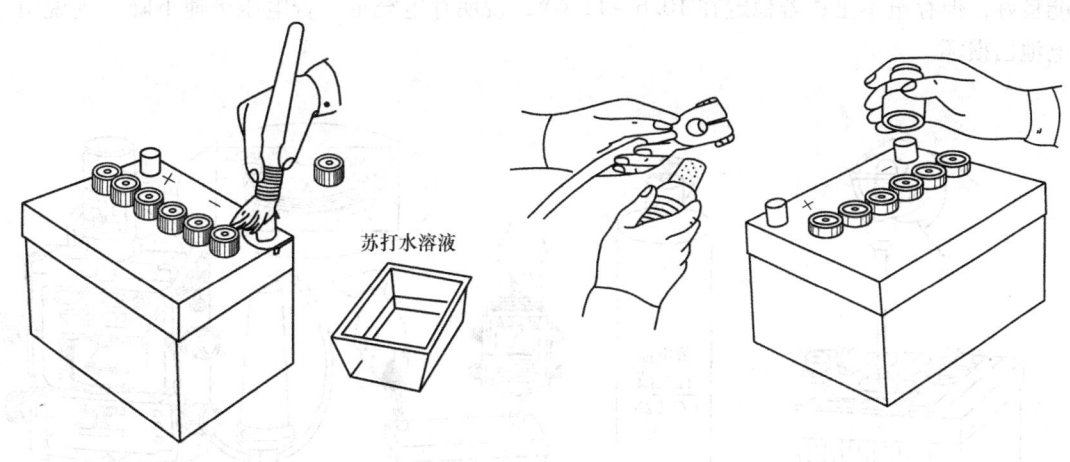

图1-12 清洁蓄电池外表　　　　　　图1-13 清洁接线柱夹头

3）检查疏通加液孔盖上的通气孔。

4）检查蓄电池的放电情况，避免过放电或者长期处于亏电状态，放完电的蓄电池应在24h内及时充电。

5）检测和调整蓄电池电解液的液面高度和密度。

（二）蓄电池的性能检测

蓄电池的性能检测包括电解液液面高度检测、蓄电池端电压的检测、电解液密度的测量及蓄电池放电程度检测等。

1. 蓄电池电解液液面高度的检测

电解液液面高度可用玻璃试管检测，如图1-14所示。液面应高出上防护片10~15mm。透明塑料外壳蓄电池可用指示线法，液面高度应在上、下刻度线之间。若液面正常减少应加注蒸馏水，若电解液有倾出，需补充相同密度的电解液。

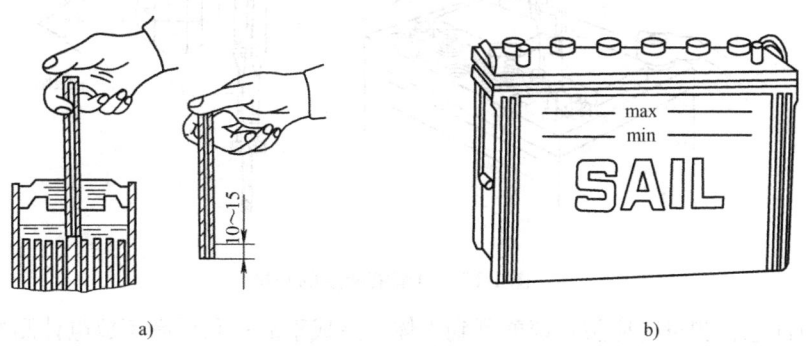

图1-14 蓄电池电解液液面高度检测
a）用玻璃管检测　b）用液面高度指示线检测

当液面高度不足时，应及时添加蒸馏水或补充液，如图1-15所示。

2. 蓄电池端电压的检测

蓄电池的端电压可用12V高率放电计（见图1-16）进行测量。将放电计的两叉尖分别紧密接触蓄电池的正、负极，保持5s。若蓄电池的电压能保持在9.6V以上，说明蓄电池性

7

能良好,但存电不足;若稳定在 10.6~11.6V,说明存电充足;若电压迅速下降,则说明蓄电池已损坏。

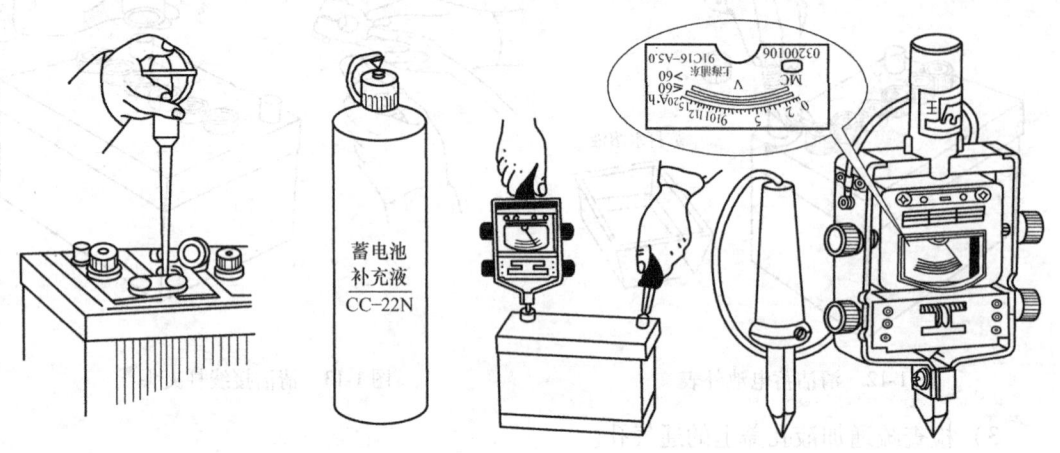

图 1-15　添加调整用"补充液"　　　　图 1-16　12V 整体电池式高率放电计

3. 蓄电池电解液密度的测量

蓄电池电解液密度可用吸式密度计测量(见图 1-17)。将实际测量的密度值换算成标准温度(25℃)下的密度值,且与蓄电池充足电的电解液密度值进行对比,根据密度下降的程度就可判断蓄电池的放电程度。

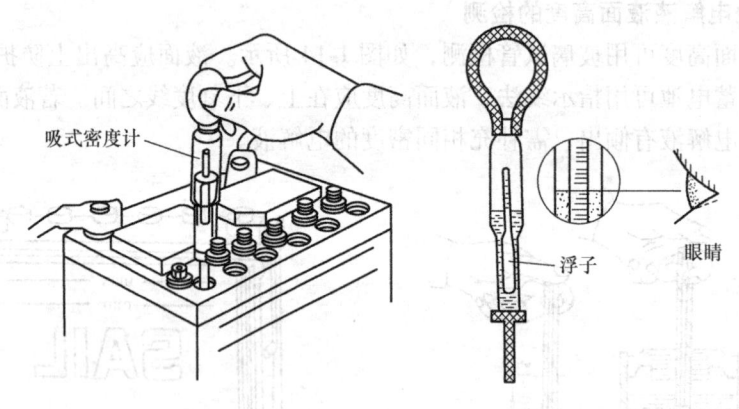

图 1-17　电解液密度的测量

检查时注意:测量时应防止硫酸溅到人体,造成事故;利用高率放电计测量时应保证测量时间准确。

(三) 蓄电池的充电

蓄电池在使用中,如果发现起动机运转无力、灯光暗淡,冬季放电超过 25%,夏季放电超过 50%,储存不用已近一个月的蓄电池,都应该进行补充充电。另外,由于在汽车上对蓄电池进行充电是定电压充电,不一定能使蓄电池充足电,所以为了有效防止亏电,汽车用蓄电池每 1~2 个月应从车上拆下进行一次维护性补充充电。

1. 补充充电具体步骤

1) 清除蓄电池盖上的脏污和极柱、导线接头上的氧化物，并拧开加液孔盖。

2) 检测电解液密度和液面高度，不符合要求进行调整。

3) 用高率放电计检查各单体蓄电池的放电情况，要求蓄电池的各个单体蓄电池电压读数应基本一致。

4) 将蓄电池正极接充电机正极，负极接充电机负极。第一阶段的充电电流约为蓄电池额定容量的1/10，充至单体蓄电池电压为2.3~2.4V；第二阶段的充电电流约为额定容量的1/2，充至单体蓄电池电压为2.7V，电解液密度达到规定值，并且在2~3h内基本不变，蓄电池内产生大量气泡，电解液呈沸腾状态，此时表示电池已充足电，时间大约为15h。

2. 充电注意事项

1) 严格遵守各种充电工艺的充电规范。

2) 配制和灌入电解液时，要严格遵守安全操作规程和器皿使用规则。

3) 充电过程中，要密切观察各单体蓄电池的电压、密度和温度变化，及时判断充电程度和电池的技术状况。

4) 充电时应先接好与蓄电池的连接导线，再接通充电设备电源。停止充电时，则应先切断充电设备电源，再拆下与蓄电池的连接导线。

5) 充电车间内要安装通风装置，保持空气的畅通。充电车间内严禁明火，以防发生事故。

6) 充电设备不应和被充电电池放置在同一工作间。

（四）完成整理工作

1) 清洁、整理工具、设备，并妥善保管存放。

2) 将蓄电池和充电机归回原位。

3) 清扫、清理场地，保持环境整洁。

4) 记录并分析观察结果，完成实习报告。

【知识链接】

一、免维护蓄电池

免维护蓄电池又称为MF蓄电池，如图1-18所示。

免维护是指在汽车合理使用期间，不需要对蓄电池进行加注蒸馏水、检测电解液密度等维护作业。

在蓄电池内部安装有电解液密度计，如图1-19所示，可自动显示蓄电池的存电状态和电解液液面的高低。如果密度计的观察窗呈绿色，表明蓄电池存电充足，可正常使用；若显示深绿色或黑色，表明蓄电池存电不足，需补充充电；若

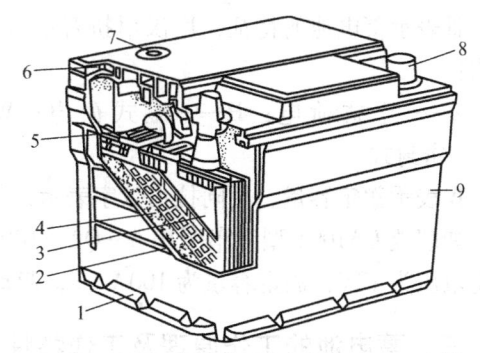

图1-18 免维护蓄电池
1—下固定槽 2—铅钙栅架 3—袋式隔板 4—活性物质
5—穿壁联条 6—消焰排气阀 7—内装式密度计
8—冷锻式接线柱 9—壳体

显示浅黄色，表明蓄电池已接近报废。不同的蓄电池观察窗的颜色不同，可根据说明进行判断。

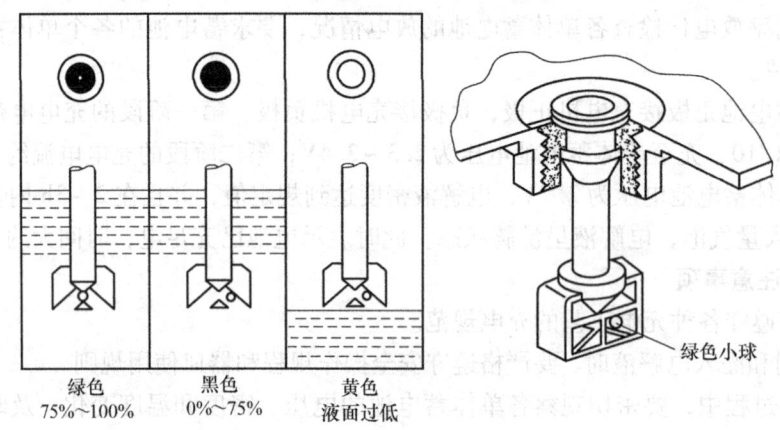

图1-19 内装式密度计

二、蓄电池的型号

按照机械行业标准 JB/T 2599—1993《铅酸蓄电池 产品型号编制方法》的规定，铅酸蓄电池型号由三段四部分组成，即

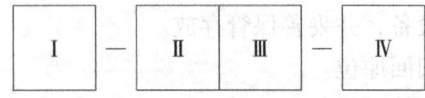

Ⅰ表示串联的单体蓄电池数，用阿拉伯数字表示。

Ⅱ表示蓄电池的类型，用汉语拼音字母表示。其含义为：

Q——起动用蓄电池；M——摩托车用蓄电池；C——船舶用蓄电池；B——航标用蓄电池。

Ⅲ表示蓄电池的特征，用汉语拼音字母表示，若是干封式铅蓄电池，则无字母。其含义为：

A——干式荷电；H——湿式荷电；W——免维护；F——防酸式；Y——带液式；M——密封式。

Ⅳ表示额定容量，用阿拉伯数字表示，其单位为 A·h，但在型号内不标注单位。

如解放 CA1091 型汽车所用 6—QA—100 型蓄电池，表示蓄电池由 6 个单体串联而成，额定电压为 12V，额定容量为 100A·h，起动用干式荷电蓄电池。

三、蓄电池的工作原理及工作特性

（一）蓄电池的工作原理

蓄电池有放电和充电两种工作状态，如图1-20所示。当蓄电池向外放电时，正极板上的 PbO_2 和负极板上的 Pb 转化为 $PbSO_4$，电解液中的硫酸减少、水增多，使电解液的密度降低,化学能转变为电能;外部直流电源向蓄电池充电时,正、负极板上的$PbSO_4$分别恢复成原来的PbO_2和Pb,电解液中的水被消耗、硫酸增多,使电解液密度升高,电能转变为化学能。化学反应式为

$$PbO_2 + 2H_2SO_4 + Pb = 2PbSO_4 + 2H_2O$$

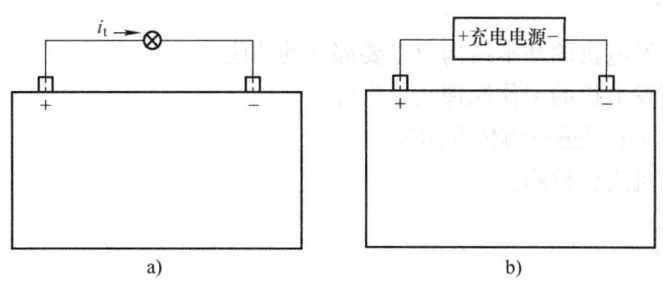

图 1-20 铅蓄电池的工作原理
a) 放电 b) 充电

(二) 蓄电池的工作特性

1. 蓄电池的放电特性

蓄电池的放电特性是指充足电的蓄电池在恒流放电过程中,蓄电池的端电压U_f、电动势E、电解液相对密度$\rho_{25℃}$随放电时间的变化规律。蓄电池以20h放电率恒流放电时的特性曲线如图1-21所示。

在恒流放电过程中,端电压、电动势和电解液的相对密度均随放电时间增加而减小。

2. 蓄电池的充电特性

蓄电池的充电特性是指在恒流充电过程中,单体蓄电池的端电压U_c、电动势E和电解液的相对密度$\rho_{25℃}$随时间变化的规律。蓄电池恒流充电的特性曲线如图1-22所示。

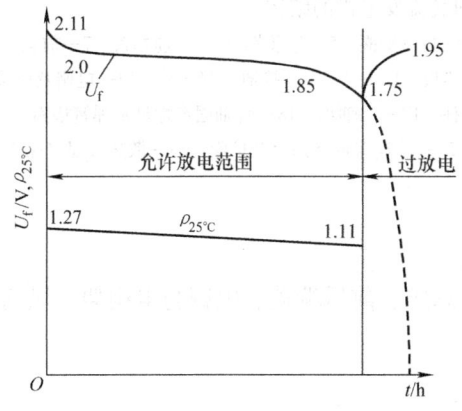

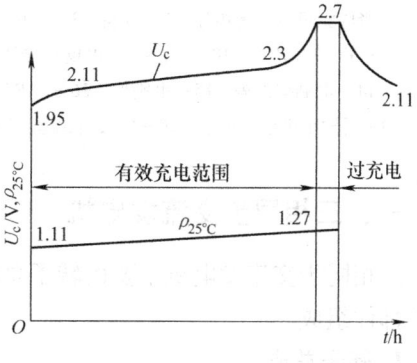

图 1-21 蓄电池恒流放电的特性曲线 图 1-22 蓄电池恒流充电的特性曲线

在恒流充电过程中,端电压、电动势和电解液的相对密度均随充电时间增加而升高。

任务三 交流发电机的检修

【任务目标】

1) 熟悉交流发电机的基本结构及主要部件的功能。
2) 了解交流发电机的工作原理及工作特性。
3) 能熟练对发电机进行解体和组装。
4) 能对发电机进行检修。

【相关知识】

汽车用交流发电机是由一台三相同步交流发电机和一套整流二极管组成。图1-23所示为国产JF132系列交流发电机的结构。

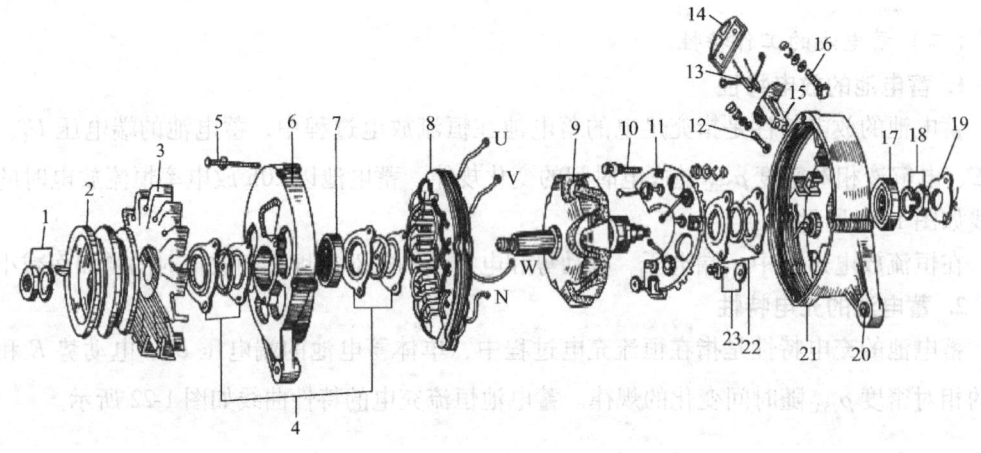

图1-23 国产JF132系列交流发电机的结构

1—紧固螺母及弹簧垫片 2—带轮 3—风扇 4—前轴承油封及护圈 5—组装螺栓 6—前端盖 7—前轴承 8—定子 9—转子 10—"+"(电枢)接线柱 11—散热板 12—"-"(接地)接线柱 13—电刷及压簧 14—电刷架外盖 15—电刷架 16—"F"(磁场)接柱 17—后轴承 18—转轴固定螺母及弹簧垫圈 19—后轴承纸垫及护盖 20—安装臂钢套 21—后端盖 22—后端盖轴承油封及护圈 23—散热板固定螺栓

一、三相同步交流发电机

三相同步交流发电机主要由转子总成、定子总成、前后端盖、电刷与电刷架、风扇及带轮等部件组成。

1. 转子总成

转子总成的作用是产生旋转磁场,它由转子轴、励磁绕组、爪极、集电环、磁轭等组成。其结构如图1-24所示。

2. 定子总成

定子总成的作用是产生三相交流电动势,由定子铁心和定子绕组组成。定子绕组的连接

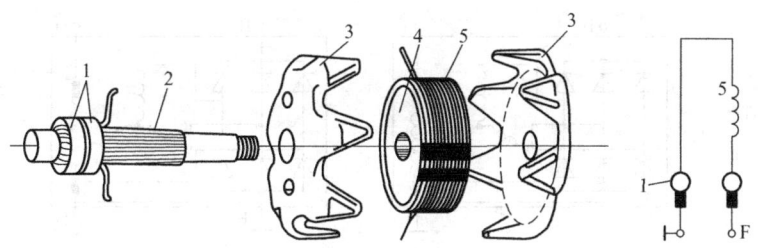

图 1-24 交流发电机转子总成
1—集电环 2—转子轴 3—爪极 4—磁轭 5—励磁绕组

有星形联结、三角形联结两种方式,如图 1-25 所示。现代汽车交流发电机一般采用星形联结。

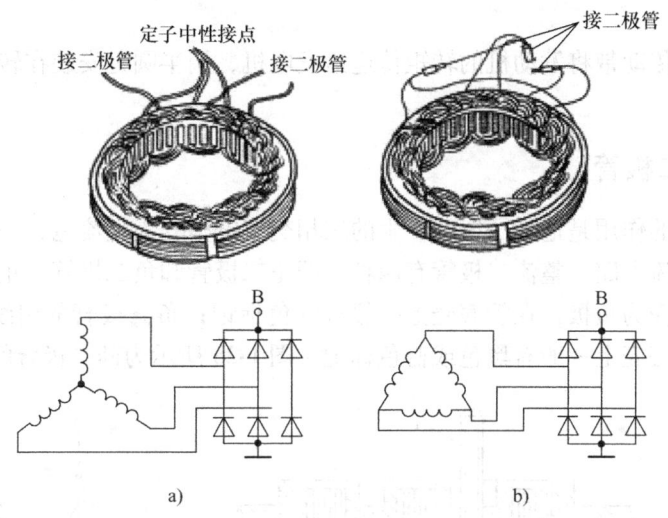

图 1-25 定子绕组的连接方式
a) 星形联结 b) 三角形联结

3. 前后端盖

前后端盖的作用是支撑转子总成并封闭内部结构,方便安装与调整 V 带松紧度。

4. 电刷与电刷架

电刷的作用是与集电环接触,将直流电引入励磁绕组。国产交流发电机的电刷架有两种结构,如图 1-26 所示。一种为外装式,即电刷的更换在发电机的外部进行;一种为内装式,即电刷的拆装和更换在发电机解体后进行。

两电刷上的引线分别接到后端盖上的两根接线柱上,按这两根接线柱的形式不同,发电机分为内搭铁和外搭铁两种形式。两种发电机励磁绕组的接法如图 1-27 所示。

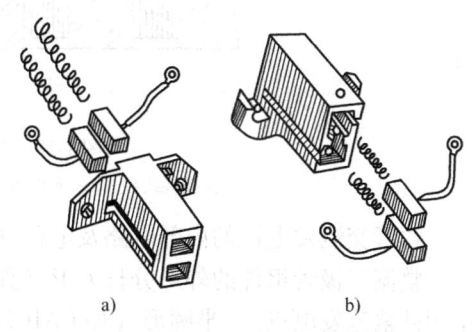

图 1-26 电刷和电刷架
a) 内装式 b) 外装式

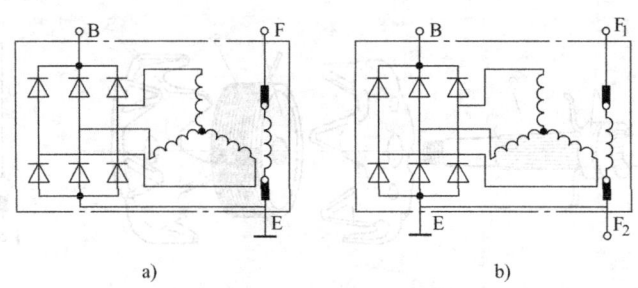

图 1-27 励磁绕组的接法
a) 内搭铁式 b) 外搭铁式

5. 风扇

风扇的作用是在发电机工作时,对发电机的内部进行强制通风冷却。

6. 带轮

带轮是利用传动带将发动机的转矩传递给发电机,用半圆键安装在转子轴上,再用弹簧垫圈和螺母锁紧。

二、整流二极管

整流二极管的作用是把定子绕组产生的三相交流电整变为直流电,一般由 6 只硅二极管接成三相桥式整流电路。整流二极管有两种,即正二极管和负二极管。正二极管的引线为二极管的正极,外壳为负极,在管底壳上一般有红色标记;负二极管的引线为二极管的负极,外壳为正极,管底壳上一般有黑色或蓝色标记。图 1-28 所示为硅二极管的安装示意图。

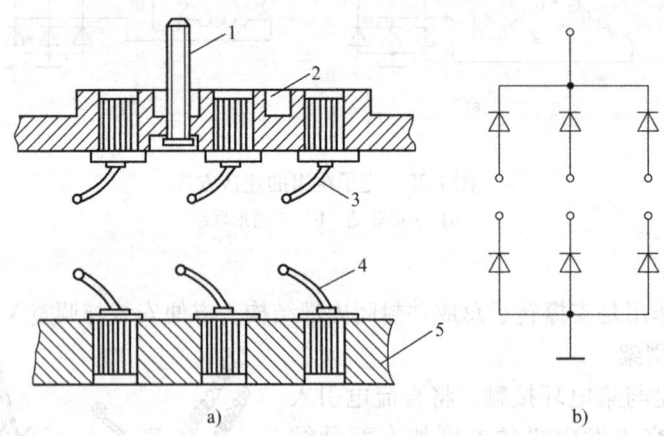

图 1-28 硅二极管的安装示意图
1—相线接线柱 2—元件板 3—正二极管 4—负二极管 5—后端盖

六管交流发电机的内部电路及电路符号如图 1-29 所示。

整流二极管组件的外形分长方形(如 JFB 系列硅整流发电机)、马蹄形(如天津夏利轿车用硅整流发电机)、半圆形(如 CA1091 型车用 JF1522 型硅整流发电机)和圆形(如丰田 TOYOTA 汽车用硅整流发电机)等多种,如图 1-30 所示。

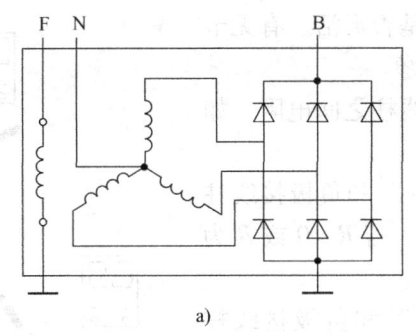 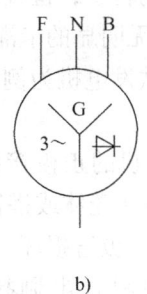

图1-29 六管交流发电机的内部电路及电路符号
a) 内部电路 b) 电路符号

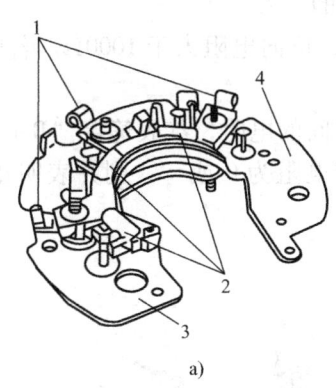 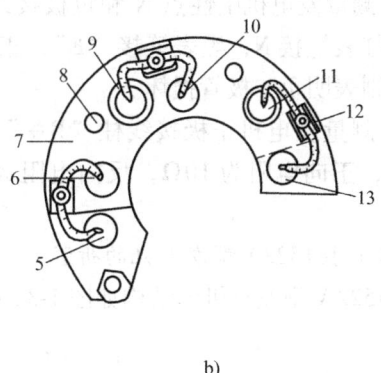

图1-30 整流二极管组件的形状
a) 焊装式 b) 压装式
1—接电枢端 2—励磁二极管 3、7—负元件板 4—正元件板
5、9、11—正二极管 6、10、13—负二极管 8—螺钉孔 12—接线螺栓

【任务实施】

一、准备工作

1) 准备JF1522A型交流发电机、拆装工具、万用表、电烙铁和卡尺。
2) 准备发电机拆装工作台。

二、实施任务

(一) 交流发电机的整体检查

在发电机解体维修之前,应对发电机进行测量,判断故障所在位置,以免维修时盲目地拆卸,从而浪费工作时间或造成新的故障。

1) 外观检查。检查发电机挂角、前后端盖有无裂纹或损伤,接线柱有无松动或碰擦损坏。

2）用手转动转子，检查转子转动是否灵活、有无卡滞现象，风扇有无明显的卡滞或变形现象。

3）以内搭铁发电机为例检查各接线柱之间电阻，如图1-31所示。

① 测量发电机的正极接线柱"B+"和负极接线柱"E"之间的阻值（壳体或搭铁接线柱）。若 $R=0$ 或 R 为 ∞，则说明整流二极管损坏。

② 测量发电机正电刷接线柱"F"和负极接线柱"E"之间的阻值。若 $R=0$，则励磁绕组短路或两集电环短路；若 R 为 ∞ 则励磁绕组断路或电刷损坏；若阻值很大则可能是电刷和集电环接触不良。

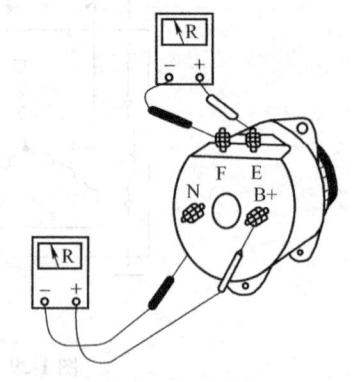

图1-31 测量各接线柱之间的电阻

③ 测量发电机中性点 N 和负极接线柱"E"之间的电阻，红表笔接 N，黑表笔接"E"，正向电阻为 10Ω，反向电阻大于 1000Ω。若电阻为 0 或 ∞，则表明负二极管损坏。

④ 测量发电机正极接线柱"B+"和中性点 N 之间的电阻，红表笔接"B+"，黑表笔接 N，正向电阻为 10Ω，反向电阻大于 1000Ω。若电阻为 0 或 ∞，则并表明正二极管损坏。

（二）JF1522A 型发电机的拆装

JF1522A 型发电机的结构如图1-32所示。

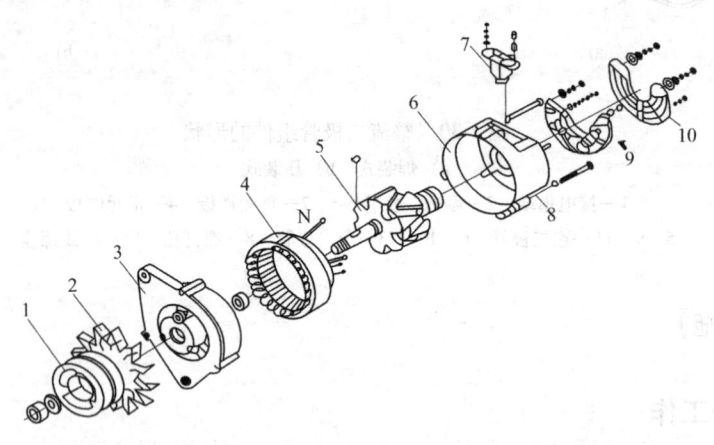

图1-32 JF1522A 型发电机的结构
1—带轮 2—风扇 3—前端盖 4—定子 5—转子 6—后端盖
7—电刷及电刷架 8—前后端盖连接螺栓 9—整流二极管组件 10—防护罩

1）拆下电刷架的紧固螺钉，取出电刷架组件。

2）拆下接线柱螺母和防护罩固定螺钉，并取下防护罩。

3）做好前后端盖对位记号，拆下前后端盖连接螺栓，使装有转子的前端盖与装有定子的后端盖分离。

4）将转子夹在台虎钳（钳口应垫软金属板）上，拆下带轮紧固螺母，取下带轮、风扇、隔圈、半圆键，使转子与前端盖分离。

5）拆下前轴承盖，取出前轴承。

6）拆下整流二极管组件上的定子绕组线端的连接螺母及中性抽头线端的连接螺母，使定子与整流二极管组件分离，取出定子总成。

7）拆下后端盖上紧固整流二极管组件的螺栓及电枢接线柱的紧固螺母，取下整流二极管组件。

8）装配时按以上逆顺序进行。

（三）交流发电机零部件的检查

1. 传动带的检查

用大拇指下压（压力为 30~40N）风扇传动带，其挠度应为 10~15mm，如图 1-33 所示，若不符合规定应调整。若传动带有损坏（见图 1-34）应两根同时更换。

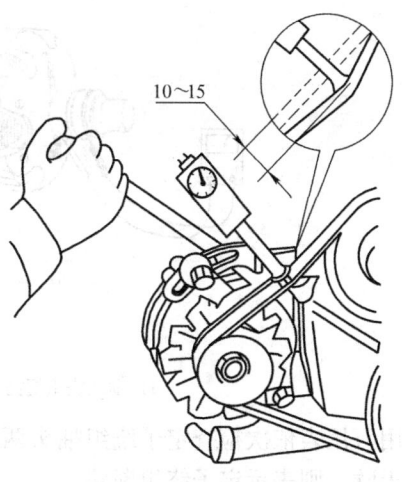

图 1-33 传动带挠度的检查

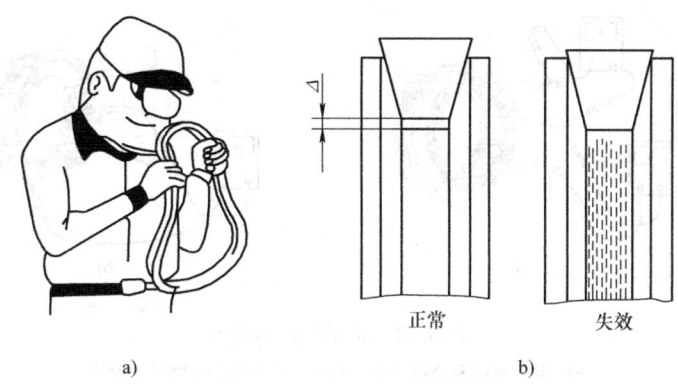

a) b)

图 1-34 传动带外观的检查

2. 电刷的检查

新电刷的高度是 14mm，当磨损至 7~8mm 时应更换新电刷。其长度的测量如图 1-35 所示。

3. 转子的检查

（1）励磁绕组短路和断路的检查 如图 1-36a 所示，若电阻值为"∞"，则表明励磁绕组断路；若阻值小于标准值，则表明励磁绕组短路。

（2）励磁绕组绝缘情况的检查 如图 1-36b 所示，阻值应为"∞"，否则说明励磁绕组绝缘性能不良。

（3）集电环的检查 当集电环表面有轻微的烧蚀，可用 00 号砂纸打磨。

4. 定子的检查

（1）定子绕组断路的检查 如图 1-37a 所示，

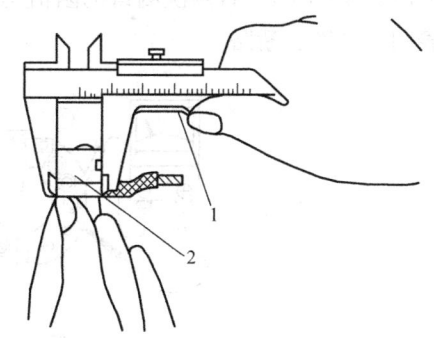

图 1-35 电刷长度的测量
1—卡尺 2—电刷

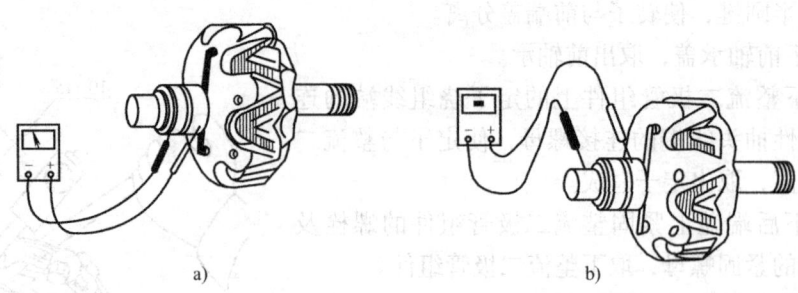

图1-36 转子总成的检查

a）励磁绕组短路和断路的检查　b）励磁绕组的绝缘情况的检查

用万用表依次检查定子绕组抽头两两之间的电阻，阻值应为150～200mΩ。如果电阻值为几千欧，则表示定子绕组断路。

（2）定子绕组绝缘情况的检查　如图1-37b所示，用万用表依次检查定子绕组抽头与铁心之间的电阻，阻值应为"∞"，否则说明定子绕组绝缘性能不良。

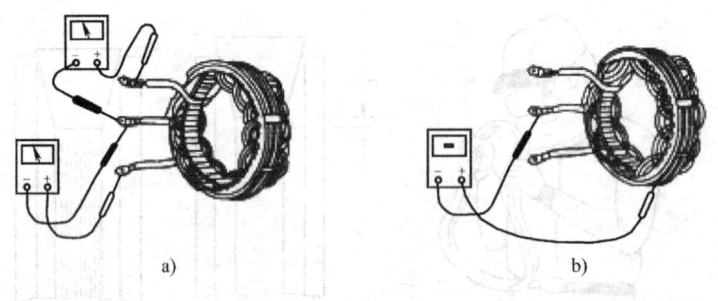

图1-37 定子绕组的检查

a）定子绕组断路的检查　b）定子绕组绝缘情况的检查

5. 整流二极管的检查

（1）正二极管的检查　如图1-38所示，将万用表拨到$R \times 10\mathrm{k}\Omega$挡，红表笔接引线，黑表笔接元件板，测得的电阻应大于10kΩ；将万用表拨到$R \times 1\Omega$挡，两表笔对调，测得的阻值应为8～10Ω。若两次测得的阻值均为零，则表明二极管已击穿；若阻值均为无穷大，则表明二极管已断路。

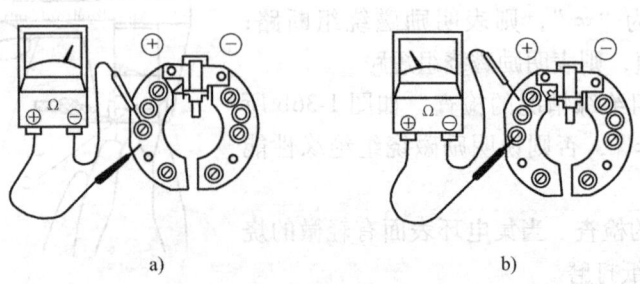

图1-38 整流二极管的检测

a）检测正二极管的正向电阻　b）检测正二极管的反向电阻

（2）负二极管的检查　与正二极管的测量方法相同，只是表笔的接法不同。若二极管有损坏，必须更换整个整流二极管。

（四）交流发电机装复后的检验

1）用手转动带轮，转子轴应能运转自如，转子与端盖之间的轴向、径向无旷动。
2）测量各接线柱之间的电阻，以判断装配、检修质量。

（五）记录并分析实习结果，完成实习报告

（六）测试完成整理工作

1）清洁、整理工具和设备，并妥善保管存放。
2）清扫、清理场地，保持环境整洁。

三、注意事项

1）拆装过程中不得丢失、损坏和漏装零部件。
2）不可用洗涤剂清洗转子和定子绕组，以防绝缘结构损坏。
3）注意安全操作，防止转动部分伤人。

【知识链接】

一、其他形式交流发电机

有些交流发电机加设了小功率励磁二极管和中性点二极管。

1. 八管交流发电机

有些交流发电机的整流二极管采用 8 只二极管，除 6 只整流二极管外又增加了 2 只中性点二极管，如图 1-39 所示，可对中性点电压进行整流，汇入发电机的输出端，以提高发电机高速时的输出功率。

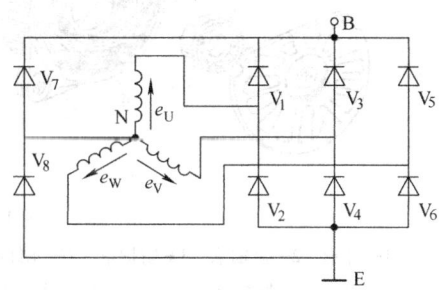

图 1-39　八管交流发电机的整流电路

2. 九管交流发电机

有些交流发电机的整流二极管采用 9 只二极管，除 6 只整流二极管外又增加了 3 只励磁二极管，可用来提供励磁电流和控制充电指示灯，如图 1-40 所示。

3. 十一管交流发电机

十一管交流发电机的整流二极管同时具备以上两种功能，如图 1-41 所示。

4. 无刷交流发电机

普通交流发电机必须用电刷和集电环才能将电流引入励磁绕组。长期使用时，由于集电环和电刷的磨损、接触不良，会造成励磁不稳定或不发电等故障。无刷交流发电机可以提高发电机的工作可靠性和使用寿命，维修保养方便。常见的无刷交流发电机为爪极式。

爪极式无刷交流发电机的结构与普通交流发电机大致相同。其励磁绕组是静止的，两端引线可直接引出，省去了电刷和集电环，而爪极在磁场的外围旋转，如图 1-42 所示。

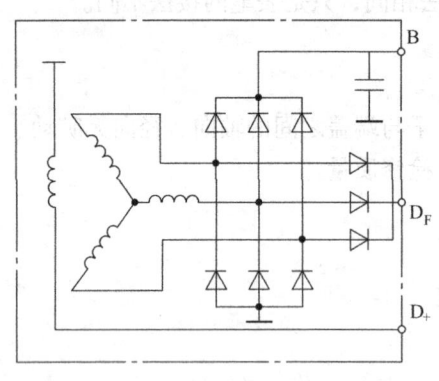 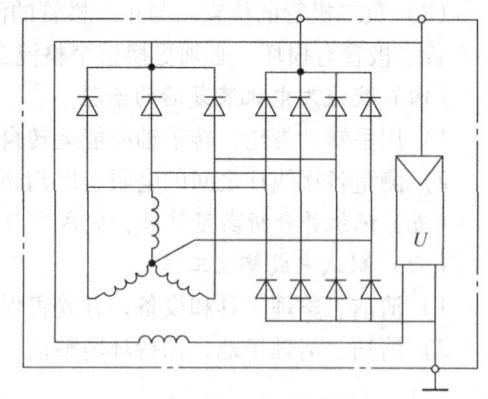

图1-40　9管交流发电机的整流电路　　　图1-41　十一管交流发电机的整流电路

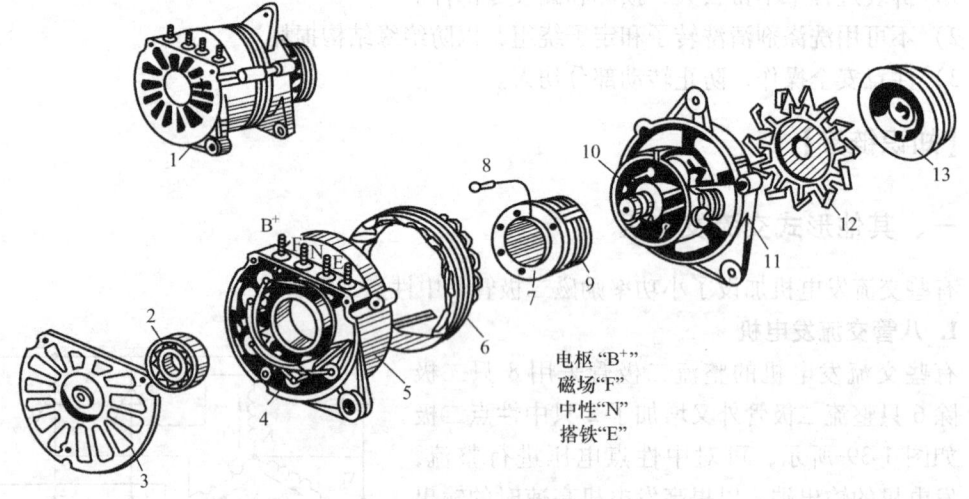

图1-42　无刷交流发电机

1—外形　2—后轴承　3—防护罩　4—元件板和硅二极管组　5—励磁绕组支架及后轴承支架　6—定子总成
7—磁轭　8—励磁绕组接头　9—励磁绕组　10—爪极及转子轴总成　11—前端盖　12—风扇叶　13—传动带轮

二、交流发电机的型号

根据我国汽车行业标准QC/T73—1993《汽车电气设备产品型号编制方法》的规定，汽车交流发电机的型号组成如下：

1. 产品代号

按产品名称的顺序，适当选择其中2~3个单字，并以该单字汉语拼音的第一个大写字母组成。例如，JF、JFZ、JFB和JFW分别表示交流发电机、整体式交流发电机、带泵交流发电机和无刷交流发电机。

2. 分类和分组代号

按照各种产品的电气参数，结构和用途等，选取其中两个主要特征，一般各以一位阿拉伯数字组成，允许有两位阿拉伯数字作为分组代号。对于简单的产品，不再分组，其分组代号以"0"表示。

对于交流发电机而言,一般以电压等级为分类代号,电流等级为分组代号。

3. 设计序号

按产品设计先后顺序,由 1~2 位阿拉伯数字组成。

4. 变形代号

交流发电机的型号中,以调整臂位置标记作为变形代号。从驱动端看,如果调整臂在中间则不加标记;在右边则用 Y 表示;在左边则用 Z 表示。例如:桑塔纳、奥迪 100 轿车用的 JFZ1913Z 型发电机则表示,此发电机为整体式的交流发电机,电压等级为 12V,电流等级为 90A,第 13 次设计,调整臂在左边。

三、发电机的工作原理及工作特性

(一) 工作原理

1. 发电原理

交流发电机的基本原理是电磁感应原理,如图 1-43 所示。当发电机旋转时,定子绕组和磁场之间产生相对运动,定子绕组切割磁力线,从而产生感应电动势。

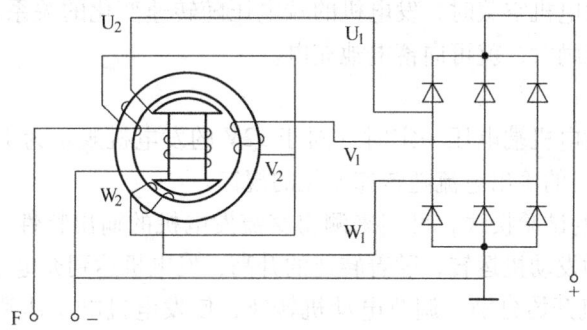

图 1-43 三相交流发电机的工作原理

2. 整流原理

交流发电机的整流二极管利用硅二极管的单向导电性将交流发电机产生的交流电转变成直流电,如图 1-44 所示。

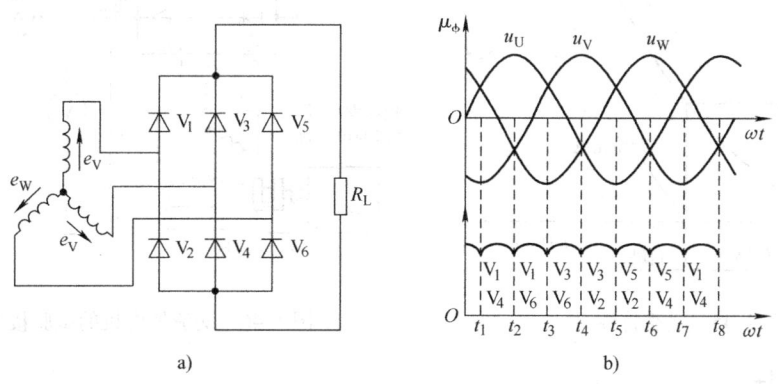

图 1-44 三相桥式整流电路及整流波形
a) 整流电路 b) 三相绕组电压波形及整流后发电机输出波形

在三相桥式整流电路中，3只正二极管 V_1、V_3、V_5 负极连接在一起，正极分别接在发电机三相绕组的首端，在某一瞬间，正极电位最高的管子导通。而3只负二极管 V_2、V_4、V_6，其正极连接在一起，负极分别接在发电机三相绕组的末端，在同一瞬间，负极电位最低的管子导通。6只管子中总有2只轮流导通，在负荷两端便得到一个比较平稳的脉动的直流电压。

3. 励磁方式

交流发电机工作时，其转子励磁绕组必须通电，形成磁场。由蓄电池向发电机的励磁绕组供电，称为他励；由发电机向本身的励磁绕组供电，称为自励。交流发电机发电时先由他励建立电动势，随着发电机转速提高，当发电机端电压高于蓄电池电动势时，由他励转入自励正常发电。

（二）工作特性

交流发电机的工作特性主要是指发电机发出的交流电经整流后输出的直流电压、直流电流和发电机转速之间的相互关系。它包括空载特性、输出特性和外特性。

1. 空载特性

空载特性是指发电机空载时，发电机的端电压随转速变化的关系，如图 1-45 所示。当发电机由他励转为自励时，就可向蓄电池充电。

2. 输出特性

输出特性是指发电机端电压一定时（对于 12V 的发电机规定为 14V，对 24V 的发电机规定为 28V），发电机的输出电流随转速变化的规律。

如图 1-46 所示的试验接线，可用来测得交流发电机的输出特性。当开关 S_1 和 S_2 闭合时，调速电动机拖动发动机运转，随着转速的升高，发电机达到充电电压。这时，断开他励电源开关 S_2，发电机开始自励。调节电动机转速，使发电机电压达到额定值，并记录该转速，即空载转速。闭合开关 S_3，接通负荷电路。逐渐调小 R，使电流增大，直到达到最大值。同时不断提高转速，保持发电机的额定电压不变。以适当的电流间隔做测点，记录对应的转速。据此绘出交流发电机的输出特性曲线，如图 1-47 所示。

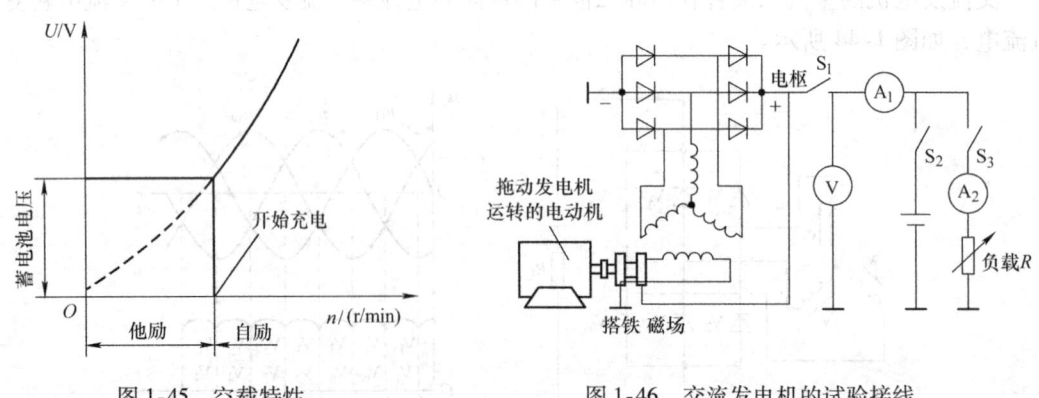

图 1-45 空载特性　　　　　图 1-46 交流发电机的试验接线

3. 外特性

外特性是指发电机转速一定时，发电机的端电压与输出电流的关系。交流发电机的外特性曲线如图 1-48 所示。

单元一 电源系

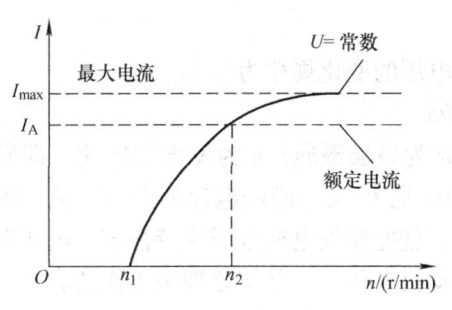

图1-47 交流发电机的输出特性

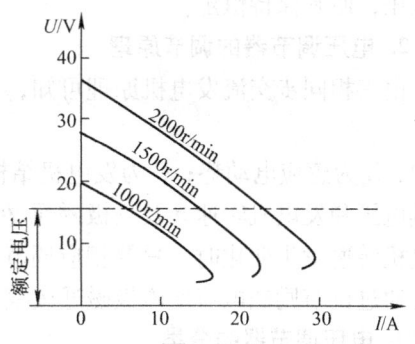

图1-48 交流发电机的外特性曲线

由外特性曲线可知,当转速一定时,随着输出电流的增加,发电机的端电压下降。

四、交流发电机的使用

交流发电机的结构简单,维护方便。若正确使用,不仅故障少而且寿命长;若使用不当,则会很快损坏。因此,在使用和维护中应特别注意:

1) 交流发电机与蓄电池的搭铁极性必须一致。
2) 发电机必须与专用的电压调节器配套使用,导线连接要可靠。
3) 发电机运转时,不要用"试火法"检查发电机是否发电,否则容易损坏整流二极管。
4) 发动机熄火后,应将点火开关断开,以免蓄电池对发电机励磁绕组与调节器磁化线圈长期放电。
5) 整流二极管与定子相连接和内置式调节器未拆下时,绝对禁止用绝缘电阻表或220V试灯检测发电机的绝缘性能,以免损坏二极管和电子元器件。
6) 一旦发现发电机不发电或充电电流很小时,应及时找出故障并予以排除。

任务四 电压调节器的检测

【任务目标】

1) 熟悉电压调节器的基本类型和作用。
2) 了解电压调节器的工作原理。
3) 了解电压调节器的正确使用。
4) 掌握电压调节器的检修。

【相关知识】

一、电压调节器的作用与分类

1. 电压调节器的作用

电压调节器是发电机电压调节装置,其功能是在发电机转速发生变化时,自动调节发电机电压，使其保持恒定。

2. 电压调节器的调节原理

由三相同步交流发电机原理可知，发电机端电压的变化规律为

$$E = C\Phi n$$

式中，E 为感应电动势；C 为发电机结构常数；Φ 为磁极磁通；n 为发电机转速。即发电机的端电压和发电机转速 n 及磁极磁通 Φ 有关，而磁通 Φ 又与励磁电流的大小有关，因此在发电机转速发生变化时，只要相应调节励磁电流，就能使发电机电压保持恒定。电压调节器就是通过调节励磁电流使磁极磁通改变来控制发动机电压这一基本原理来工作的。

3. 电压调节器的分类

按照其结构特点和工作原理，可分为机械电磁振动式调节器和电子式调节器两大类。机械电磁振动式调节器通过触点反复开闭来调节励磁电流，这种电压调节器由于结构复杂、调压质量差、故障率较高，所以现在车辆上已不再使用。电子式调节器是利用晶体管的导通与截止，使励磁电路接通或切断来调节励磁电流。电子式调节器按结构型式分为晶体管式和集成电路式；按安装形式分为外装式和内装式；按搭铁形式分为内搭铁式和外搭铁式；按功能分为单功能型和多功能型。

二、电压调节器的结构与工作原理

1. 晶体管调节器

晶体管调节器以稳压二极管作为感受元件，控制晶体管的通断来调节励磁电流，使发电机电压保持稳定。这种调节器没有触点，使用过程中无需维护，结构简单，体积小，质量轻。图 1-49 所示为晶体管调节器原理。

在发电机电压较低情况下，分压器中间 O 点电压也比较低，此时稳压管处于截止状态，此状态经放大器放大，给晶体管基极一个高电位信号，使晶体管导通。励磁电流可以通过晶体管流入发电机励磁绕组，使发电机电压上升；当电压上升到调节器电压调整值时，晶体管截止，切断了励磁电流；发电机无励磁电流，电压便下降，这样又使晶体管导通。如此反复，使发电机的电压稳定在一个调节值处。

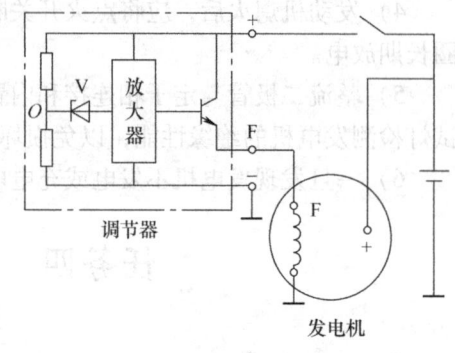

图 1-49 晶体管调节器原理

电压调节器按照搭铁形式可分为内搭铁式和外搭铁式。图 1-50 所示为电子调节器的两种接线方式。这两种形式不能互换，否则将会造成发电机电压失调或不发电。

下面以 JFT106 型晶体管电压调节器为实例介绍实际使用的晶体管调节器的工作情况。

JFT106 型晶体管调节器属外搭铁式调节器，它可与 14V/750W 的外搭铁式九管交流发电机配套，也可与 14V 功率小于 1000W 的外搭铁式六管交流发电机配套。图 1-51 所示为 JFT106 型晶体管调节器电路原理。

当发电机端电压低于电压调节器调压值时，V_3 导通，发电机的励磁电路被接通，发电机随着转速的提高，由他励转入自励正常发电。

单元一 电源系

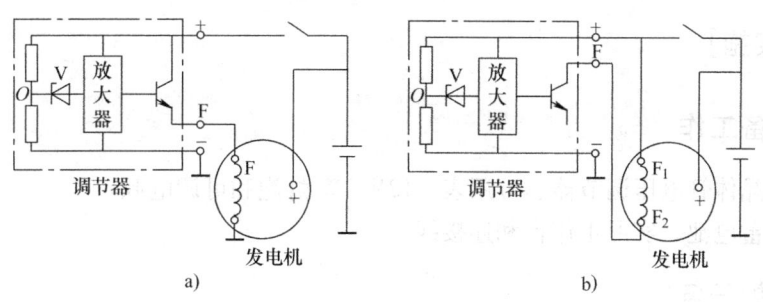

图1-50 电子调节器的两种接线方式
a）内搭铁式 b）外搭铁式

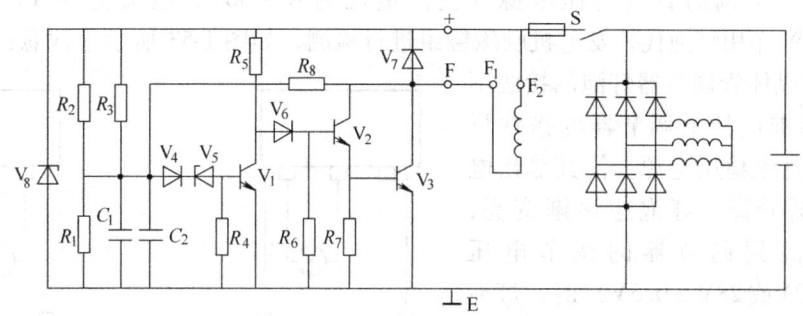

图1-51 JFT106型晶体管调节器电路原理

发电机转速升高，发电机输出电压升高，当发电机的端电压高于规定值时，V_3转为截止，从而切断了励磁电路，发电机端电压下降；当降至规定值时，V_3重新导通，再次接通励磁电路，发电机的端电压又开始上升。如此反复，使发电机的电压保持在规定值。

2. 集成电路调节器

集成电路调节器是利用集成电路（IC）组成的电路，它分为全集成电路调节器和混合集成电路两类。前者是将二极管、晶体管、电阻、电容等电子元器件同时制在一块半导体硅基片上；后者是用厚膜或薄膜电阻与集成的单片芯片或分立元器件组装而成。

集成电路调节器的基本原理与晶体管调节器的基本原理一样，它也有内搭铁和外搭铁之分，而且以外搭铁使用得较多。目前国外已大量采用集成电路调节器，国内也开始采用，现已生产出了如JFT151型、JFT152型（见图1-52）混合集成电路调节器与国产的交流发电机配套使用，这种发电机称为整体式交流发电机。

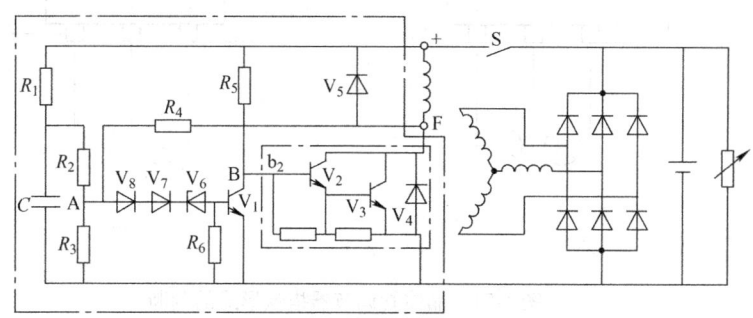

图1-52 JFT152型混合集成电路调节器电路

【任务实施】

一、准备工作

1）准备晶体管电压调节器、万用表、12V/2W 灯泡和可调电源。
2）准备蓄电池、实习工作台和连接线。

二、实施任务

（一）晶体管电压调节器的检测

用一电压可调的直流稳压电源（输出电压为 0~30V，电流为 30A）和一只 12V（24V）、20W 车用灯泡代替发电机励磁绕组进行检测，如图 1-53 所示（注意：由于内搭铁和外搭铁式晶体管调节器灯泡的接法不同，在检验前应知道调节器的搭铁形式）。调节直流稳压电源，使其输出电压从零逐渐升高，灯泡应逐渐变亮；当电压升高到调节器的调节电压（14V±0.12V 或 28V±0.5V）时，灯泡应突然熄灭；再把电压逐渐降低时灯泡又点亮，且随着电压的降低亮度逐渐减弱，说明调节器良好；如果电压超过调节电压值，灯泡仍不熄灭或灯泡一直都不亮，都说明调节器有故障。

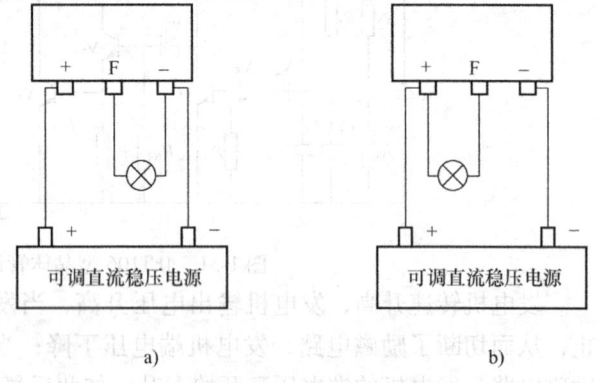

图 1-53 判断晶体管调节器的好坏
a）内搭铁式调节器 b）外搭铁式调节器

（二）晶体管调节器搭铁形式的判断

晶体管调节器有内、外搭铁之分。如图 1-54 所示，用一个 12V 蓄电池和一只 12V/2W 的小灯泡连接，可判断其搭铁形式。

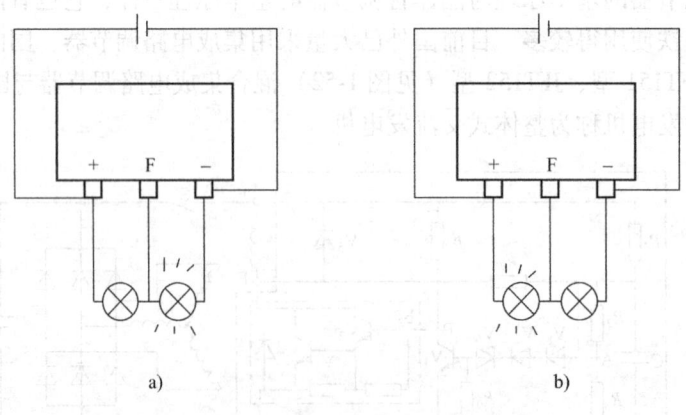

图 1-54 晶体管调节器搭铁形式的判断
a）内搭铁式调节器 b）外搭铁式调节器

如灯泡接在"-"与"F"接线柱之间发亮，而接在"+"与"F"接线柱之间不亮，则该调节器为内搭铁式，如东风 EQ1092 型汽车发电机用调节器 JFT105 型调节器；反之，则为外搭铁式，如 CA1090 型汽车发电机用 JFT106 型。

（三）完成整理工作

1）清洁、整理工具、设备，并妥善保管存放。

2）清扫、清理场地，保持环境整洁。

（四）记录并分析观察结果，完成实习报告

三、注意事项

1）接线必须牢靠，防止烧坏电压调节器。

2）调节器与发电机的电压等级必须一致，否则电源系不能正常工作。

3）调节器与发电机的搭铁形式必须一致。搭铁形式不一致时应通过改变发电机励磁绕组的搭铁形式来解决。

4）交流发电机的功率不得超过调节器设计时所能配用的交流发电机的功率。

5）电路连接必须正确。

6）调节器需由点火开关控制。

7）晶体管调节器与集成电路调节器的最高温度，不能超过 45℃。

任务五　电源系电路检查

【任务目标】

1）熟悉电源系的控制电路。

2）了解充电指示灯的控制形式。

3）能够熟练地对电源系的电路进行检查。

【相关知识】

1. 东风 EQ1090 型汽车电源系

东风 EQ1090 型汽车电源系电路如图 1-55 所示，该电路中交流发电机和电压调节器均为内搭铁式。

2. 解放 CA1092 型汽车电源系

解放 CA1092 型汽车电源系电路如图 1-56 所示，该车型发电机和电压调节器均为外搭铁形式。电路中设有充电指示灯，蓄电池放电时，充电指示灯亮，电流由蓄电池到熔断器、电流表、点火开关、组合继电器中常闭触点和搭铁。当发电机端电压升高，发电机向蓄电池充电时，发电机中性点电压将组合继电器的常闭触点打开，充电指示灯

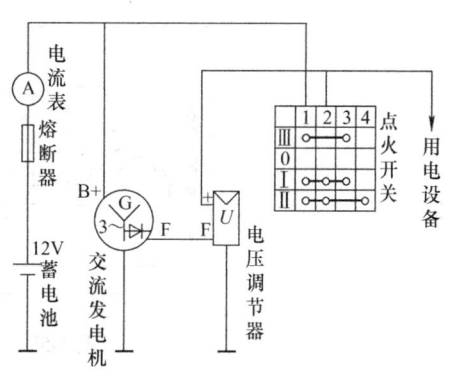

图 1-55　东风 EQ1090 型汽车电源系电路

熄灭。

3. 桑塔纳轿车电源系

桑塔纳轿车采用的是内装集成电路电压调节器，为十一管的整体式交流发电机，其电源系电路如图1-57所示。电路中充电指示灯通过三个励磁二极管控制，发电机在他励状态下，励磁电流流经充电指示灯，充电指示灯亮；当发电机端电压高于蓄电池电动势时，发电机向蓄电池充电，此时发电机"B+"接线端子与"D+"接线端子的电位相同，充电指示灯熄灭。

4. 瑞典沃尔沃汽车电源系

沃尔沃汽车的交流发电机与一般的交流发电机相同，仅在电源系电路中增加了一个功率较大的二极管，用以控制充电指示灯，其电路如图1-58所示。充电指示灯的控制原理与励磁二极管控制的充

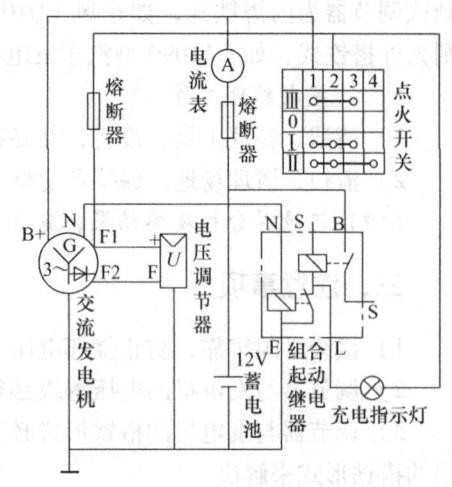

图1-56　解放CA1092型汽车电源系电路

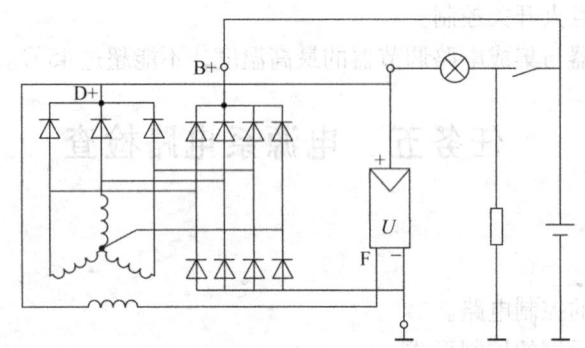

图1-57　桑塔纳轿车电源系电路

电指示灯的工作原理基本相同，发电机在他励状态时，励磁电流流经充电指示灯，充电指示灯亮；当发电机端电压高于蓄电池电动势时，发电机通过二极管向蓄电池充电，此时二极管两端的电位相同，充电指示灯熄灭。

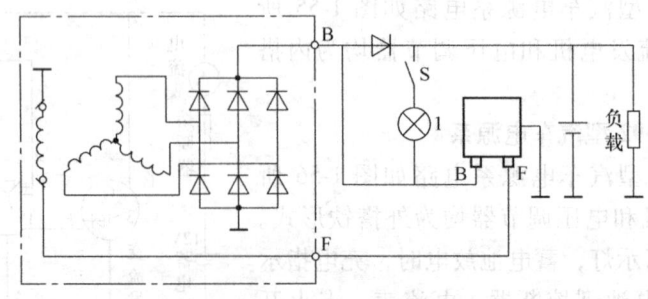

图1-58　瑞典沃尔沃汽车电路系电路

5. 夏利轿车电源系

夏利轿车电源系电路如图1-59所示。该车采用整体式八管交流发电机，电压调节器为

集成电路，装在发电机的内部，电压调节器的六个接线柱中，"B"、"F"、"P"、"E"四个接柱在发电机内直接与交流发电机连接，对外引出"IG"、"L"两个接柱。

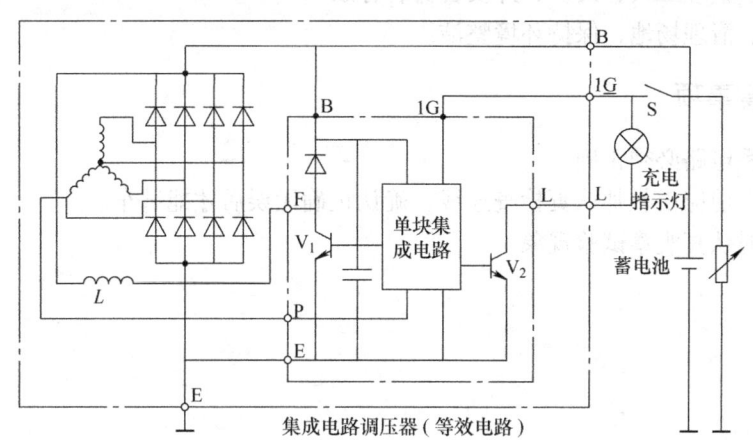

图 1-59　夏利轿车电源系电路

电压调节器中的晶体管 V_1 用来控制发电机的励磁电流，调节发电机机的端电压；晶体管 V_2 用来控制充电指示灯。当发电机端电压低于蓄电池电动势时，电路中 P 点的电位较低，晶体管 V_2 处于导通状态，充电指示灯亮，说明蓄电池处于放电状态；当发电机随着转速提高，端电压高于蓄电池电动势时，P 点的电位已较高，控制电路使得晶体管 V_2 截止，充电指示灯熄灭，表明交流发电机已向蓄电池充电。

【任务实施】

一、准备工作

1）准备实验用汽车。
2）准备万用表和试灯。

二、实施任务

1. 电源系电路的连接及检查

1）画出电源系电路。
2）实际连线。
3）检查并试车。
4）若有故障，用万用表检查各电路连接情况。

2. 充电指示灯的亮灭检查

1）画出充电指示灯控制电路。
2）根据所画电路连线。
3）闭合点火开关，充电指示灯亮；起动发动机后，充电指示灯应熄灭。
4）如果充电指示灯不能正常工作，检查电路连接情况。

3. 记录并分析观察结果，完成实习报告
4. 完成整理工作
1）清洁、整理工具、设备，并妥善保管存放。
2）清扫、清理场地，保持环境整洁。

三、注意事项

1）电源系电路必须正确。
2）在试车前应由教师认真检查连线，确认正确无误后才能试车。
3）实验时认真观察试验现象。

单元二

起 动 系

任务一 认识起动系

【任务目标】

1) 了解起动系的作用。
2) 熟悉起动系各组成部件的名称及外形。
3) 熟悉起动系各组成部件的安装位置。

【任务分析】

所谓发动机的起动,是指发动机在外力作用下由被动旋转过渡到自行运转的过程。发动机的起动方式有人力起动、电力起动、小型汽油机起动等几种形式。起动机起动属于电力起动,它具有操作安全方便、起动迅速可靠、可重复起动、劳动强度低等优点,在现在汽车上被广泛应用。

【任务实施】

一、准备工作

准备实习车辆或台架设备。

二、实施任务

1) 通过车辆或台架设备,观察认识起动系主要部件的名称、形状及安装位置。
2) 断开点火开关,拔下点火线圈低压线,点火开关打到起动挡,观察起动机的工作情况。
3) 断开点火开关,恢复电路,起动发动机,观察起动过程。
4) 记录并分析实验过程。
5) 完成实习报告。

【相关知识】

一般汽车起动系的基本组成如图2-1所示,主要由蓄电池、起动机、起动继电器、点火开关以及起动电路等组成。

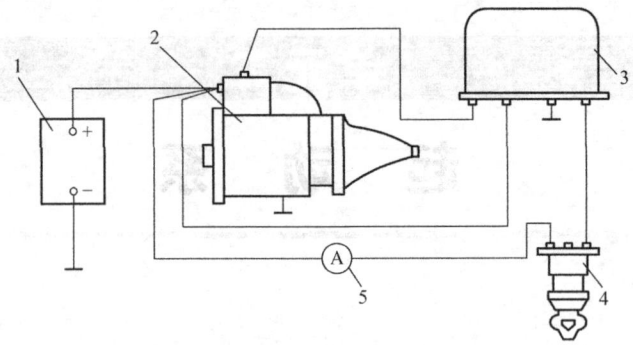

图 2-1 起动系的基本组成

1—蓄电池 2—起动机 3—起动继电器 4—点火开关 5—电流表

任务二 起动机的检修

【任务目标】

1）熟悉起动机的组成及各组成部分的作用。
2）掌握起动机的结构。
3）了解起动机的工作原理及工作特性。
4）能熟练地对起动机进行解体和组装。
5）能熟练地对起动机进行检修。
6）掌握起动机性能测试方法。

【相关知识】

起动机一般由串励直流电动机、传动机构和控制装置三大部分组成，其结构如图 2-2 所示。

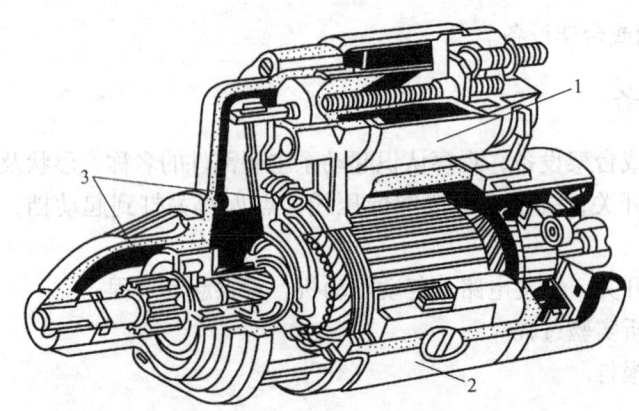

图 2-2 起动机的结构

1—控制装置 2—串励直流电动机 3—传动机构

（一）串励直流电动机

串励直流电动机的作用是将蓄电池提供的电能转换成机械能，产生机械转矩。它主要由电枢、磁极、外壳、端盖、电刷与刷架等部件组成，其结构如图 2-3 所示。

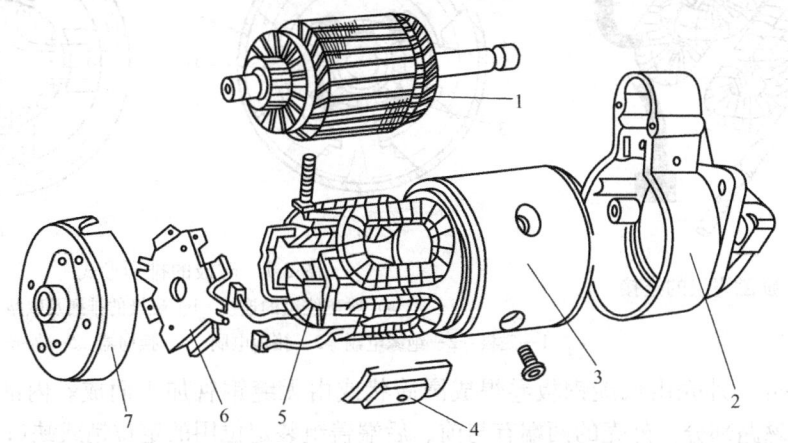

图 2-3　串励直流电动机的结构

1—电枢　2—后端盖　3—外壳　4—铁心　5—励磁绕组　6—电刷架　7—前端盖

1. 电枢

电枢又叫做转子，作用是产生转矩。它主要由电枢轴、铁心、电枢绕组和换向器等组成，其结构如图 2-4 所示。

2. 磁极和外壳

磁极和外壳又叫做定子，它是电动机的磁场部分。磁极一般有 4 个，每个磁极都由磁极铁心和励磁绕组两部分组成。铁心通过螺钉固定在外壳的内圈。

（1）铁心　用低碳钢制成，呈靴形，以便使磁场合理分布并便于励磁绕组的安装。其结构如图 2-5 所示。

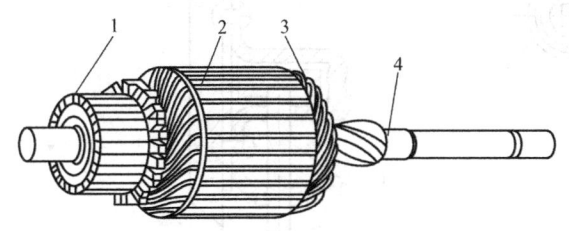

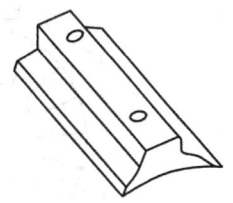

图 2-4　电枢结构　　　　　　　　　图 2-5　定子铁心的结构

1—换向器　2—铁心　3—电枢绕组　4—电枢轴

（2）励磁绕组　励磁绕组的连接有两种形式：一是四个绕组串联，二是采用两串两并式。由于采用两串两并式可以使总电阻减小，工作电流增大，提高起动机的功率，所以大部分起动机都采用这种连接形式，如图 2-6 所示。部分小功率的起动机也采用 4 个绕组串联的形式。

励磁绕组连接时，必须保证线匝的绕向，使绕组安装通电后形成的磁场，N 极、S 极交叉排列，如图 2-7 所示。

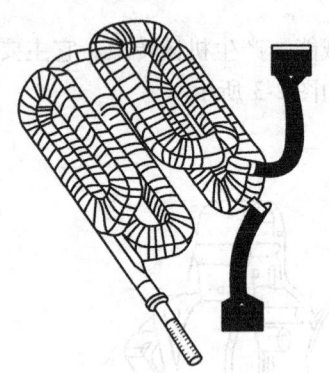 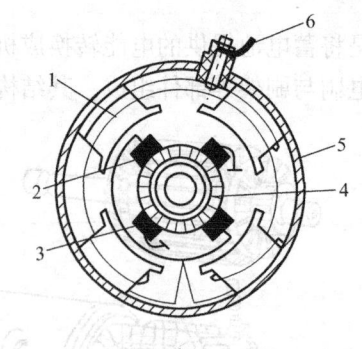 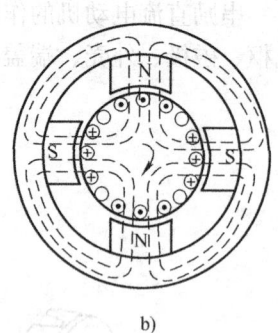

图 2-6 励磁绕组的连接

图 2-7 磁极的排列形式
a) 励磁绕组的连接 b) 磁极的排列及磁路
1—磁极 2—绝缘电刷 3—接地电刷 4—换向器 5—外壳 6—电动机正极

（3）外壳 外壳由低碳钢板卷焊成圆筒状或由无缝钢管加工而成。内部安装有磁极，是电动机的磁路部分。外壳的两端有与前、后端盖组装定位用的定位销或缺口。

3. 端盖

端盖有前端盖和后端盖。电刷架固定在前端盖中，又叫做电刷端盖。后端盖用以安装起动机和容纳起动机的传动机构，又叫做驱动端盖。

4. 电刷与电刷架

电刷分为绝缘电刷和搭铁电刷。引线与励磁绕组末端焊接的是绝缘电刷，安装在绝缘电刷架中。引线直接压装在前端盖上的为搭铁电刷，安装在搭铁电刷架中。

电刷架固定在前端盖上，绝缘电刷架与前端盖绝缘固定，搭铁电刷架直接铆在前端盖上。电刷架上装有弹力较强的电刷弹簧，使电刷与电枢换向器可靠接触。电刷与刷架的配合形式如图 2-8 所示。

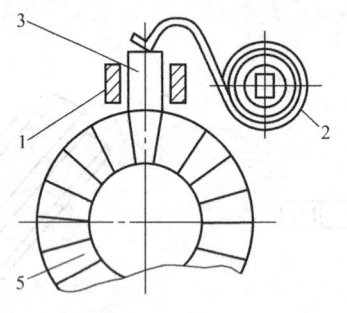 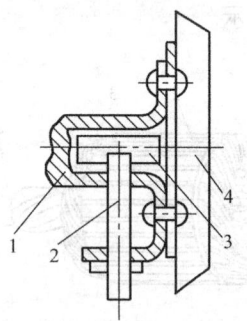

图 2-8 电刷与电刷架的配合
1—电刷架 2—电刷弹簧 3—电刷 4—前端盖 5—换向器

（二）传动机构

传动机构由拨叉和单向离合器两部分组成。拨叉的作用是使单向离合器在电枢轴上做轴向移动，使离合器的驱动齿轮与飞轮齿圈啮合或分离。单向离合器将电动机产生的转矩传递给发动机的曲轴，并在发动机起动后自动打滑，防止电枢"飞散"。单向离合器的形式一般有滚柱式、摩擦片式和弹簧式三种。

1. 滚柱式离合器

（1）构造　滚柱式离合器的结构如图2-9所示。

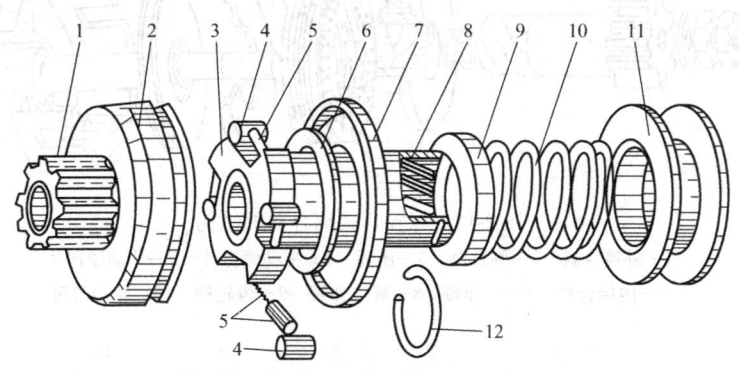

图 2-9　滚柱式离合器的结构
1—驱动齿轮　2—外壳　3—十字块　4—滚柱　5—压帽及弹簧　6—垫圈
7—护盖　8—花键套筒　9—弹簧座　10—缓冲弹簧　11—移动衬套　12—卡簧

（2）工作原理　滚柱式离合器的工作原理如图2-10所示。

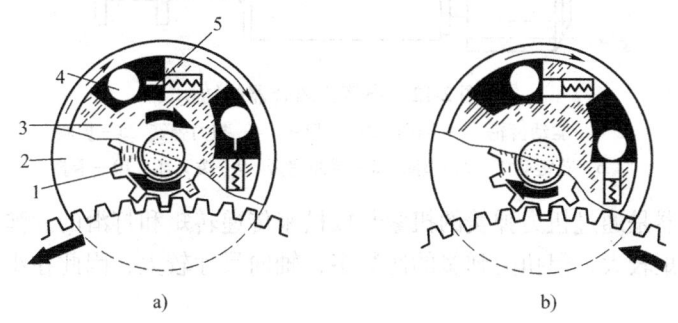

图 2-10　滚柱式离合器的工作原理
a）起动时　b）起动后
1—驱动齿轮　2—外壳　3—十字块　4—滚柱　5—压帽与弹簧

起动时，十字块和外壳相对转动，使滚柱进入楔形空腔的窄端而卡紧，十字块和外壳由于滚柱的挤紧而传递转矩。

起动后，发动机的转速提高，外壳相对于十字块的超前转动，将滚柱带入到楔形空腔的宽端而放松，使外壳和十字块分别以自己的转速自由旋转，从而产生打滑作用。

滚柱式单向离合器是通过4套滚柱来传递转矩的，如果承受的转矩过大，滚柱容易被卡住，因此，大功率的起动机一般用摩擦片式或弹簧式单向离合器。

2. 摩擦片式离合器

摩擦片式离合器的结构如图2-11所示，它一般用于大功率起动机上。

摩擦片式离合器是通过摩擦片传递转矩和打滑的。起动时，内接合毂带动主动摩擦片，使主、从动摩擦片挤紧，传动转矩；起动后，主动摩擦片与从动摩擦片间分离，产生打滑。

3. 弹簧式离合器

弹簧式离合器的结构如图2-12所示。

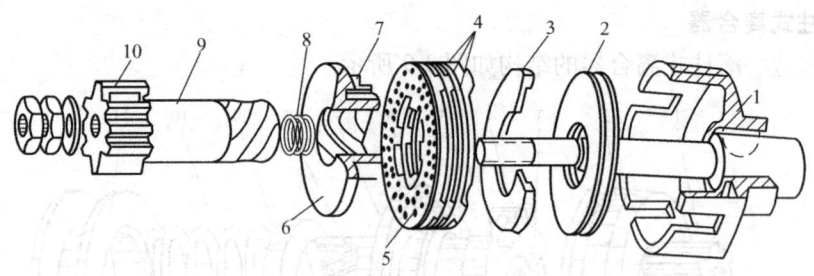

图 2-11 摩擦片式离合器的结构

1—外接合毂 2—弹性圈 3—压环 4—主动摩擦片 5—从动摩擦片
6—内接合毂 7—小弹簧 8—减振弹簧 9—齿轮柄 10—驱动齿轮

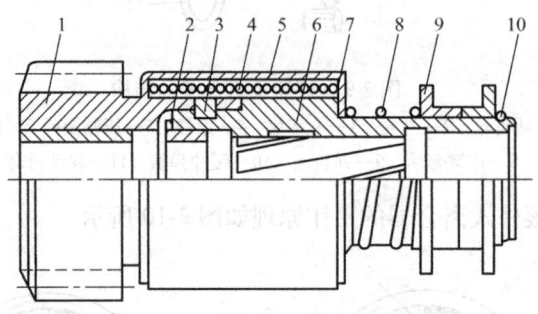

图 2-12 弹簧式离合器的结构

1—驱动齿轮 2—挡圈 3—月形圈 4—扭力弹簧 5—护圈
6—花键套筒 7—垫圈 8—缓冲弹簧 9—拨叉坏 10—卡簧

弹簧式离合器是通过扭力弹簧的扭紧与放松来传递转矩和打滑的。弹簧式离合器的结构简单，传递的转矩较大，但扭力弹簧的匝数多，轴向尺寸较大，因此在小型起动机上装用受到限制。

（三）控制装置

控制装置一般为电磁式，其结构简单，工作可靠，便于远距离控制，在现代汽车的起动机上得到广泛应用。电磁控制装置的结构如图 2-13 所示。

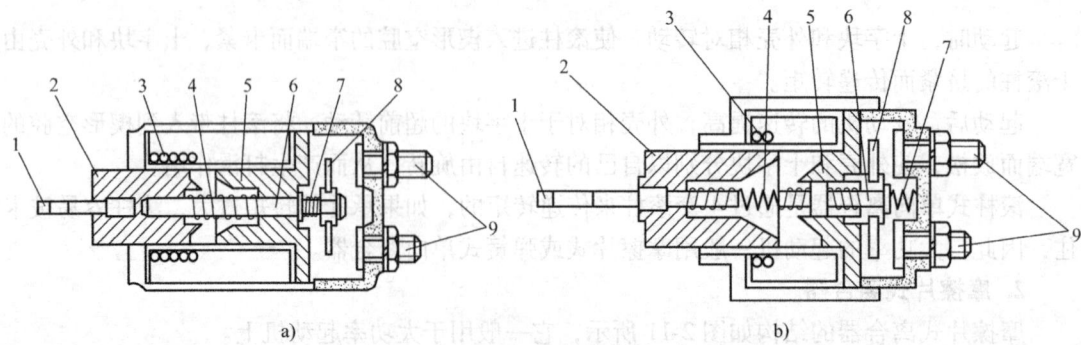

图 2-13 电磁控制装置的结构

a) 整体式电磁开关　b) 分离式电磁开关

1—连杆 2—活动铁心 3—吸引线圈和保持线圈 4—活动铁心的复位弹簧
5—固定铁心 6—推杆 7—推杆的复位弹簧 8—接触盘 9—主接线柱

图 2-14 所示为电磁控制装置的电路原理。

起动时,开关闭合,蓄电池经开关向吸引线圈、保持线圈供电(吸引线圈的电流经串励直流电动机接地,此电流较小不足以使起动机运转)。两线圈电流方向相同,产生同向的电磁吸力。在电磁吸力的作用下,活动铁心克服复位弹簧的弹力向内移动。活动铁心使拨叉动作将离合器的驱动齿轮啮入飞轮齿圈,同时又推动推杆使接触盘向两主接线柱靠近。当驱动齿轮与飞轮齿圈完全啮合时,接触盘压到两个主接线柱内端,起动机的主电路被接通,从而产生起动作用。

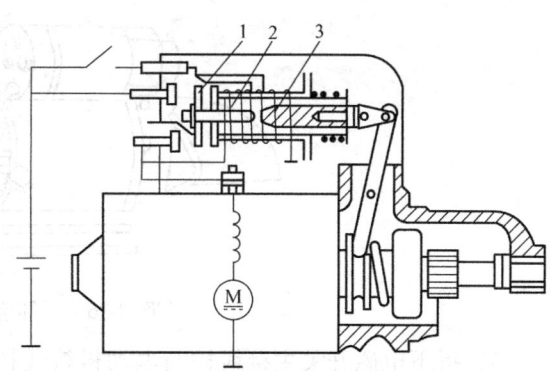

图 2-14 电磁控制装置的电路原理
1—接触盘 2—吸引线圈 3—保持线圈

主电路接通时,吸引线圈被接触盘短路,活动铁心在保持线圈的电磁吸力作用下仍保持在最内端的起动位置,起动继续进行。

起动后,开关断开,蓄电池的部分电流经两主接线柱、接触盘到吸引线圈,再经保持线圈搭铁。此时,吸引线圈和保持线圈中的电流产生方向相反的磁场,电磁吸力相互抵消。在复位弹簧的作用下,接触盘随活动铁心迅速回位,主电路断开,驱动齿轮与飞轮齿圈脱离啮合,从而起动机完全停止工作。

【任务实施】

一、准备工作

1)准备起动机,拆装工作台和工具。
2)准备万能试验台、工作平台、指示表、弹簧秤、扭力表和 00 号砂纸。
3)准备万用表、蓄电池和专用起动电缆。

二、实施任务

(一)起动机的解体

1)旋出防尘盖固定螺钉,取下防尘盖,用钢丝钩取出电刷;拆下电枢轴上止推圈处的卡簧,如图 2-15 所示。

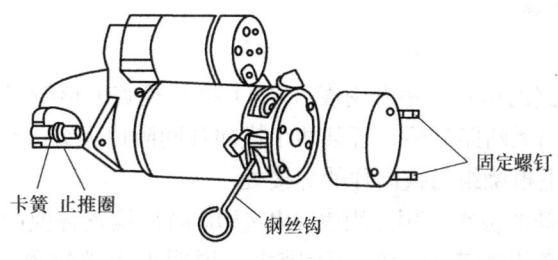

图 2-15 拆卸电刷

2）用扳手旋出两根紧固穿心螺栓，取下前端盖，抽出电枢，如图2-16所示。

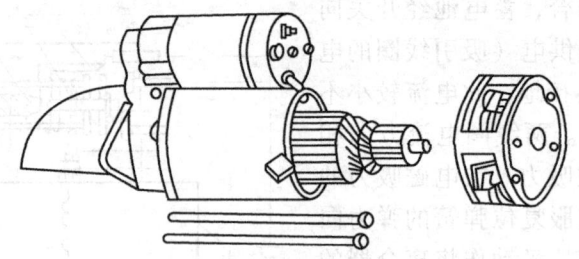

图2-16 拆卸前端盖和电枢

3）拆下电磁开关主接线柱与电动机接线柱间的导电片；旋出端盖电磁开关紧固螺钉，使电磁开关后端盖与中间壳体分离，如图2-17所示。

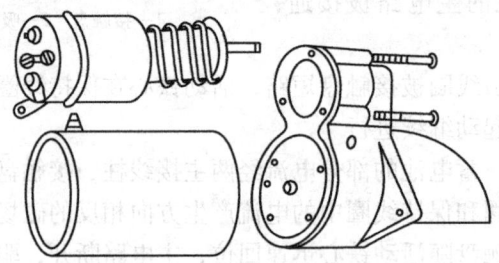

图2-17 拆卸电磁开关

4）从后端盖上旋下中间支承板紧固螺钉，取下中间支承板，旋出拨叉轴销螺钉，抽出拨叉，取出离合器，如图2-18所示。

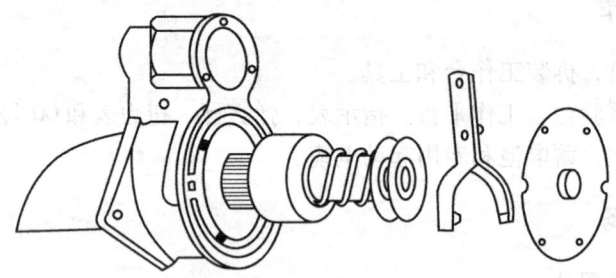

图2-18 拆下离合器

5）用清洗液清洗已拆下的机械部分，电气部分用棉纱蘸少量汽油擦拭干净。

（二）起动机的检修

1. 转子的检修

（1）电枢绕组断路的检查　用万用表（$R \times 1$挡）检查电枢绕组是否断路，如图2-19所示。若阻值接近零表明无断路故障；若某两个换向片间阻值无穷大，说明有断路故障。电枢绕组断路一般出现在电枢绕组与换向片的焊接处。

（2）电枢绕组搭铁的检查　用万用表（$R \times 10k$挡）检查各换向片与电枢轴间的绝缘情况，如图2-20所示。若万用表指示值为无穷大，说明无搭铁故障；若指示值较小或为零，说明出现了搭铁故障。

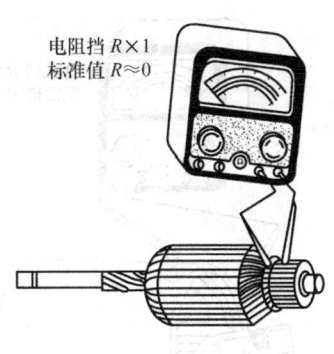

图 2-19 电枢绕组断路的检查

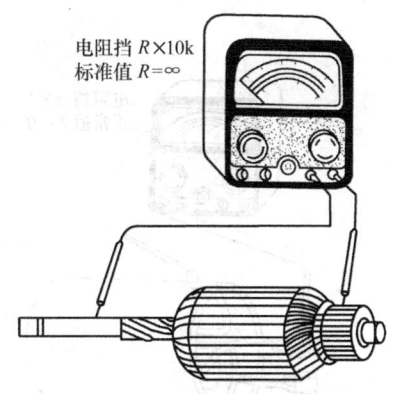

图 2-20 电枢绕组搭铁的检查

(3) 电枢轴弯曲的检查 用指示表检查电枢铁心或电枢轴中间轴颈处的圆跳动,如图 2-21 所示。电枢铁心表面最大圆跳动应小于 0.15mm;电枢轴中间轴颈处的最大圆跳动应小于 0.05mm。

(4) 换向器的检查 检查换向器表面是否过脏或有油污,是否出现烧蚀,换向片厚度应大于 2mm。用指示表检查换向器是否失圆(见图 2-22),换向器圆周表面对电枢轴线的径向圆跳动误差应小于 0.05mm。

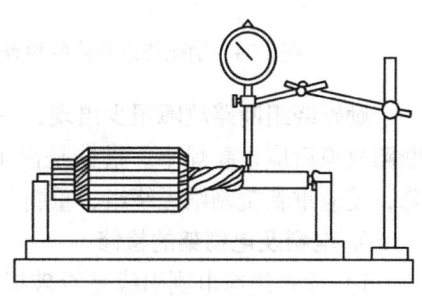

图 2-21 电枢轴弯曲的检查

电枢绕组出现了断路、短路、搭铁故障,或换向片厚度小于 2mm,一般都要更换电枢。电枢轴弯曲应进行校正;换向器出现烧蚀、失圆后,可以采用精车加工进行恢复;换向器轻微烧蚀或表面不平,可用 00 号砂纸打磨,如图 2-23 所示。

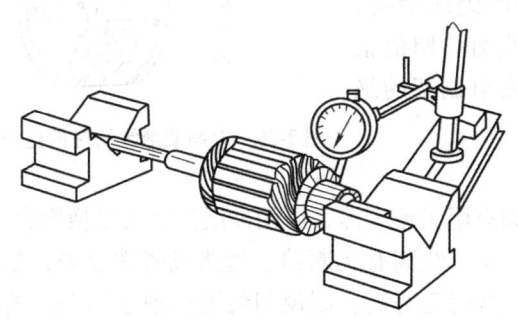

图 2-22 检查换向器是否失圆

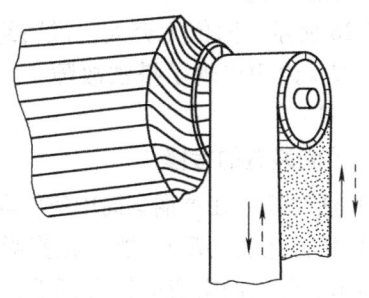

图 2-23 换向器的打磨

2. 定子的检修

(1) 励磁绕组断路的检查 用万用表($R×1$ 挡)检查励磁绕组有无断路,如图 2-24 所示。万用表指示值接近零为正常;指示值很大,则说明出现了断路故障。

(2) 励磁绕组搭铁的检查 用万用表($R×10k$ 挡)检查励磁绕组是否有搭铁故障,如图 2-25 所示。若阻值无穷大,则说明无搭铁故障;阻值很小或为零,则说明出现了搭铁故障。

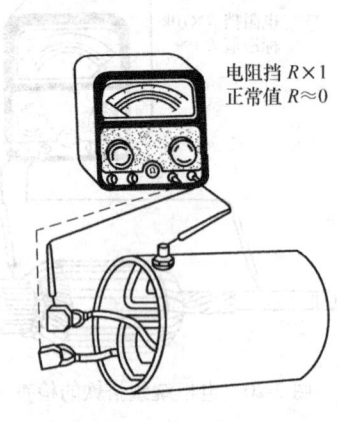 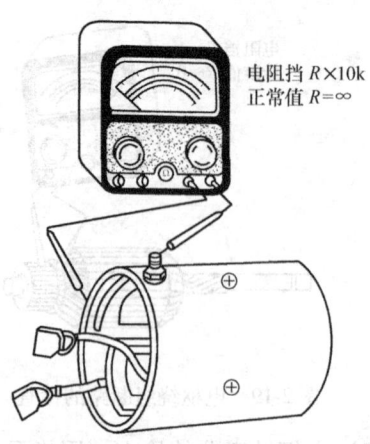

图 2-24 励磁绕组断路的检查　　　　图 2-25 励磁绕组搭铁的检查

励磁绕组断路故障很少出现,一般断路是由于绕组端头的焊接点脱焊或虚焊所致。出现断路故障后应重新焊牢。搭铁是由于绝缘层和包扎层损坏引起的,一旦出现短路或搭铁故障,就应重新绕制励磁绕组,重新包扎。

3. 电刷及电刷架的检修

1)检查绝缘电刷引线是否破损,如果包扎层损坏使电刷铜线外露,应重新包扎,或用绝缘胶布进行绝缘处理。检查电刷高度,磨损后的电刷若高度低于新电刷高度的2/3,应更换电刷。

2)检查电刷弹簧有无折断,用弹簧秤测量电刷弹簧的压力,其数值一般为 11.7~14.7N。若压力过低,应更换。

3)用万用表($R \times 10k$ 挡)检查电刷架的绝缘情况,如图 2-26 所示。阻值无穷大,说明绝缘性能良好;阻值很小或为零,说明出现了搭铁故障,应及时更换电刷架的绝缘片。

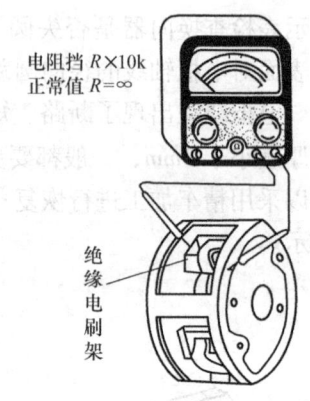

图 2-26 电刷架绝缘情况的检查

4. 控制装置的检修

1)活动铁心在黄铜套筒中应活动自如,如有阻力或卡滞,可用砂纸打磨或更换铜套。

2)用万用表($R \times 1$ 挡)检查吸引线圈、保持线圈有无断路、短路或搭铁故障,如图 2-27 所示。测得的阻值应符合标准,若测得的阻值无穷大,则说明线圈出现了断路;若阻值明显低于标准值或阻值为零,则说明出现了短路或搭铁。如果线圈出现了断路、短路或搭铁故障,应重新绕制,或更换控制装置。

3)检查主接线柱触头及接触盘是否出现了烧蚀。如果出现了烧蚀,应进行打磨使其表面光滑平整,或将接触盘换面使用。

5. 单向离合器的检修

1)单向离合器的驱动齿轮齿端应光滑,无崩角和碎裂现象。齿轮磨损应正常,齿长方向磨损量不超过 3mm,否则应更换离合器总成。其齿长方向的磨损情况如图 2-28 所示。

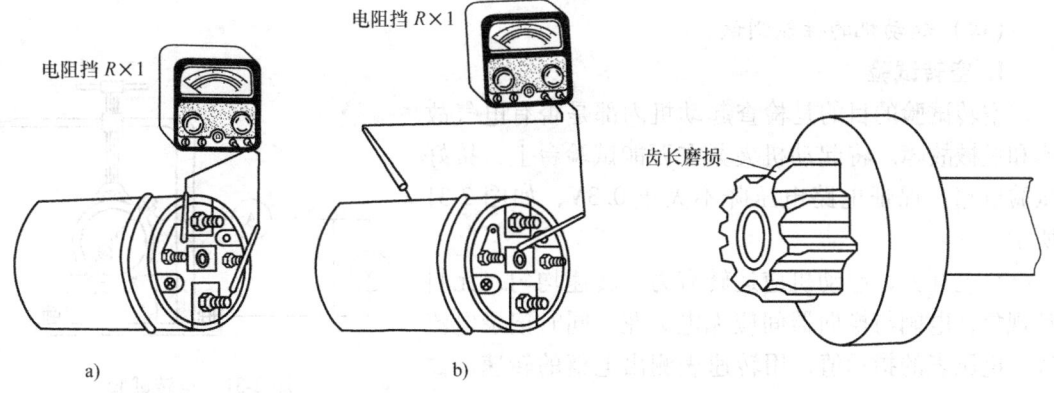

图 2-27　吸引线圈、保持线圈的检查
a) 检查吸引线圈　b) 检查保持线圈

图 2-28　齿长方向的磨损情况

2) 单向离合器与电枢轴配合情况的检查。单向离合器在电枢轴上应移动自如,无卡滞现象,如图 2-29 所示。如果前后移动离合器时出现卡滞或在移动中有明显阻力,应对配合位置进行清洁,或用锉刀修平碰痕或毛刺。

3) 单向离合器转矩传递及打滑情况的检查。将离合器夹在台虎钳上,在花键套筒中插入一根花键轴,将扭力扳手经套筒与花键轴相接,顺电枢旋转方向扳动扭力扳手,其最大传递转矩应符合规定值。如果测得的转矩大大低于规定值,说明离合器打滑,应更换离合器。如图 2-30 所示,按电枢旋转的相反方向转动花键套筒,应转动自如无阻力。

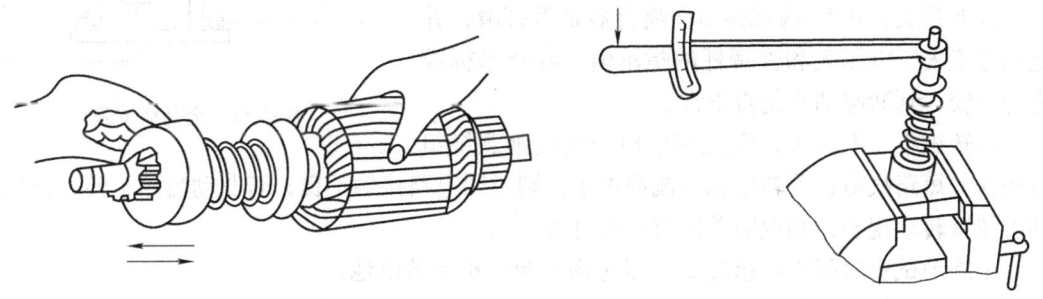

图 2-29　单向离合器与电枢轴配合情况的检查

图 2-30　单向离合器转矩传递及打滑情况的检查

(三) 起动机的装复

不同形式的起动机装复的步骤会有所不同,一般应按照与解体顺序相反的步骤进行。

1) 将中间支承板、单向离合器、止推圈依次安装到电枢轴上,安装好卡簧,再将止推圈推到卡簧处,与卡簧靠紧。

2) 使拨叉与单向离合器的拨叉环配合,将电枢轴插入后端盖滑动轴承中,拧紧中间支承板的紧固螺钉,同时装好拨叉销轴。

3) 使外壳与前、后端盖的装配标记对准,安装好外壳和前端盖,穿入两穿心螺栓并旋紧。

4) 将绝缘电刷、搭铁电刷装入对应的电刷架中,装好防护罩。

5) 将电磁控制装置的活动铁心与拨叉连接,装好回位弹簧,将电磁控制装置固定到后端盖上，连接主接线柱与电动机正极间的导电片。

（四）起动机的性能测试

1. 空转试验

空转试验的目的是检查起动机内部是否有电气故障和机械故障。将起动机夹紧在万能试验台上，接好试验电路，保证电路电压降不大于0.3V，如图2-31所示。

合上开关，起动机应运转有力，转速均匀，无抖动现象，电刷与换向器间应无电火花。同时记录电流表、电压表的指示值，用转速表测出电枢的转速。试验时间不应超过1min。

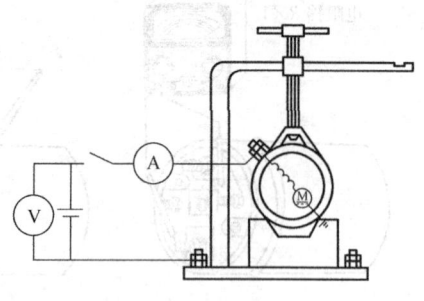

图2-31　空转试验

将记录值与技术标准进行比较，以判断起动机的技术状况是否良好。若电流大、转速低，则说明存在装配过紧方面的机械故障，或电枢、励磁绕组有搭铁、短路故障；若电流和转速都很小，则说明电路中有接触不良的情况，如电刷和换向器接触不良、弹簧压力过小或励磁绕组连接端接触不良等。

2. 全制动试验

通过全制动试验可以判断起动机的电路是否正常，检查单向离合器是否打滑。将起动机夹紧在试验台专用支架上，装好扭力杠杆和弹簧秤，接好电路，如图2-32所示。

合上开关，在5s内观察单向离合器是否打滑，并记录电流表、电压表和弹簧秤的指示值，与技术标准进行比较，判断起动机是否正常。

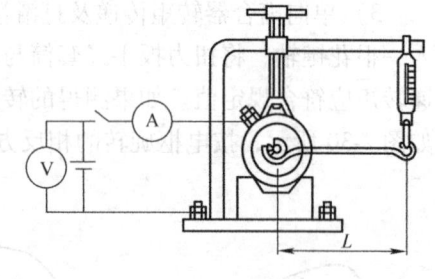

图2-32　全制动试验

若转矩小、电流大，则说明电枢绕组或励磁绕组有搭铁、短路故障；若转矩和电流都很小，则说明电路接触不良；若驱动齿轮不转，但电枢轴有缓慢转动现象，则说明单向离合器打滑。

全制动试验时间不应超过5s，以免损坏起动机及蓄电池。

（五）记录实习过程及结果，对结果进行分析，写出实习报告

（六）整理、清洁实习场地，工具、设备复位

【知识链接】

一、串励直流电动机的工作原理及工作特性

（一）工作原理

根据电磁作用原理，通电导体在磁场中要受到磁场力的作用。如果将通电导体做成通电线圈，则通电线圈在磁场中便受到电磁力矩的作用，如图2-33及图2-34所示，这就是最简单的直流电动机。

串励直流电动机的磁场为电磁铁的形式（见图2-34）。

串励直流电动机产生的转矩，与电枢电流和磁极的磁通成正比，即

单元二 起动系

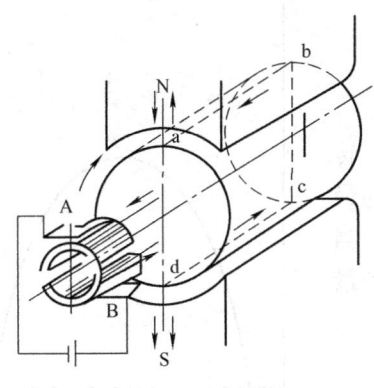

图 2-33 永磁直流电动机

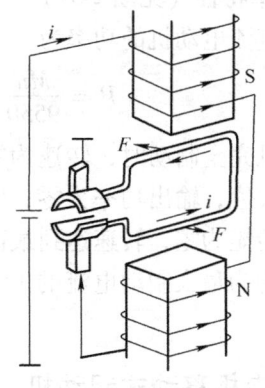

图 2-34 串励直流电动机

$$M = C_m I_s \Phi$$

式中　M——电动机转矩；
　　　C_m——电机常数；
　　　I_s——电枢电流；
　　　Φ——磁极磁通。

（二）串励直流电动机的工作特性

串励直流电动机的转矩 M、转速 n 和功率 P 随电枢电流 I_s 的变化规律，称为串励直流电动机的工作特性。

1. 转矩特性（见图 2-35）

在起动机起动的瞬间，起动转矩达到最大值，足以克服发动机的内部阻力矩，使发动机能够顺利起动。串励直流电动机具有起动转矩大的特性，这是汽车起动机大都采用串励直流电动机的主要原因。

2. 转速特性（见图 2-36）

电动机的转速随电枢电流的减小而很快上升，即串励直流电动机具有轻载转速高，重载转速低的特性。

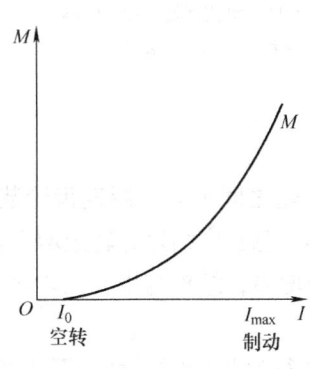

图 2-35 转矩特性

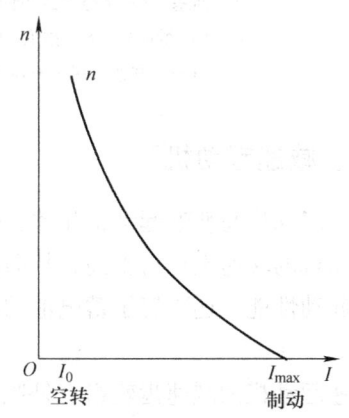

图 2-36 转速特性

3. 功率特性（见图 2-37）

串励直流电动机的功率为

$$P = \frac{Mn}{9550}$$

起动机完全制动时，转速为零，电枢电流最大，转矩达到最大值，输出功率为零；空载时，电枢电流为最小，输出转矩为零，转速达到最高，输出功率为零；当电枢电流约为最大制动电流的 1/2 时，输出功率达到最大值。

二、电枢移动式起动机

电枢移动式起动机是借辅助磁极的电磁力来移动整个电枢，将起动机驱动齿轮啮入飞轮齿圈。捷克的太脱拉、斯柯达汽车就采用这种起动机，其结构如图 2-38 所示。

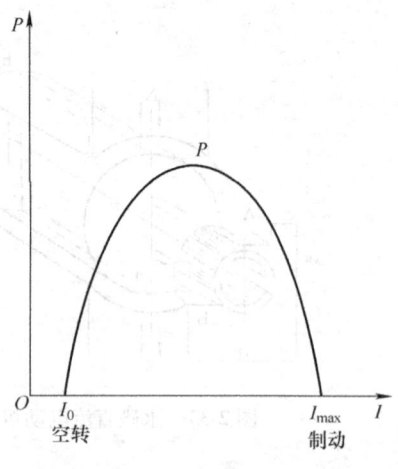

图 2-37　功率特性

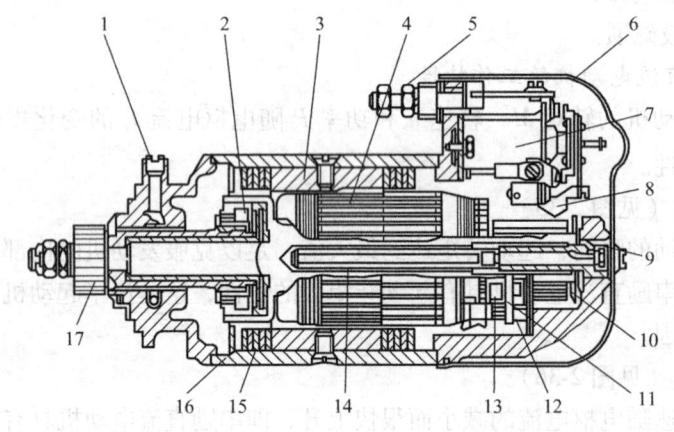

图 2-38　电枢移动式起动机的结构

1—油塞　2—摩擦片式单向离合器　3—磁极　4—电枢　5—接线柱　6—端盖
7—控制继电器　8—扣爪　9—换向器　10—凸缘座　11—电刷弹簧　12—电刷
13—电刷架　14—复位弹簧　15—励磁绕组　16—机壳　17—驱动齿轮

三、减速起动机

减速起动机与普通起动机相比，仅在电枢与驱动齿轮之间加装了减速齿轮装置。因此，可将起动机的转速设计得很高，从而使起动机质量减小，总长度缩短，转矩增大。这样不仅提高了起动性能，还减轻了蓄电池的负担，但机械部分增多，结构与生产工艺比普通起动机复杂。

减速起动机的减速齿轮组有外啮合式、内啮合式和行星齿轮式三种，图 2-39 所示为外啮合式，图 2-40 所示为内啮合式。

减速起动机的控制方式与普通起动机的控制方式相同。

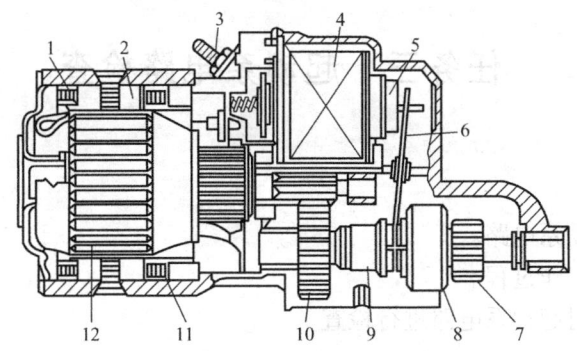

图 2-39 外啮合式减速起动机

1—磁场绕组 2—磁极 3—蓄电池接线柱 4—电磁线圈 5—活动铁心 6—拨叉
7—驱动齿轮 8—单向离合器 9—齿轮轴 10—减速齿轮 11—外壳 12—电枢

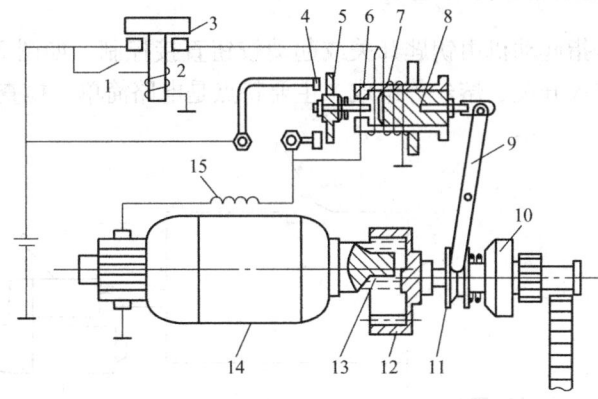

图 2-40 内啮合式减速起动机

1—起动开关 2—起动继电器线圈 3—起动继电器触点 4—主触点 5—接触盘
6—吸引线圈 7—保持线圈 8—活动铁心 9—拨叉 10—单向离合器 11—螺旋花键轴
12—内啮合减速齿轮 13—驱动齿轮 14—电枢绕组 15—励磁绕组

四、永磁起动机

永磁起动机是将普通起动机的磁场部分用永久磁铁代替,其结构如图 2-41 所示。永磁起动机去掉了电磁线圈等,因此结构简单、体积小,适用于空间较小的汽车上。

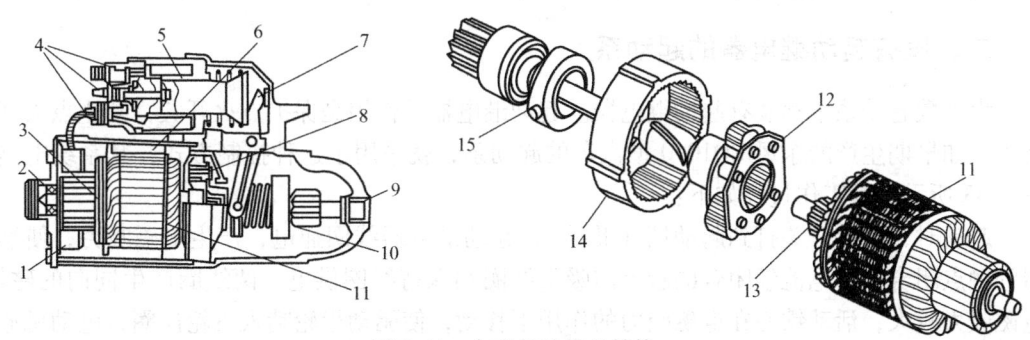

图 2-41 永磁起动机的结构

1—电刷 2—轴承 3—换向器 4—接线柱 5—拉杆 6—永久磁铁 7—拨叉 8—行星齿轮减速器
9—轴承 10—单向离合器 11—电枢 12—行星齿轮 13—小齿轮 14—固定内齿圈 15—驱动圈

45

任务三 起动系电路检查

【任务目标】

1）熟悉常见起动系电路。
2）掌握起动系工作过程。
3）能够熟练地对起动系电路进行检查。

【相关知识】

一、起动开关直接控制的起动系

开关直接控制是指起动机由钥匙开关或起动按钮直接控制，如图 2-42 所示，起动系由蓄电池、起动机、点火开关、熔丝等组成，主要特点是电路简单、检查方便。

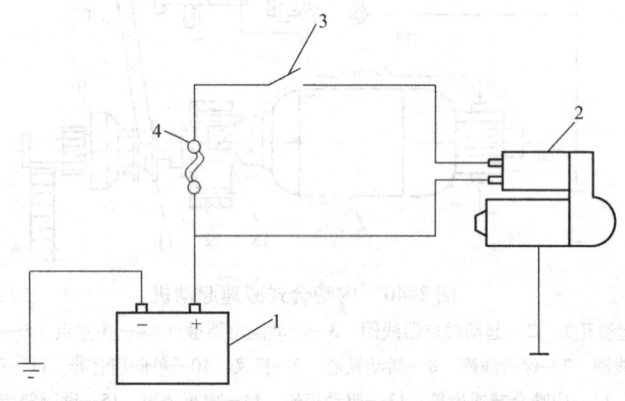

图 2-42 起动开关直接控制的起动系
1—蓄电池 2—起动机 3—点火开关 4—熔丝

该起动系的特点是电路简单，但因起动机吸引线圈、保持线圈的电流通过点火开关，会经常出现点火开关烧蚀故障。

二、设有起动继电器的起动系

大多数起动系中都装有起动继电器。起动继电器的作用是保护点火开关，防止点火开关烧蚀。如早期生产的东风 EQ1090 型汽车的起动系，就采用了这种控制方式，其系统电路如图 2-43 所示。其工作过程如下：

起动时，点火开关打到起动挡（Ⅱ挡），起动继电器线圈通电，产生电磁吸力，使继电器的触点闭合，蓄电池经闭合的触点向吸引线圈和保持线圈供电。两线圈产生同向的磁场，电磁吸力较大，活动铁心在电磁吸力的作用下移动，使驱动齿轮啮入飞轮齿圈，电动机通电运转。

吸引线圈和保持线圈的电流经过继电器的触点，而继电器电磁线圈的小电流经过点火开

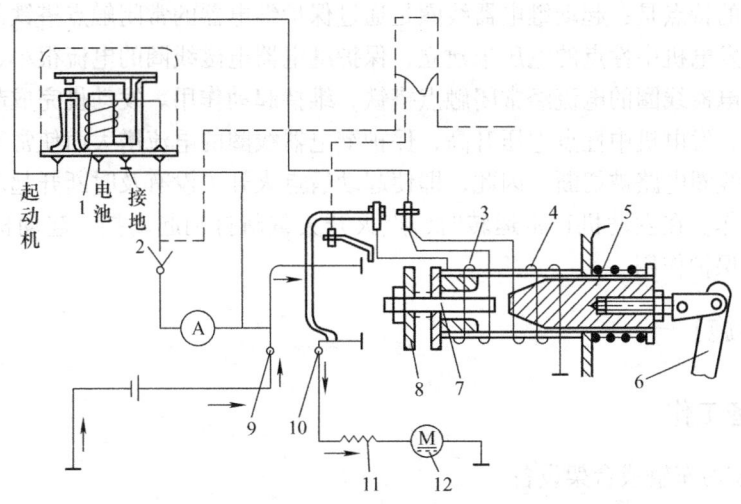

图 2-43 东风 EQ1090 型汽车起动系电路
1—起动继电器 2—点火开关 3—吸引线圈 4—保持线圈 5—活动铁心
6—拨叉 7—推杆 8—接触盘 9、10—起动机主接线柱 11—励磁绕组 12—电枢

关，因此避免了点火开关的烧蚀。

起动后，点火开关回到Ⅰ挡，起动继电器线圈断电，触点张开，吸引线圈、保持线圈产生相反方向的磁场，电磁吸力相互抵消，活动铁心迅速回位，电动机断电，驱动齿轮与飞轮齿圈脱离啮合，起动机完全退出工作。

三、设有保护继电器的起动系

保护继电器工作是由发电机的中性点控制的，其作用是：在发动机起动后，使起动机自动停止工作；防止驾驶员误操作起动机。解放 CA1092 型汽车起动系中就设有保护继电器，该起动系电路如图 2-44 所示。

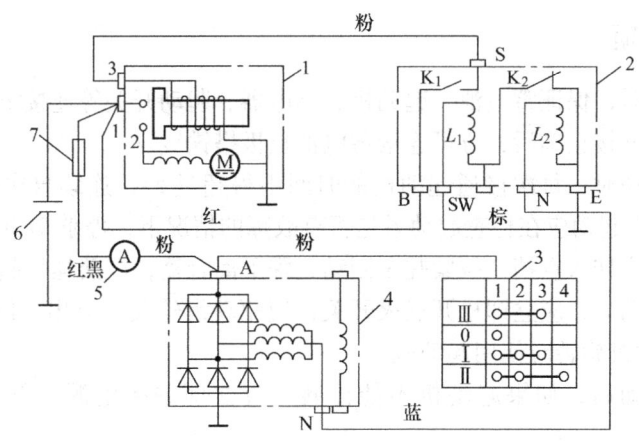

图 2-44 解放 CA1092 型汽车起动系电路
1—起动机 2—组合继电器 3—点火开关 4—发电机 5—电流表 6—蓄电池 7—熔断器

该起动系的特点是：起动继电器线圈是通过保护继电器的常闭触点搭铁的。在发动机未完成起动时，发电机中性点的电压未建立，保护继电器电磁线圈的电流很小，常闭触点不能张开。起动继电器线圈的电流经常闭触点搭铁，维持起动作用。发动机完成起动以后，因为转速迅速提高，发电机中性点电压升高，保护继电器线圈的电流增大而使常闭触点张开，所以起动继电器线圈电路被切断。因此，即使起动后点火开关没有及时断开起动挡，起动机也能自动退出工作。在发动机正常运转时，点火开关重新打到起动挡，起动机也不会投入工作，且起自动保护作用。

【任务实施】

一、准备工作

1）准备实习车辆或台架设备。
2）利用实习车辆进行实验，应将实习车辆放置在清洁、平整、通风良好的场地。各车轮放置挡块，变速器置于空挡并拉紧驻车制动。
3）准备万用表、剥线钳、导线、绝缘胶带、尖嘴钳和螺钉旋具（俗称螺丝刀）等。

二、实施任务

1）对照相关知识，根据实习车辆或设备已有起动系部件，连接起动系电路。
2）进一步对连接电路进行检查，确认连接正确后，接好蓄电池负极搭铁电缆，起动车辆。观察起动机工作是否正常。
3）用短接接线柱的方法，使起动机投入工作，以进一步熟悉起动系的控制过程。
4）记录并分析实习过程，完成实习报告。
5）完成整理工作。
① 清洁、整理工具、设备，并妥善保管存放。
② 清扫、清理场地，保持环境整洁。

三、注意事项

1）连接电路时，保证蓄电池、起动机、继电器、起动开关等连接牢固，接触良好。
2）确认电路连接正确后，方可连接蓄电池负极搭铁线。
3）发动机起动时，每次接通起动机的时间不得超过5s，连续再次起动时应停歇10~15s，连续3次以上起动应在检查起动系是否有故障的情况下，停歇5min以上再起动。
4）起动时，应挂入空挡，拉紧驻车制动，踩下离合器，严禁挂挡起动。
5）发动机起动后，应立即松开点火开关，使驱动齿轮及时退出，以减少单向离合器的磨损。严禁在发动机旋转时使用起动机。
6）发动机起动后，如果起动机不能停转，应立即关闭电源总开关或拆开蓄电池搭铁线。

单元三

点 火 系

任务一　认识点火系

【任务目标】

1）掌握点火系的作用。
2）认识点火系的类型。

【知识准备】

汽车发动机在起动以及整个工作过程中，必须将各气缸中被压缩的可燃混合气点燃，使各个气缸按工作顺序做功，将热能转换为机械能，产生的动力用来起动发动机和驱动汽车行驶。这种将发动机气缸内可燃混合气点燃的工作，称为点火。

汽车发动机的点火方式有压缩点火和电火花点火。柴油机采用压缩点火，汽油机采用电火花点火。电火花点火具有点火能量大，工作可靠，形成火花迅速，点火时间准确且易于调整等优点。

【任务实施】

本任务实施的主要目的是要学生看到火花塞产生的电火花。

一、准备工作

1）准备一个实验用的火花塞。
2）准备三台实验用车，点火系分别为传统点火系、普通电子点火系和微机控制的电子点火系。
3）将车辆停放在通风良好、地面平整干净、周围无安全隐患的环境下。
4）在前、后车轮与地面间放置挡块并拉紧驻车制动。
5）在实验车辆上安装防护套件。
6）检查车辆的油、水、电及制冷剂等，使车辆处于完好状态。

二、实施任务

1）点火系的认识。

① 通过观察实习车辆，了解传统点火系中各电气部件及其名称和安装位置。
② 通过观察实习车辆，了解普通电子点火系中各电气部件及其名称和安装位置。
③ 通过观察实习车辆，了解微机控制的电子点火系中各电气部件及其名称和安装位置。
2）用实习车辆做跳火实验。
① 拔下某一缸的分缸线。
② 在分缸线上连接准备好的火花塞，使火花塞的外壳可靠搭铁。
③ 闭合点火开关，起动发动机，观察火花塞的跳火情况。
④ 断开点火开关使发动机熄火，插好分缸线。
3）实验完成后整理场地和实验器具。
4）观察记录结果，完成实习报告。

【相关知识】

一、点火系的作用

1）将汽车电源提供的低压电（12V）变为足以击穿火花塞电极间隙的高压电。
2）按照发动机的做功顺序和点火时间的要求，适时地、准确地将高压电分配给各缸火花塞。
3）击穿火花塞电极间隙产生电火花，点燃可燃混合气。

二、点火系分类

1. 按点火系储存火花能量的方式分类

（1）电感储能式点火系　点火系产生高压电前从电源获取的火花原始能量以磁场能的形式储存在点火线圈内。

（2）电容储能式点火系　点火系产生高压电前从电源获取的火花原始能量以电场能的形式储存在电容器内。

2. 按发展进程分

（1）传统点火系　又称为蓄电池点火系，由断电器触点控制点火线圈初级电路的通和断，将低压电变为高压电。

（2）普通电子点火系　又称为无触点的点火系，由点火信号发生器产生点火信号输送给点火控制器，使点火控制器内晶体管导通或截止，从而接通或切断点火线圈初级电路，将低压电变为高压电。普通电子点火系根据信号发生器的形式分为磁感应式电子点火系、霍尔效应式电子点火系和光电式电子点火系。

（3）微机控制的电子点火系　由电子控制单元（ECU）根据传感器输送来的发动机工况信息向点火控制器发出点火指令，使点火控制器内晶体管导通或截止，从而接通或切断点火线圈初级电路，将低压电变为高压电。微机控制的电子点火系又分为微机控制的有分电器式电子点火系和微机控制的无分电器式电子点火系。

三、点火系的基本要求

1）能产生足以击穿火花塞电极间隙的高电压。

2）电火花应具有足够的能量。

3）点火时间应适应发动机的工作状况。首先，点火系应按照发动机的工作顺序依次为各个气缸点火；其次，对单个气缸而言，要求点火系在任何工况下都在最佳点火提前角处产生电火花，以使发动机发出最大动力。

除上述基本要求外，一般还要求高压电形成要迅速，以减少能量的泄漏；电火花持续时间应长些，使混合气更可靠地点燃。

任务二　检查传统点火系电路

【任务目标】

1）掌握传统点火系电路的组成。
2）掌握传统点火系的工作过程。
3）掌握传统点火系高、低压电路的连接方法。
4）掌握传统点火系电路的检查方法。

【相关知识】

一、传统点火系的电路组成及原理

传统点火系的电路组成如图3-1所示。

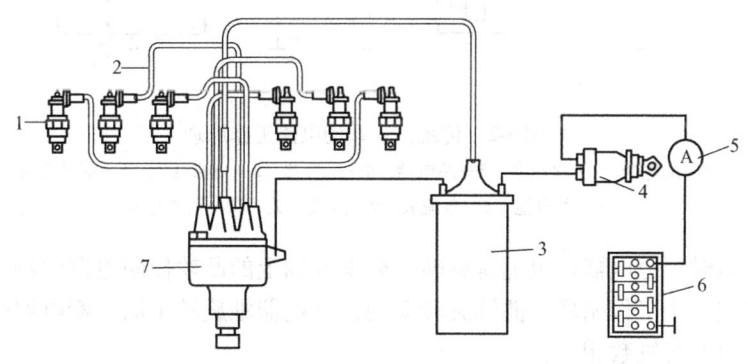

图3-1　传统点火系的电路组成
1—火花塞　2—高压线　3—点火线圈　4—点火开关　5—电流表　6—蓄电池　7—分电器

（1）电源　由蓄电池和发电机组成。起动及在发动机转速很低的情况下，由蓄电池向点火系供电；在发动机工作的大部分时间内，由发电机向点火系供电。

（2）点火线圈　其作用是将蓄电池或发电机的低压电升高为能够击穿火花塞电极间隙的高压电，其瞬间输出电压可达15～20kV。

（3）断电器　不断接通和切断点火系的低压电路，点火线圈的初级电流发生变化，从而实现变压。

（4）配电器　将点火线圈产生的高压电按照发动机的做功顺序分配到各缸火花塞。

（5）火花塞　装在气缸盖上，电极伸到燃烧室内，其作用是承受高压电，产生电火花，点燃混合气。

（6）附加电阻　发动机正常工作时，通过附加电阻改善点火特性；起动时，附加电阻被起动机的控制装置短接，增大了点火线圈的初级电流，提高了点火能量，改善了起动性能。

（7）电容器　与断电器的触点并联，其作用是在断电器触点断开时吸收触点间的电火花，防止触点烧蚀，延长了触点的使用寿命；电容器还能有效提高点火线圈的次级电压。

（8）点火提前角调节装置　根据发动机的工况不同，自动调节点火提前角，使发动机具有较好的动力性和燃油经济性。

（9）点火开关　在点火系中用来接通或切断点火系电路，同时还用于控制其他系统中各种用电设备的电路。

二、传统点火系的电路工作原理

传统点火系的电路工作原理如图3-2所示。

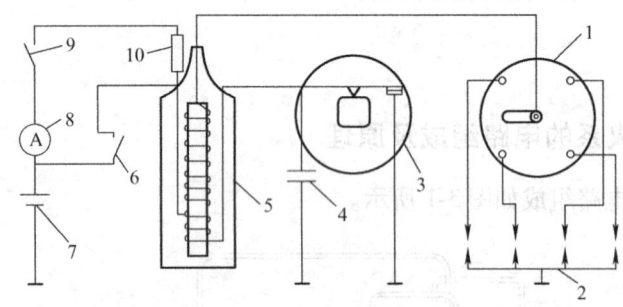

图3-2　传统点火系的电路工作原理
1—配电器　2—火花塞　3—断电器　4—电容器　5—点火线圈　6—起动开关
7—蓄电池　8—电流表　9—点火开关　10—附加电阻

发动机运转时，分电器轴也随着旋转，分电器轴上的凸轮使断电器的触点不断闭合、张开。发动机完成一个工作循环，曲轴旋转2周，分电器轴旋转1周，断电器触点闭合、张开的次数和发动机的气缸数相等。

1. 断电器触点闭合，低压电路被接通，初级电流呈指数规律增长

如图3-2所示，断电器触点闭合时，接通了点火系低压电路，在点火线圈初级绕组中形成初级电流。低压电路为：蓄电池或发电机"＋"接线柱—点火开关—附加电阻—点火线圈初级绕组—断电器触点—搭铁—蓄电池或发动机"－"接线柱。

起动时，点火线圈的附加电阻被起动机的控制装置短接，低压电路发生改变。起动时点火系的低压电路为：蓄电池"＋"接线柱—起动机主接线柱—接触盘—附加电阻短路接线柱—点火线圈初级绕组—断电器触点—搭铁—蓄电池"－"接线柱。

断电器触点闭合时，初级电流流经初级绕组时呈指数规律增长，在点火线圈铁心中建立较强的磁场，电能转变为磁场能。铁心中储存的这部分磁场能就是高压电火花的原始能量。

2. 断电器触点张开，点火线圈次级绕组中产生高压电动势

断电器触点张开时，低压电路被迅速切断，磁场迅速消失，次级绕组中产生互感电动势，此电动势高达 15～20kV，足以击穿火花塞间隙，从而产生火花放电。

3. 高压电击穿火花塞间隙，产生高压电火花

断电器触点张开时，分火头正好对准分电器盖上的某一个旁电极。此时，点火线圈产生的高压电通过外部电路，加在某缸火花塞的两个电极之间。当高压电升高到能够击穿火花塞间隙时，在火花塞电极间产生电火花，高压电流形成电路。其电路为：点火线圈次级绕组—附加电阻—点火开关—蓄电池—搭铁—火花塞侧电极—火花塞中心电极—分缸线—配电器—中心高压线—点火线圈次级绕组。

断电器触点每打开一次，点火线圈就产生一次高压电，由配电器按照点火顺序将高压电引至各缸火花塞，产生电火花，点燃混合气，从而使发动机持续工作。

【任务实施】

一、准备工作

1）准备实习车辆。
2）准备与实习车辆对应的点火系电路。
3）准备万用表、螺钉旋具、尖嘴钳、剥线钳、试灯、导线和绝缘胶布。

二、实施任务

1）根据相关知识和传统点火系电路来连接电路。
2）电路检查。

① 用车上的电流表检查已连接的点火系低压电路是否良好 闭合点火开关，摇转曲轴同时观察电流表的指针。如果电流表指针在 3～5A 和 0A 之间摆动，说明低压电路通路良好，否则说明低压电路有故障。

② 用试灯检查已连接的点火系低压电路是否良好 闭合点火开关，在断电器触点断开时，将试灯一端搭铁，另一端逐点接触低压电路中各电器部件的连接点，检查低压电路是否存在断路和接触不良故障，亮和不亮之间就是故障段。

③ 用万用表检查 将万用表拨到直流电压挡，选择 20V 的量程。闭合点火开关，在断电器触点断开时，将万用表的黑表笔搭铁，红表笔逐点测量低压电路中各电器部件的连接点的电压，检查低压电路是否存在断路和接触不良故障，有电压和无电压之间就是故障段。

3）确认电路连接正确后，做跳火试验。
4）记录实验结果和现象，完成实习报告。
5）清洁场地，整理工具和设备。

三、注意事项

1）在连接电路时，要拆下蓄电池负极搭铁线。
2）确认电路连接正确，最后连接蓄电池负极搭铁线。

任务三　检查传统点火系主要部件

【任务目标】

1) 掌握点火线圈的结构、升压原理和检查方法。
2) 熟悉分电器的结构、工作原理和检查方法。
3) 掌握火花塞的相关知识。

【相关知识】

一、点火线圈

点火线圈的作用是将低压电变为高压电。根据内部磁路形式不同，可分为开磁路式点火线圈和闭磁路式点火线圈。传统点火系中广泛使用开磁路式点火线圈，闭磁路式点火线圈多用于电子点火系中。

1. 开磁路式点火线圈

开磁路式点火线圈的结构如图 3-3 所示。

壳体上部装有胶木盖，其中间插孔为高压线插孔，其他的接线柱为低压接线柱。根据低压接线柱的数目不同，点火线圈有两柱式和三柱式之分。两柱式点火线圈的低压接线柱分别标有"＋"和"－"；三柱式点火线圈的低压接线柱分别标有"＋"、"－"和"＋开关"，在"＋"和"＋开关"接线柱之间固定有附加电阻。

铁心是由多片硅钢片相互绝缘叠合而成的，外包绝缘纸套，在套上先缠绕次级绕组，其特点是线径小、匝数多（12000～26000 匝），阻值一般为 6000～8000Ω（20℃），电子点火系点火线圈次级绕组阻值一般为 2500～4000Ω（20℃）；初级绕组在次级绕组的外层，其特点是线径大、匝数少（230～380 匝），阻值一般为 1.5～3.0Ω（20℃），电子点火系中点火线圈初级绕组的阻值一般为 0.5～1.0Ω（20℃）。

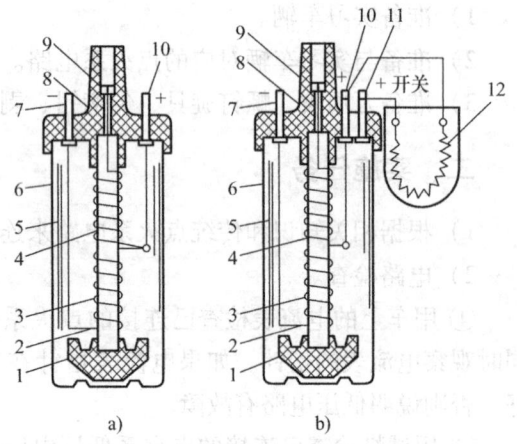

图 3-3　开磁路式点火线圈的结构
a) 两柱式点火线圈　b) 三柱式点火线圈
1—瓷绝缘座　2—铁心　3—初级绕组　4—次级绕组
5—导磁钢套　6—外壳　7—"－"接线柱　8—胶木盖
9—高压线插孔　10—"开关"接线柱
11—"＋开关"接线柱　12—附加电阻

两柱式点火线圈不带附加电阻，在其"＋"接线柱上有两条导线，其中一条是普通导线，与起动机附加电阻短接接线柱相接；另一条是具有一定阻值的电阻线，与点火开关相接，其作用及原理与附加电阻完全相同。

初级电流经过初级绕组时，点火线圈中形成磁场，开磁路式点火线圈的磁路如图 3-4 所示。

2. 闭磁路式点火线圈

闭磁路式点火线圈的结构如图 3-5 所示。闭磁路式点火线圈的铁心一般为日字形或口字形，磁路是封闭的。次级绕组和初级绕组缠绕在铁心的一个臂上，绕组的两端分别引出低压接线柱和高压线插孔。

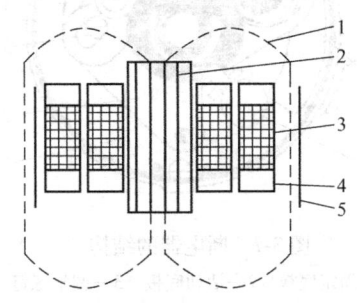
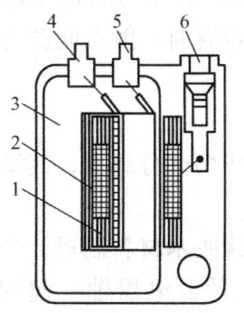
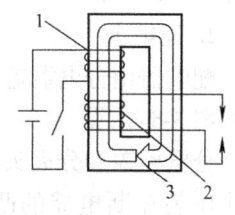

图 3-4 开磁路式点火线圈的磁路
1—磁力线 2—铁心 3—初级绕组
4—次级绕组 5—导磁钢套

图 3-5 闭磁路式点火线圈
1—初级绕组 2—次级绕组 3—铁心
4、5—低压接线柱 6—高压线插孔

二、分电器

传统点火系分电器由断电器、配电器、电容器和点火提前机构组成。分电器一般通过一个夹板固定在发动机的分电器座孔中，其结构如图 3-6 所示。

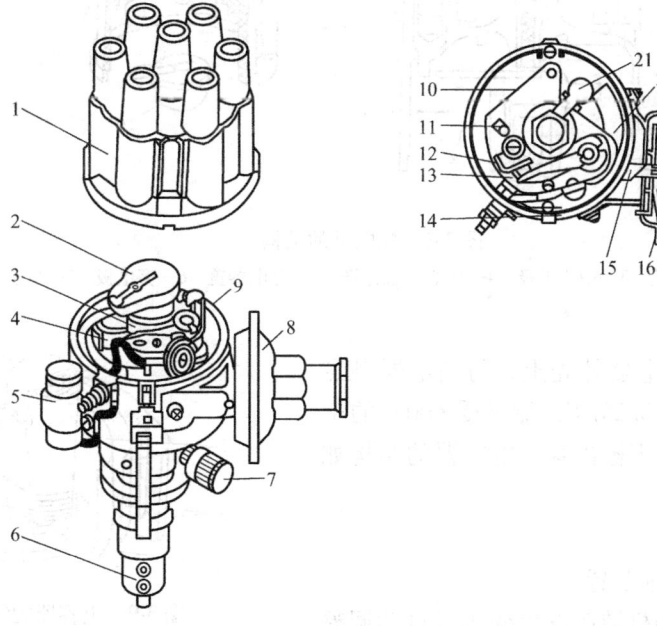

图 3-6 分电器的结构
1—分电器盖 2—分火头 3—凸轮 4—触点及断电器底板总成 5—电容器 6—万向节 7—油杯
8—真空提前机构 9—分电器壳体 10—活动底板 11—调整螺钉 12—静触点臂 13—活动触点臂 14—接线柱
15—拉杆 16—膜片 17—真空提前机构外壳 18—弹簧 19—螺母 20—扁形弹簧 21—油毡

1. 断电器

断电器的结构如图 3-7 所示，主要是由一对触点和凸轮组成的。断电器的动触点臂引出接线柱，静触点臂搭铁。凸轮旋转，断电器触点在凸轮的驱动下不断开闭，从而周期性地接通和切断低压电路。当断电器触点张开到最大位置时，触点间隙为 0.35~0.45mm。

2. 配电器

配电器由分电器盖和分火头两部分组成，其结构如图 3-8 所示。

分电器盖和分火头都由绝缘胶木材料制成，分火头压装在断电器的凸轮上，随分电器轴一起旋转，扣上分电器盖后，分电器盖的碳精柱正好压到分火头的导电片上。分火头和凸轮在规定位置的安装，在凸轮顶开触点时，分火头恰好对正某一个旁电极，此时导电片与旁电极间有0.6~0.8mm 的间隙，高压电以火花的形式跳到旁电极，经分缸线送到火花塞上。

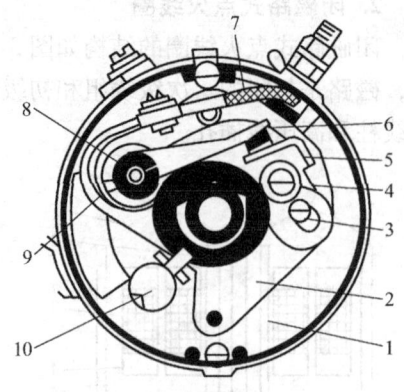

图 3-7 断电器的结构

1—固定底板 2—活动底板 3—调整螺钉
4—固定螺钉 5—固定触点臂 6—活动触点
7—连线 8—卡簧 9—扁形弹簧 10—油毡

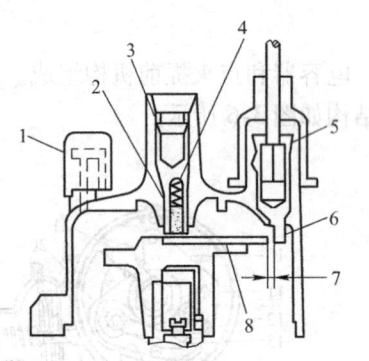 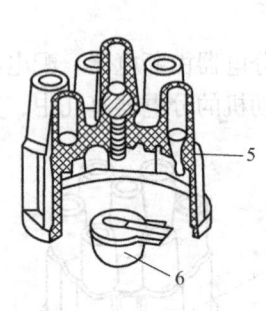

图 3-8 配电器的结构

1—通风孔 2—碳精柱 3—中心电极 4—中心接触弹簧 5—分电器盖 6—旁电极 7—气隙 8—分火头

3. 电容器

电容器安装在分电器外壳上，与断电器触点并联。容量为 0.15~0.25μF，能承受 600V 的交流电，并且在 1min 内不被击穿。电容器的结构如图 3-9 所示。

4. 点火提前装置

（1）离心点火提前装置

1）作用。在发动机转速发生变化时自动调整点火提前角。在发动机转速升高时，自动调节点火提前角变大；在发动机转速降低时，自动调节点火提前角变小。

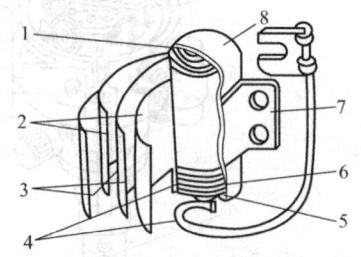

图 3-9 电容器的结构

1—接地片 2—锡箔 3—蜡纸 4—引线
5—绝缘密封层 6—导电片 7—固定夹 8—外壳

2）结构。离心点火提前装置通常安装在分电器固定底板的下部,其结构如图3-10所示。

两个离心重块套在托板的柱销上,静态下两个小弹簧使离心重块收拢,凸轮与拨板一体,空套在分电器轴上,拨板的两个长方形孔套在离心重块的两个销钉上。

3）工作情况。在发动机转速升高时,分电器轴的转速随着升高,离心重块在离心力的作用下,克服弹簧的弹力向外甩开,离心重块的销钉带动拨板沿分电器轴的旋转方向超前转动一个角度,断电器的凸轮提前将触点顶开,点火提前角增大。

在发动机转速下降时,离心重块在弹簧的作用下收拢,又带动拨板逆着分电器轴的旋转方向转动一个角度,因而触点张开时刻变晚,点火提前角变小。

(2) 真空点火提前装置

1）作用。在发动机负荷发生变化时,自动调整点火提前角。发动机负荷变大时,自动调节点火提前角变小;发动机的负荷变小时,自动调节点火提前角变大。

2）结构。如图3-11所示,真空点火提前装置固定在分电器壳上,与膜片相连的拉杆穿过分电器壳上的圆孔伸入分电器内,拉杆通过销钉与断电器的活动底板连接。

3）工作原理。如图3-12所示,真空点火提前装置的膜片腔通过真空管与节气门下方相通。当发动机的负荷减小时,节气门下方的真空度增大,真空吸力通过真空管作用在膜片上,克服弹簧的弹力使膜片向右拱曲,带动拉杆拉动断电器的活动底板(触点副)逆着分电器轴的旋转方向转动一个角度,使断电器的触点提前张开,点火提前角增大。

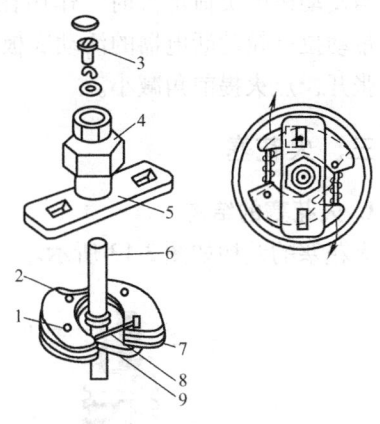

图3-10 离心点火提前装置的结构
1—销钉 2—柱销 3—固定螺钉
4—断电器凸轮 5—拨板 6—分电器轴
7—离心重块 8—弹簧 9—托板

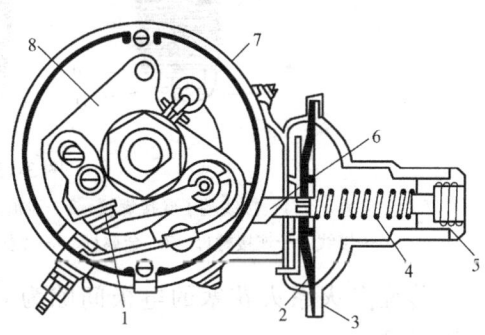

图3-11 真空点火提前装置的结构
1—断电器触点 2—膜片 3—外壳 4—弹簧
5—管接头 6—拉杆 7—分电器外壳 8—活动底板

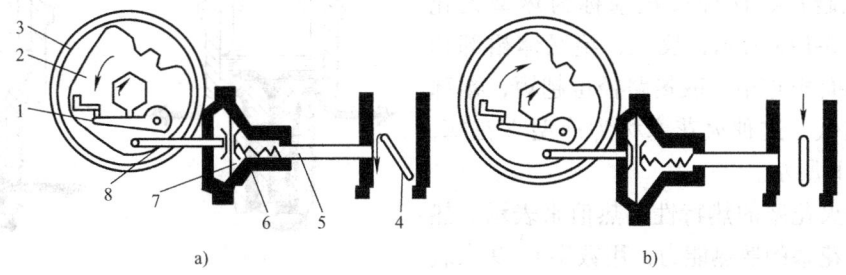

图3-12 真空点火提前装置的工作原理
1—断电器触点 2—活动底板 3—分电器外壳 4—节气门 5—真空管 6—弹簧 7—膜片 8—拉杆

当发动机的负荷增大时，作用在膜片上的真空吸力减小，膜片在弹簧的作用下向左拱曲，带动拉杆拉动断电器的活动底板顺着分电器轴的旋转方向转动一个角度。断电器的触点延迟张开，点火提前角减小。

三、火花塞

1. 火花塞的结构

火花塞的结构如图3-13所示。

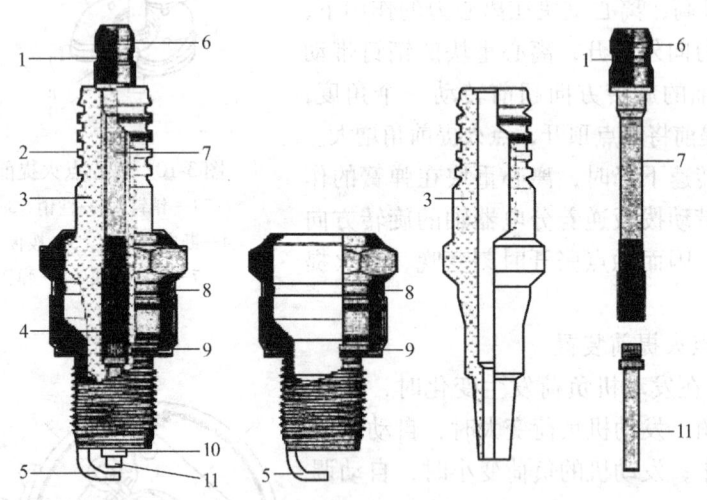

图3-13 火花塞的结构

1—接线端子联接螺纹 2—泄流障栅 3—绝缘体 4—电阻填料 5—侧电极
6—接线端子连接螺母 7—金属杆 8—钢质外壳 9—密封垫圈 10—绝缘体裙部 11—中心电极

传统点火系火花塞的电极间隙为0.7~0.9mm，电子点火系火花塞的电极间隙为1.0~1.2mm。

2. 火花塞的热特性

火花塞绝缘体裙部温度在500~750℃时，不容易产生积炭。火花塞受热和散热快慢主要取决于绝缘体裙部的长度。绝缘体裙部越长，吸热面积越大，散热路径越长，裙部温度就越高，这种火花塞称为热型火花塞，如图3-14a所示；反之，绝缘体裙部越短，吸热面积越小，散热路径也越短，裙部温度就越低，这种火花塞称为冷型火花塞，如图3-14b所示。

国产火花塞的热特性用热值来表示。热值表示火花塞的散热能力，用数字1~9来表示。其中，热值为1、2、3的火花塞散热能力差，称为热型火花塞；热值为7、8、9的

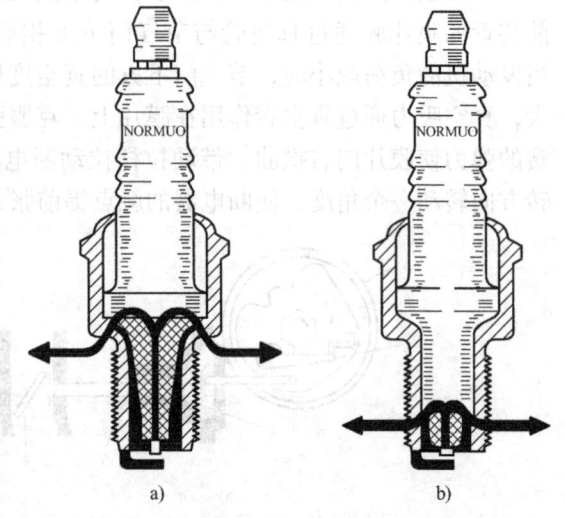

图3-14 热型火花塞和冷型火花塞
a) 热型 b) 冷型

火花塞散热能力强，称为冷型火花塞；热值为 4、5、6 的火花塞介于两者之间称为中型火花塞。

火花塞的技术状态正常时，绝缘体裙部呈褐色或棕褐色，并且干净。火花塞常见的故障有绝缘体破碎、炭迹、严重油污、电极熔化、电极烧蚀、结垢、严重积炭、过热等。

【任务实施】

一、准备工作

1）准备工作台。
2）准备万用表、螺钉旋具、00 号砂纸、尖嘴钳、塞尺、积炭刷和间隙量规。
3）准备 FD642 分电器、三柱式点火线圈、两柱式点火线圈和火花塞。

二、实施任务

1. 检修点火线圈

1）查看点火线圈的外表。如果胶木盖或外壳有破裂，受潮后会失去点火能力，应更换。

2）用万用表测量点火线圈的初级绕组、次级绕组以及附加电阻的阻值。测出的阻值如果在规定范围内，说明点火线圈是好的；如果测出的阻值为无穷大，说明点火线圈绕组断路，应更换。

2. 分电器的检修

（1）查看触点是否有油污　如果有油污，可用棉纱蘸少许汽油擦拭。

（2）查看触点是否有烧蚀　如果有轻微烧蚀，可用 00 号砂纸打磨；如果烧蚀严重或表面凹凸不平，应更换触点总成。

（3）检查触点厚度　单片触点厚度小于 0.5mm 时，应更换触点总成。

（4）检查触点中心线是否重合　偏差不得超过 0.2mm，否则用尖嘴钳扭正。

（5）检查调整触点间隙　如果不符合规定，可旋松托板的固定螺钉，旋转偏心螺钉进行调整。

（6）检查分火头和分电器盖是否漏电　可在发动机上利用点火线圈的高压线对分火头和分电器盖进行跳火试验，若高压线跳火，说明分火头和分电器盖漏电。

3. 火花塞的检修

（1）检查火花塞的技术状态

1）火花塞出现绝缘体破碎、电极熔化、电极烧蚀或过热（即绝缘体发白并有突起、电极腐蚀）现象时，应当更换火花塞，并检查调整点火正时。

2）火花塞出现严重油污、结垢或积炭时，则应更换火花塞。

3）火花塞出现轻微炭迹、油污、结垢或积炭时，可在清除后继续使用。清除炭迹、油污或结垢时，先用汽油或酒精浸泡，然后用毛刷进行清洗。

（2）检查调整电极间隙　在通常情况下，汽车每行驶 15000 ~ 20000km（长效火花塞为 30000km），应检查调整火花塞电极间隙。检查调整电极间隙应当使用火花塞专用量规进行测量和调整。

【知识链接】

影响传统点火系次级电压的因素有以下几点。

一、发动机转速对次级电压的影响

断电器触点闭合时，点火线圈的初级电流是呈指数规律增长的。发动机的转速提高，断电器触点每次闭合的时间越短，断开电流越小（见图3-15），点火线圈初级绕组中每次储存的磁场能越少，次级电压越低。

发动机在低速工作时，虽然断电器触点每次闭合的时间长，初级电流增大，但由于触点张开缓慢，使得点火线圈磁通变化率降低，且在断电器触点处易产生电火花，次级电压也会下降。次级电压与发动机转速的关系如图3-16所示。图3-16中的水平虚线是发动机在最不利的工作条件下所需的击穿电压，水平虚线与次级电压变化曲线交点处的转速就是发动机的极限转速。超过极限转速，点火将不能可靠点火。因此，传统点火系统不能适应现代发动机向高速化发展的要求。

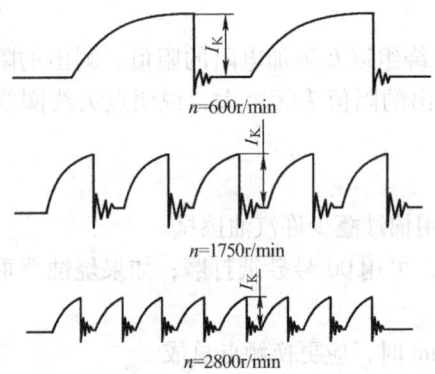

图3-15 发动机转速对断开电流的影响

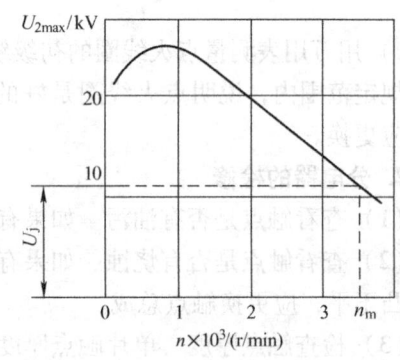

图3-16 次级电压与发动机转速的关系

二、发动机气缸数对次级电压的影响

因为发动机的气缸数和断电器凸轮的边数相等，所以在同样的转速下，发动机的气缸数越多，断电器触点开闭的频率越高，触点每次闭合的时间越短，断开电流也越小，次级电压越低。采用同一点火线圈的四缸和六缸发动机的次级电压随发动机转速变化的关系如图3-17所示。从图3-17中可以看出，在同一转速下，六缸发动机的次级电压要低于四缸发动机的次级电压。因此，多缸发动机在工作时更容易出现高速断火现象。

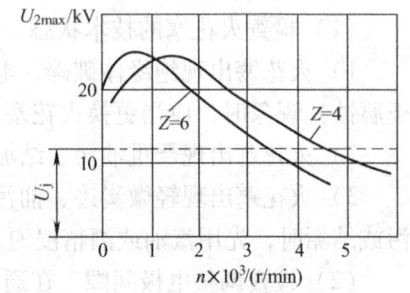

图3-17 气缸数不同时次级电压与转速的关系

三、火花塞积炭对次级电压的影响

火花塞积炭主要出现在瓷绝缘体裙部，出现积炭

后，相当于在火花塞两电极间并联了一个积炭电阻，使点火系的高压电路变成了一个闭合的电路，如图 3-18 所示。由于积炭电阻的存在，次级电压产生时，高压电流会提前从积炭电阻泄漏掉，使次级电压不能上升到较大值。积炭越多阻值就越小，积炭严重时，次级电压将不能击穿火花塞间隙。

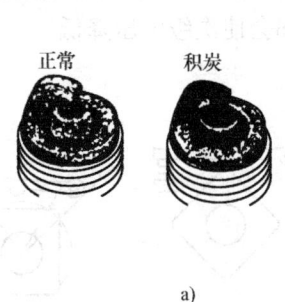
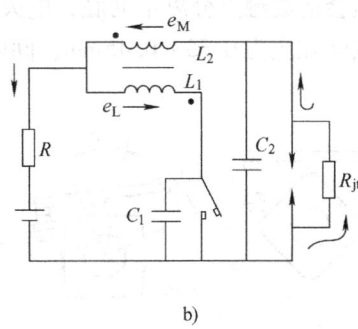

图 3-18　火花塞的积炭分路

检查火花塞是否积炭，可用"吊火"法，如图 3-19 所示。将分缸高压线离开火花塞中心电极 3~4mm，在次级电路中增加了一个附加间隙，防止次级电压提前泄漏。如果"吊火"后发动机的工作状况明显改善，说明该缸的火花塞已严重积炭。

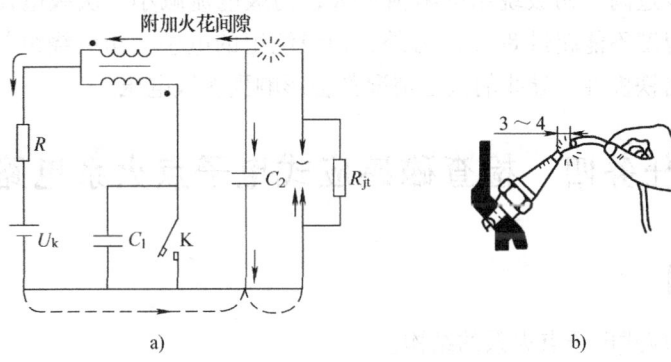

图 3-19　"吊火"法

四、电容器的容量对次级电压的影响

传统点火系中的电容器与断电器触点并联，其容量为 0.15~0.25μF。在实际使用中，如果电容器的容量过小，会使断电器触点电火花严重，造成能量损失和磁通变化率降低，高压电会明显下降。电容器的容量过大，电容器的充、放电周期延长，点火线圈的磁通变化率降低，高压电也会降低。电容器的容量与次级电压的关系如图 3-20 所示。

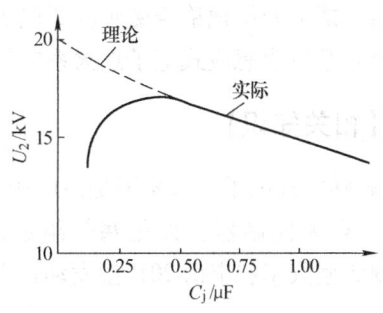

图 3-20　电容器的容量与次级电压的关系

五、断电器触点间隙对次级电压的影响

断电器触点间隙的大小会影响闭合角，如图 3-21 所示。触点间隙大，闭合角减小，触点每次闭合的时间短，初级电流减小，次级电压降低；触点间隙过小，闭合角增大，初级电流增大，但会造成触点分离不彻底，电火花严重，磁通变化率减小，次级电压降低。因此，断电器触点间隙应为 0.35～0.45mm，间隙过大或过小都会使次级电压降低。

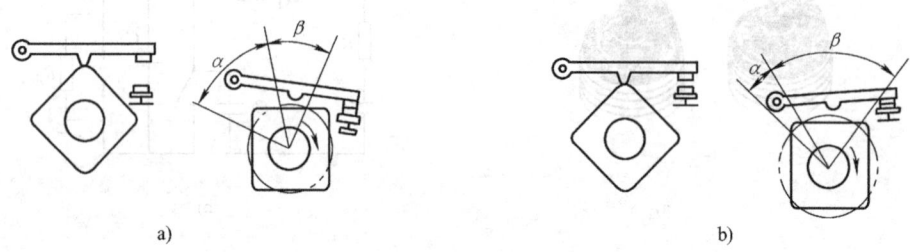

图 3-21 断电器触点间隙与闭合角的关系

六、其他因素对次级电压的影响

点火线圈温度过高，初级绕组的阻值增大，初级电流减小，次级电压降低。正常使用时，点火线圈的温度不能超过 80℃。另外，初级绕组的电感、初级绕组与次级绕组的匝数比、次级绕组的搭铁极性、导线的接触情况都会影响到次级电压。

任务四　检查磁感应式电子点火系电路

【任务目标】

1) 熟悉磁感应式电子点火系的结构。
2) 熟悉磁感应式电子点火系的系统电路。
3) 掌握磁感应式电子点火系的工作原理。
4) 能够熟练地检查磁感应式电子点火系的电路。
5) 掌握磁感应式电子点火系电气部件的检测方法。

【相关知识】

磁感应式电子点火系都是由电源、点火开关、高能点火线圈、带磁感应式信发生器的分电器、点火控制器、火花塞等组成的，如图 3-22 所示。这种类型的点火系应用于解放 CA1092 型汽车和丰田 20R 型发动机上。

一、解放 CA1092 型汽车磁感应式电子点火系

解放 CA1092 型汽车磁感应式电子点火系的组成及接线如图 3-22 所示。

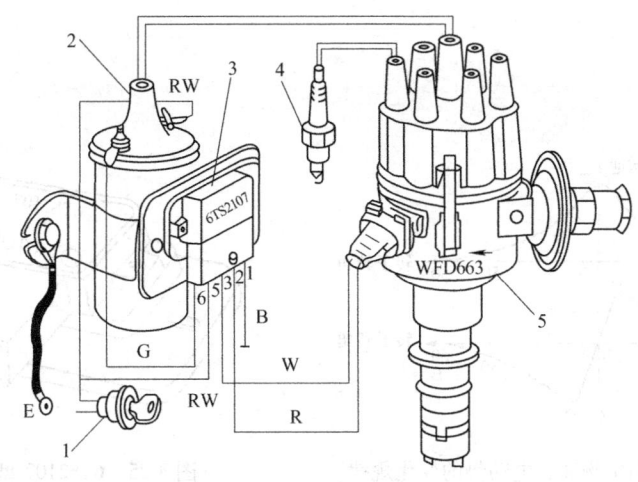

图 3-22 解放 CA1092 型汽车磁感应式电子点火系的组成及接线
1—点火开关 2—点火线圈 3—点火控制器 4—火花塞 5—分电器

1. 磁感应式信号发生器

信号发生器的作用是产生对应发动机气缸数、曲轴位置及活塞位置的电压信号，输送给点火控制器。解放 CA1092 型汽车的磁感应式信号发生器安装在分电器内，它主要由定子、转子、永磁体、信号线圈、导磁板等组成，结构如图 3-23 所示。转子和定子都有与发动机气缸数相同的 6 个爪极，转子爪极和定子爪极正对时，间隙为 0.2~0.4mm。信号线圈两端从分电器外壳引出接线插头，线圈电阻为 600~800Ω。

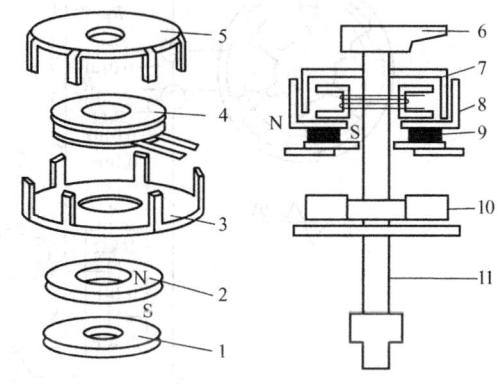

图 3-23 解放 CA1092 型汽车磁感应式信号发生器的结构
1—导磁板 2、9—永久磁铁 3、8—六爪定子 4—信号线圈 5、7—六爪转子 6—分火头 10—离心重块 11—分电器轴

磁感应式信号发生器实质上是一个简单的交流发电机。分电器轴旋转时，带动转子爪极旋转，定子爪极与转子爪极之间的空气间隙发生变化，信号线圈中磁通变化，因此，在信号线圈中产生交变的信号电压。信号线圈中磁通、电动势的变化规律如图 3-24 所示。解放 CA1092 型汽车为 6 缸发动机，完成一个工作循环，曲轴旋转 2 周，分电器轴旋转 1 周，信号线圈产生 6 次交变的信号电压。

2. 点火控制器

点火控制器的主要作用是根据信号发生器产生的信号电压使其内部的晶体管不断导通和截止，以控制点火线圈低压电路的通断。解放 CA1092 型汽车配用 6TS2107 型点火控制器如图 3-25 所示。

图 3-26 所示为 6TS2107 型点火控制器的内部电路。该点火控制器除具有开关功能外还具有恒能控制、停车断电保护、低速推迟点火、过电压保护等功能。

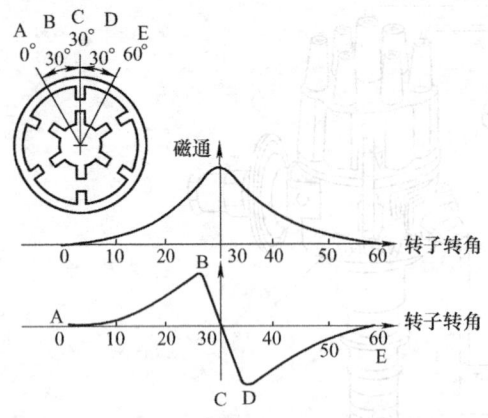

图 3-24 信号线圈中磁通、电动势的变化规律

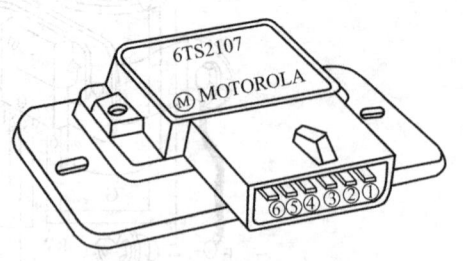

图 3-25 6TS2107 型点火控制器

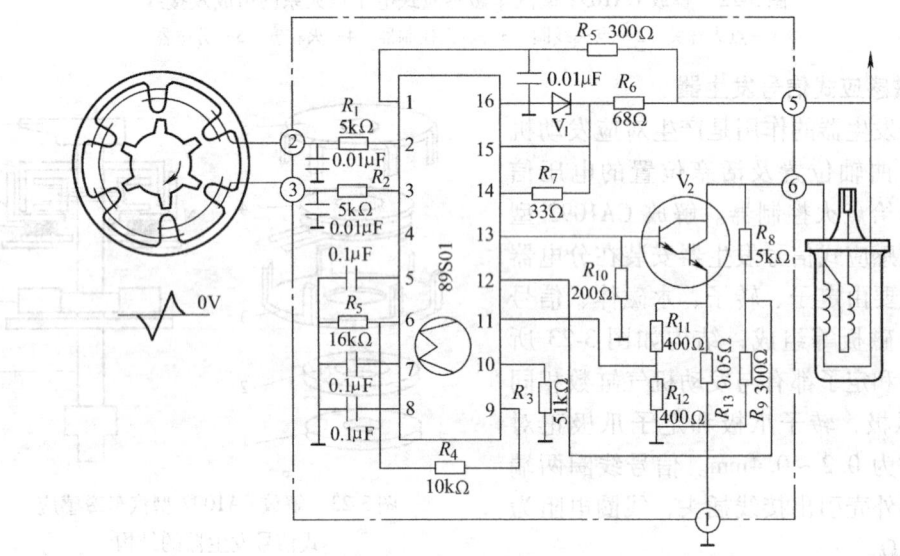

图 3-26 6TS2107 型点火控制器的内部电路

3. 高能点火线圈

解放 CA1092 型汽车电子点火系采用 JDQ172 型高能点火线圈。其初级绕组的电阻为 0.7~0.8Ω，次级绕组的电阻为 3000~4000Ω。

解放 CA1092 型汽车电子点火系的工作原理如下：闭合点火开关，起动发动机，发动机运转带动分电器轴转动，磁感应式信号发生器产生的信号电压加在点火控制器的②和③端，如图 3-26 所示。当信号电压下降到某一数值时，输出管 V_2 导通，接通点火线圈低压电路，点火线圈储能；当信号电压上升到某一数值时，输出管 V_2 截止，切断点火线圈低压电路，在次级绕组中产生高压电，经配电器输送到某缸火花塞，产生电火花，点燃混合气。

二、丰田 20R 型发动机用磁感应式电子点火系

丰田 20R 型发动机用磁感应式电子点火系的组成与电路与解放 CA1092 型汽车电子点火

系相同。

1. 磁感应式信号发生器

其信号发生器主要由转子和定子两部分组成。转子上有与发动机气缸数相同的 4 个凸齿，被分电器轴带动旋转；定子包括永久磁铁、铁心和信号线圈三部分，安装在分电器壳体内。其结构如图 3-27 所示。

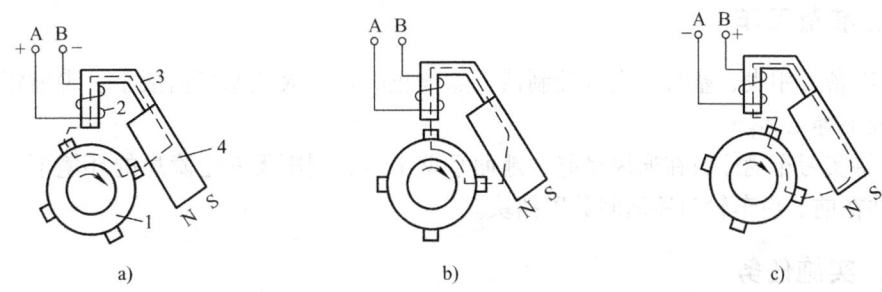

图 3-27　丰田汽车磁感应式信号发生器的结构
a）转子凸齿接近铁心时　b）转子凸齿正对铁心时　c）转子凸齿离开铁心时
1—转子　2—信号线圈　3—铁心　4—永久磁铁

发动机工作中，信号发生器的转子凸齿不断接近、正对和离开信号线圈的铁心，根据电磁感应的原理，在信号线圈中产生 A+B- 和 A-B+ 的交变电动势。转子每转一周，信号线圈便产生与发动机气缸数相同的交变信号电压。其原理与解放 CA1092 型汽车的信号发生器完全相同。

2. 点火控制器

丰田汽车点火控制器的电路如图 3-28 所示，它主要由信号检出电路（晶体管 V_4）、开关放大电路（晶体管 V_6、V_7）和大功率晶体管 V_8 三部分组成。大功率晶体管 V_8 直接控制点火线圈初级电流的通断。

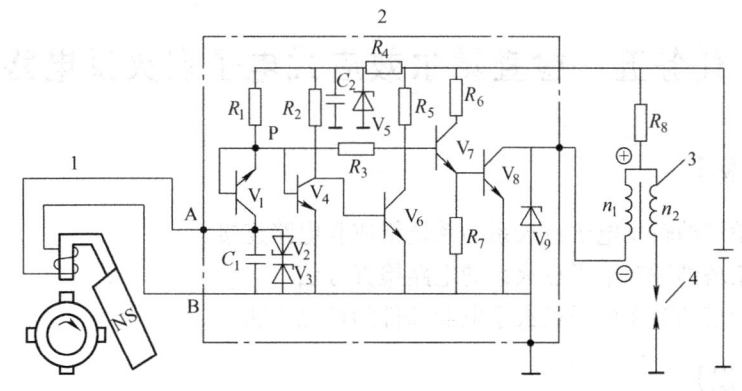

图 3-28　丰田汽车点火控制器的电路
1—磁感应式信号发生器　2—点火控制器　3—点火线圈　4—火花塞

工作原理如下：当信号发生器的转子凸齿接近信号线圈的铁心时，信号线圈输出 A+B- 的信号电压，点火控制器的大功率晶体管 V_8 导通，接通点火系初级电路。当信号发生器的转子凸齿离开信号线圈的铁心时，信号线圈输出 A-B+ 的信号电压，点火控制器的大功率晶体管 V_8 截止，切断了点火系的初级电路，于是在点火线圈次级绕组中产生高压电动势，火花塞跳火，点燃混合气。

【任务实施】

一、准备工作

1）准备万用表、塞尺、点火控制器、点火正时灯、火花塞套筒扳手、尖嘴钳、螺钉旋具和呆扳手等工具。

2）将实习车辆停放在通风良好、地面平整干净、周围无安全隐患的环境下，并拉紧驻车制动并在前、后车轮与地面间放置挡块。

二、实施任务

1）通过观察实习车辆认识磁感应式电子点火系各组成部件的名称及其安装位置。
2）通过观察实习车辆熟悉磁感应式电子点火系各组成部件之间的连接关系。
3）用万用表检查电气电路中的导线连接情况和各插接件的接触是否良好。
4）检查磁感应式信号发生器。
① 用万用表检查信号线圈是否有断路、短路、搭铁故障。
② 用塞尺测量铁心气隙，一般应为 0.2~0.4mm。若气隙不合适可按规定进行调整。
③ 用万用表检查信号发生器的信号电压，用手快速转动分电器轴，信号发生器应能产生 2V 左右的信号电压。
5）用换件比较法检查点火控制器。
6）用万用表检查高能点火线圈。
7）记录实验现象和步骤，完成实习报告。
8）操作完成后进行清洁整理工作。

任务五　检查霍尔效应式电子点火系电路

【任务目标】

1）掌握桑塔纳轿车电子点火系的系统组成和电路连接。
2）掌握桑塔纳轿车电子点火系的电路检查方法。
3）掌握桑塔纳轿车电子点火系电器部件的检测方法。

【相关知识】

一、霍尔效应

如图 3-29 所示，把一块半导体基片（霍尔元件）放在磁场中，在与磁场垂直的方向通入电流，则在与磁场和电流相垂直的另一横向侧面上就会产生一定的电压，这一现象叫做霍尔效应，所产生的电压称为霍尔电压。

二、上海桑塔纳轿车霍尔效应式电子点火系

霍尔效应式电子点火系是由电源、点火开关、高能点火线圈、装有霍尔效应式信号发生器的分电器、点火控制器和火花塞等组成的。其系统的组成和电路连接如图3-30所示。

1. 霍尔效应式信号发生器

霍尔效应式信号发生器的结构如图3-31所示，它由信号转子、底板、永久磁铁、导板和霍尔集成电路等组成。

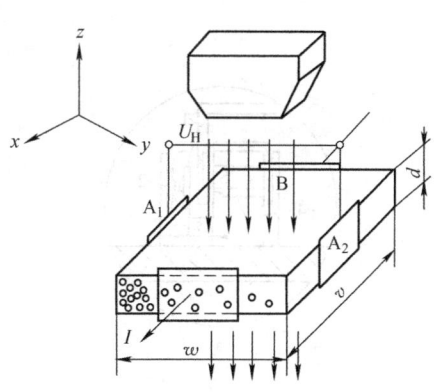

图3-29 霍尔效应

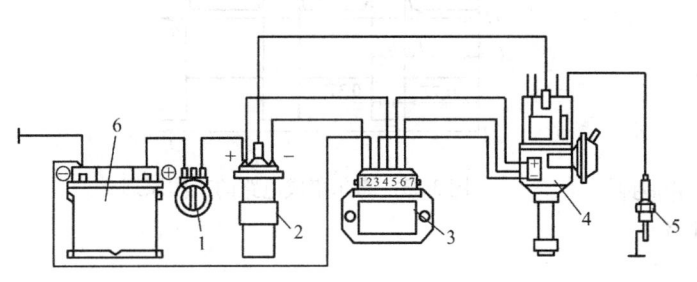

图3-30 桑塔纳轿车电子点火系的组成和电路连接
1—点火开关　2—点火线圈　3—点火控制器
4—霍尔效应式分电器　5—火花塞　6—蓄电池

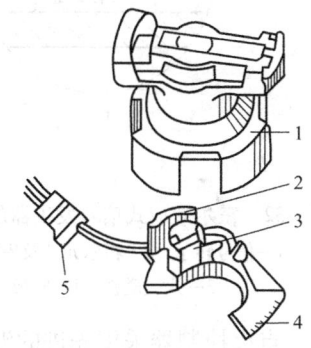

图3-31 霍尔效应式信号
发生器的结构
1—信号转子　2—霍尔元件及集成电路
3—带导磁板的永久磁铁
4—底板　5—插接器

信号转子与分火头制成一体，其叶片数等于发动机的气缸数；定子是由霍尔集成元件、永磁铁和导磁板组成的，霍尔集成元件与带导磁板的永久磁铁对置安装，其间留有一定的空气间隙，信号转子的叶片可在气隙中转过。

霍尔效应式信号发生器的工作原理如图3-32所示，霍尔集成电路的工作原理如图3-33所示。

发动机运转时，信号转子也转动。

当转子叶片进入霍尔集成元件与永久磁铁的气隙时，永久磁铁的磁场被转子叶片旁路，霍尔电压为零，经集成电路脉冲整形放大后，信号发生器向外输出11.1~11.4V的高电压；当转子叶片离开霍尔集成元件与永久磁铁的气隙时，霍尔元件处于永久磁铁的磁场中，霍尔元件产生毫伏级的霍尔电压，经集成电路脉冲整形后，信号发生器向外输出0.3~0.4V的低电压。

由此可见，发动机完成一个工作循环，信号转子转一周，便产生与叶片数相等的脉冲电压。

2. 点火控制器

上海桑塔纳轿车的点火控制器安装在前挡风玻璃的左前方。

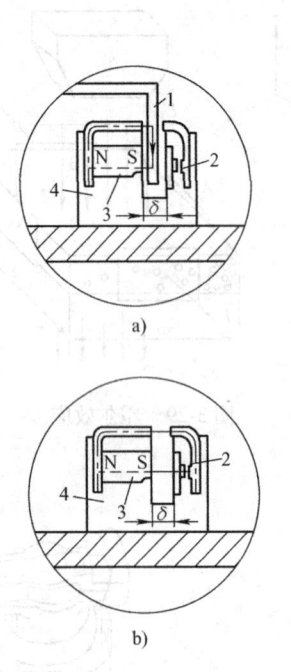
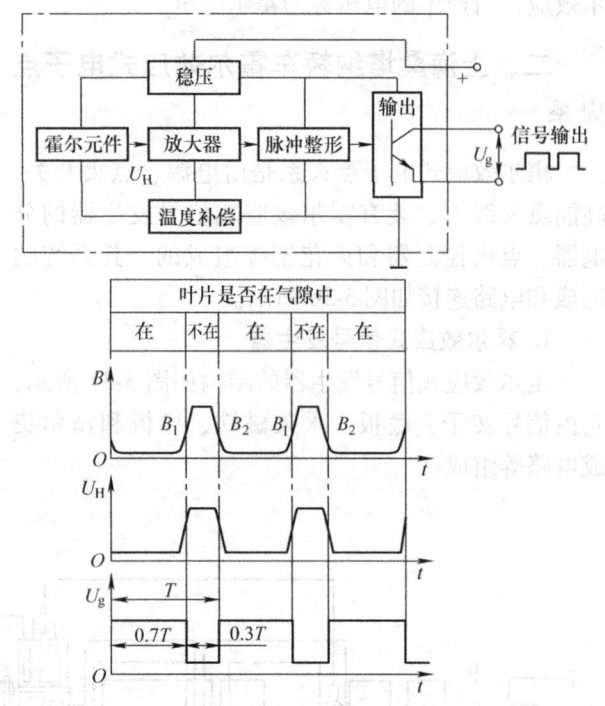

图3-32 霍尔效应式信号发生器的工作原理
1—信号转子 2—霍尔元件及集成电路
3—永久磁铁 4—底板

图3-33 霍尔集成电路的工作原理

点火控制器采用先进的混合集成电路，内部电路如图3-34所示。点火控制器1号端子与2号端子间的大功率晶体管与点火线圈初级绕组串联，用以接通和切断点火线圈的初级电

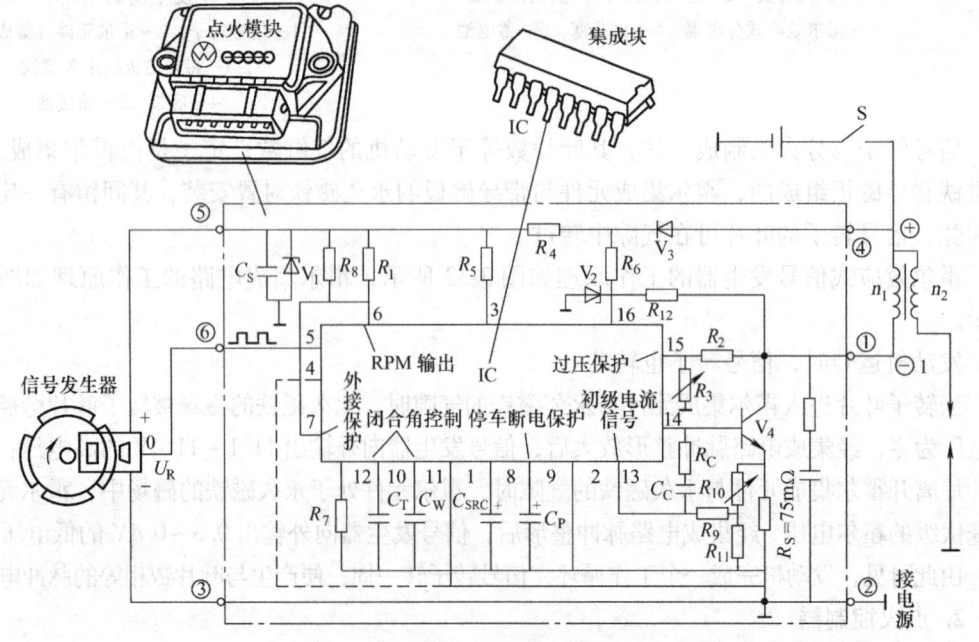

图3-34 桑塔纳轿车点火控制器的内部电路

流。此外，该点火控制器还具有恒能点火、闭合角控制、初级电流上升率控制、停车断电保护、过电压保护等功能。

上海桑塔纳轿车电子点火系的工作原理如下：

发动机工作中，分电器轴带动信号发生器的转子叶片进入霍尔元件与永久磁铁气隙时，信号发生器输出高电位，通过信号线输入点火控制器，使大功率晶体管导通，接通点火线圈低压电路。

当信号发生器的转子叶片离开霍尔元件与永久磁铁气隙时，信号发生器输出低电位，提供给点火控制器，使内部的大功率晶体管迅速截止，点火线圈的低压电路被切断，次级绕组产生高压电。配电器将高压电分配给各缸火花塞，点燃可燃混合气。

【任务实施】

一、准备工作

1) 准备万用表、塞尺、桑塔纳轿车用点火控制器、点火正时灯、火花塞套筒扳手、尖嘴钳、螺钉旋具和呆扳手等工具。

2) 将实习车辆停放在通风良好、地面平整干净、周围无安全隐患的环境下，并拉紧驻车制动并在前后车轮与地面间放置挡块。

3) 检查车辆的油、水、电及制冷剂等，使车辆处于完好状态。

二、实施任务

（一）检查桑塔纳轿车点火系电路

1) 通过观察实习车辆认识桑塔纳轿车点火系各组成部件的名称及其安装位置。

2) 通过观察实习车辆熟悉桑塔纳轿车点火系各组成部件之间的连接关系。

3) 用万用表检查电气电路中的导线连接情况和各插接件的接触是否良好。

（二）检查桑塔纳轿车点火系的各电气部件

（1）霍尔效应式信号发生器的检测　霍尔效应式信号发生器的技术状态可在汽车上通过测量输入电压和输出电压进行判断。检测之前，先断开点火开关，再拆下分电器盖，拔出中央高压线并将其搭铁，如图3-35所示。

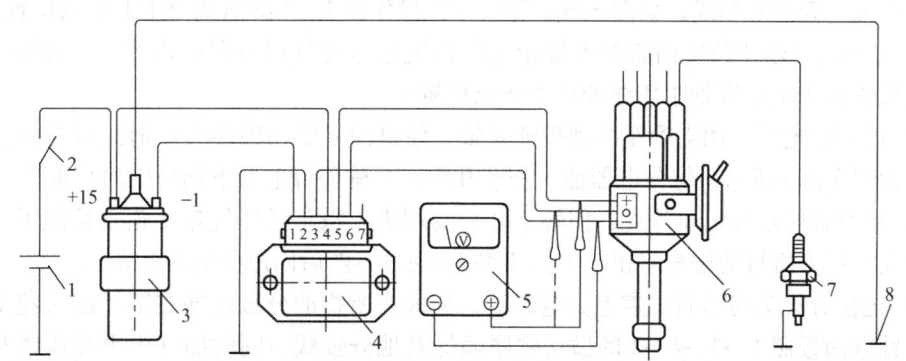

图3-35　检测霍尔效应式信号发生器的输入与输出电压

1—蓄电池　2—点火开关　3—点火线圈　4—点火控制器　5—电压表　6—分电器　7—火花塞　8—中央高压线

1) 检测输入电压。

① 选择万用表直流电压挡，万用表的红表笔与信号发生器插座上"+"端子连接线（红黑色导线）接触，万用表的黑表笔与信号发生器插座上"-"端子连接线（棕白色导线）接触。

② 接通点火开关，无论触发叶轮的叶片是否进入气隙，万用表显示的电压都应接近于电源电压。当电源电压为14.4V时，输入电压应为13~13.5V；当叶片刚进入气隙时，虽然输入电压为10.3V，但会迅速上升到13~13.5V。

2) 检测输出电压。

① 首先断开点火开关，然后将万用表的红表笔与信号发生器插座上"0"端子连接线（绿白色导线，为信号输出线）接触，将黑表笔与信号发生器插座上"-"端子连接线（棕白色导线）接触。

② 接通点火开关，转动触发叶轮。当触发叶轮的叶片进入气隙时，万用表显示的电压应为9.8V，即比叶片刚进入气隙时的输入电压约低0.5V；当触发叶片离开气隙时，万用表显示的电压应为0.3~0.4V。

若输入电压和输出电压与上述检测结果相符，则说明信号发生器良好，否则说明有故障，应予以更换。

不同车型的信号发生器的结构和电路参数不同，其信号电压的数值也有所不同，检查时应参考原车数据。

3) 检查信号转子与霍尔元件的间隙。当信号转子的触发叶片进入霍尔元件气隙后，叶片应与霍尔元件间保持合适的间隙，不允许叶片与霍尔元件接触。

4) 换件比较。

(2) 用换件比较法检查点火控制器

(3) 检查高能点火线圈 检查方法与解放汽车相同，只是各个绕组的电阻值不同，可参考相关数据。

(三) 桑塔纳轿车的点火正时

当重新安装分电器或怀疑点火正时有问题时，应按以下步骤操作：

1) 使第一缸活塞处于压缩行程上止点位置。

① 旋转曲轴使曲轴前端带轮上的缺口记号对正下护罩上的箭头记号，或飞轮圆周上的刻线对正飞轮壳上的刻线，如图3-36a所示（此操作使1、4缸活塞处于上止点位置）。

② 旋转凸轮轴使凸轮轴前端齿带轮上的凹坑记号与气门室罩底面平齐，如图3-36b所示（此操作使1缸活塞处于压缩冲程上止点位置）。

2) 插装分电器。用尖嘴钳拨动机油泵轴，使机油泵驱动轴端的扁形缺口与曲轴中心线平行，如图3-36c所示，将分电器插入安装孔中，并确保分电器下轴与机油泵轴完全啮合。

3) 逆时针转动分电器外壳，使转子叶片刚刚进入霍尔元件气隙（正常情况下，分火头应与外壳上厂方所打的记号对正，如图3-36d所示），然后固定分电器外壳。

4) 记住分火头的指向，盖上分电器盖，分火头所指的分缸线插在第一缸火花塞上，沿着顺时针方向按照1→3→4→2的做功顺序插好其他分缸线，同时插好中央高压线及信号传感器的插接器。

5) 检查点火是否正时。用点火正时灯检查正时效果。拔下并堵塞分电器的真空管，起

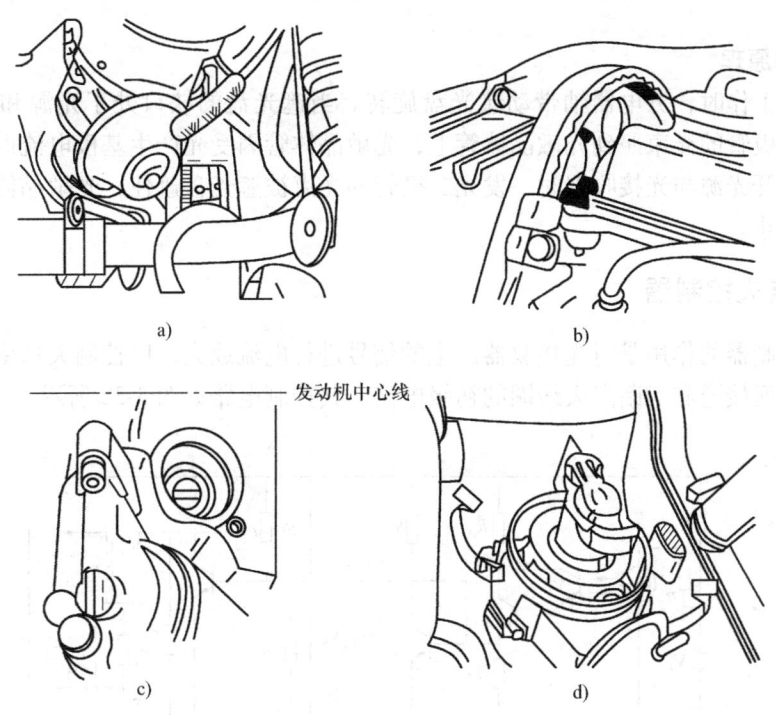

图 3-36 桑塔纳轿车的正时记号

a) 飞轮记号 b) 凸轮轴同步带记号 c) 机油泵驱动轴位置 d) 分电器上的记号

动发动机,使发动机水温正常、转速为 (850±50) r/min 时,用点火正时灯检查点火提前角应为 6°±1°。如不符合要求,可转动分电器外壳进行校正。

6) 校正准确后,应紧固分电器压板螺栓,重新装好分电器真空管。

(四) 操作完成整理实验器具和场地

(五) 记录实验现象和步骤,并完成实习报告

【知识链接】

光电式普通电子点火系的系统组成和电路连接与桑塔纳轿车点火系完全相同,下面介绍光电式信号发生器和点火控制器。

一、光电式信号发生器

1. 结构

光电式信号发生器主要由光源、光接收器、遮光盘等组成,其结构如图 3-37 所示。光源为砷化镓发光二极管,通电后发出红外线光束。为增强光束的发光强度,采用一个近似半球形的透镜聚焦。光接收器与光源上下相对安装,遮光盘在光源和光接收器间随分电器轴做旋转运动。光接收器为一只光敏晶体管。遮光盘的圆周上有与发动机气缸数相

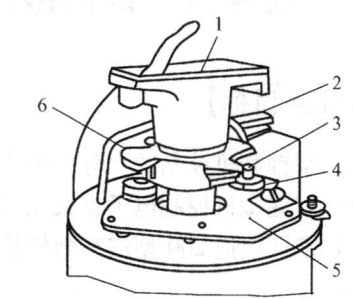

图 3-37 光电式信号发生器

1—分火头 2—光源 3—光接收器 4—集成电路
5—活动底板 6—遮光盘

同的缺口。

2. 工作原理

发动机工作时，分电器轴带动遮光盘旋转。当遮光盘的缺口处于光源和光接收器之间时，发光二极管的光束照到光敏晶体管上，光敏晶体管因受光产生基极电流而导通。当遮光盘的缺口离开光源与光接收器时，发光二极管的光束被遮光盘遮住，光敏晶体管因为不能受到光照而截止。

二、点火控制器

点火控制器的作用是对光接收器产生的信号进行电流放大，以控制大功率晶体管的导通和截止，从而接通和切断点火线圈的初级电流。其控制电路如图 3-38 所示。

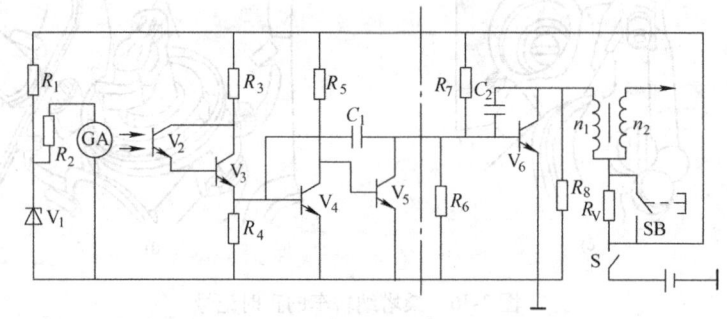

图 3-38 光电式电子点火系控制电路

当信号发生器的光敏晶体管 V_2 受光导通时，使 V_3、V_4 分别导通，V_5 截止。此时大功率晶体管 V_6 通过 R_6 和 R_7 分压获得基极电流而导通，于是接通了点火系的初级电路。

当信号发生器的光敏晶体管 V_2 转为截止时，使 V_3、V_4 分别截止，V_5 导通，V_6 的基极电位降低为零，从而 V_6 截止。点火系的初级电路被切断，在点火线圈次级绕组中产生高压电。

无触点光电式电子点火系结构简单，制造成本低，控制精确，但光敏元件受到污染后，其灵敏度会大大降低，所以对分电器的密封要求严格。

任务六　认识微机控制的有分电器式电子点火系

【任务目标】

1）掌握微机控制的有分电器式电子点火系的组成。
2）掌握微机控制电子点火系对点火提前角的控制过程。
3）掌握奥迪 200 型汽车微机控制的有分电器式电子点火系的组成和对点火提前角的控制过程。

【知识准备】

普通电子点火系对点火时刻的控制，仍采用离心点火提前装置和真空点火提前装置，而这两套装置存在许多缺陷，使发动机工作时的点火提前角与实际需要的最佳点火提前角仍有偏差。

微机在汽车上获得应用后出现了微机控制的电子点火系。由于微机具有响应速度快、运算和控制精度高、抗干扰能力强等优点，通过微机控制点火提前角要比机械点火提前装置的调节精度要高得多。

微机控制的电子点火系的基本工作原理是通过多种传感器时刻感知对点火提前角有影响的各种因素，将这些因素的变化转变为电压信号输入微机控制器，由微机控制器不断地进行运算、处理、判断，向点火控制器输出点火控制指令，从而使发动机在各种工况和使用条件下的点火提前角都与相应的最佳点火提前角比较接近。

微机控制的电子点火系按是否配有分电器，分为微机控制的有分电器式电子点火系和微机控制的无分电器式电子点火系。

【任务实施】

一、准备工作

1）将实习车辆停放在通风良好、地面平整干净、周围无安全隐患的环境下，并拉紧驻车制动并在前、后车轮与地面间放置挡块。

2）检查车辆的油、水、电及制冷剂等，使车辆处于完好状态。

二、实施任务

通过观察实习车辆了解点火系的电气部件及其安装位置。

【相关知识】

微机控制的有分电器式电子点火系又称为无机械提前装置的电子点火系，其结构特点如下：

1）取消了离心点火提前装置和真空点火提前装置，由微机控制点火提前角。

2）保留了分电器盖和分火头，仍是机械式分配高压电。

3）系统组成中增加了由传感器、电子控制单元和执行器所组成的微机控制点火系。

一、微机控制的有分电器式电子点火系的组成

微机控制的有分电器式电子点火系由传感器、微机控制器和点火执行器组成，如图3-39所示。各种发动机的点火系尽管不同，但工作原理基本相似。

1. 传感器

所谓传感器，就是将非电量参数通过一定的转换方式转变为电量参数的装置，其作用是在发动机工作时不断地检测发动机各种运行工况参数并转变为电压信号输送给微机控制器，作为微机控制器进行运算和控制的依据或基准。

微机控制的有分电器式电子点火系的传感器多与电控汽油喷射系统共用，不同的发动机，传感器的结构、类型、数量和安装位置各不相同，但其作用大同小异。有的一台发动机有几十个甚至上百个传感器，以下是汽车上常见的传感器：

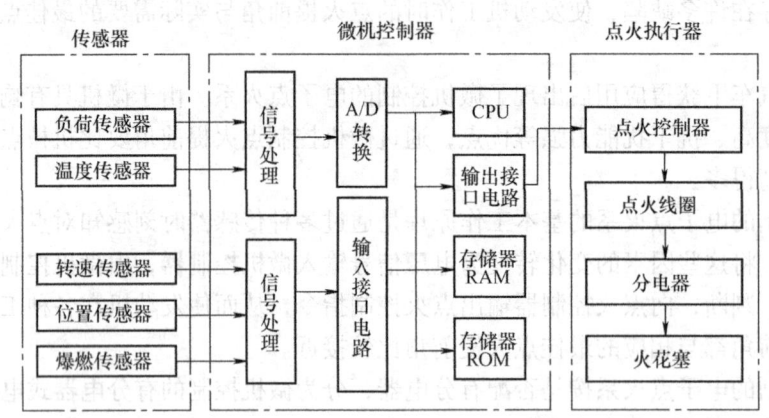

图 3-39　微机控制的有分电器的电子点火系的组成

（1）空气流量计（或绝对压力传感器）　用来检测进气量，在点火控制中作为发动机负荷信号。

（2）曲轴与凸轮轴位置传感器　用来检测曲轴转角信号、活塞位置（上止点）信号和发动机转速信号，它是微机控制的有分电器的电子点火系的最基本输入信号。

（3）节气门位置传感器　用来检测节气门开闭或加速信号。

（4）车速传感器　用来检测车速信号。

（5）氧传感器　通过检测废气中的氧气含量以确定混合气的空燃比（A/F）。

（6）温度传感器　包括水温传感器、进气温度传感器等，用来检测温度信号。

（7）爆燃传感器　用来检测发动机爆燃信号。

（8）空调开关　提供空调系统工作信号。

（9）空挡开关　用来检测自动变速器是否挂入空挡。

2. 微机控制器

微机控制器又叫做电子控制单元（ECU）。在发动机工作时，微机控制器根据各传感器输入的反映发动机工况的电压信号，用内存的数据和程序计算出最佳点火提前角和初级电路导通时间，并将计算结果转变为点火控制信号，控制点火系的工作。

微机控制器的功能很强大，在进行点火控制时，还可以同时实现对发动机的汽油喷射（空燃比）、怠速转速、废气再循环、燃油泵的工作等多项参数的控制。除此之外，它还具有故障自诊断和保护功能。

3. 点火执行器

（1）点火控制器　点火控制器是微机控制器的执行器之一，其作用是接受微机控制器输出的点火控制信号，使内部的大功率晶体管导通和截止，以控制点火线圈低压电路的通断。

点火控制器的电路、功能与结构各不相同，有的与微机控制器制作在同一块电路板上，如北京切诺基 4.0L 发动机；有些车型点火控制器是独立的，通过线束和插接器与微机控制器相连接，如丰田轿车的点火控制系统。

（2）其他执行器　微机控制的电子点火系的执行器除了点火控制器外，还有高能点火线圈、分电器、火花塞及高压线等，它们的结构与无触点的普通电子点火系的高压部件完全相同。

二、微机控制的有分电器式电子点火系的工作原理

1. 微机控制器对点火提前角大小的确定

发动机工作时，由微机控制器确定的点火提前角包括初始点火提前角、基本点火提前角和修正点火提前角三部分，如图3-40所示。

（1）初始点火提前角　初始点火提前角（简称初始角）一般为上止点前6°～12°的曲轴转角。发动机处于以下工况时，微机控制发动机的实际点火提前角等于初始点火提前角。

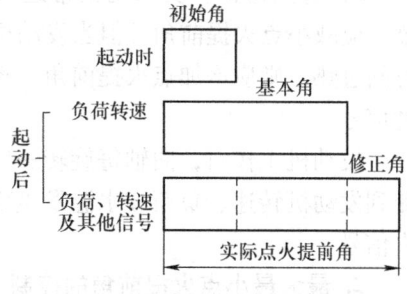

图3-40　实际点火提前角

1）发动机处于起动工况时。

2）发动机转速低于400r/min时。

3）检查初始点火提前角。此时有三个条件：一是诊断插座测试端子短路；二是怠速触点闭合；三是车速低于2km/h以下。

（2）基本点火提前角　基本点火提前角（简称基本角）是发动机正常工作时最主要的点火提前角，也是设计微机控制点火系时首先确定的点火提前角。

通过台架试验方法确定基本点火提前角，综合考虑发动机油耗、转矩、排放和爆燃等因素，对试验结果进行优化处理，即可获得对应不同转速和负荷下的点火提前角，如图3-41所示。不同转速和负荷下的点火提前角以数据的形式存储在微机控制器中，发动机正常工作时，微机控制器根据发动机的转速信号和负荷信号，即可查询出这一工况下相应的基本点火提前角，从而对点火时刻进行控制。

（3）修正点火提前角（简称修正角）

为使实际点火提前角适应发动机的运转状况，以便得到良好的动力性能、经济性

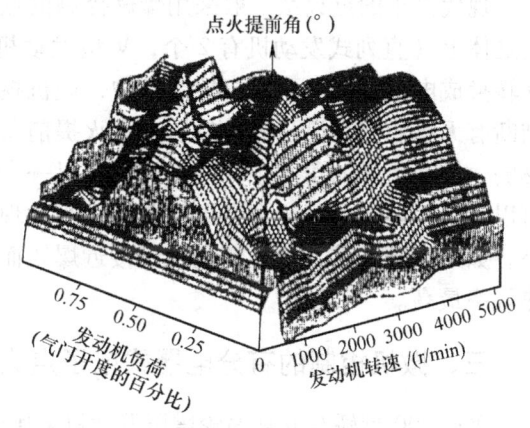

图3-41　不同转速和负荷下的最佳点火提前角曲面

能和排放性能，还必须根据发动机转速和负荷以外的其他因素（如冷却水温度、进气温度、开关信号等）适当增大或减小点火提前角，即对点火提前角进行修正。

1）暖机修正。暖机修正就是微机控制器根据发动机水温变化时，对点火提前角进行修正。当冷却水温度低时，应当增大点火提前角，使发动机尽快暖机；当冷却水温度升高后，应当使点火提前角减小。控制暖机修正量的信号除了水温信号外，还有进气流量信号和节气门开度信号。

2）怠速修正。为了保证稳定地怠速运转，在负荷发生变化时，微机控制器就必须修正点火提前角，将怠速转速调整到设定的目标转速。当微机控制器检测到发动机的实际转速低于怠速目标转速时，应相应减小点火提前角；相反，当微机控制器检测到发动机的实际转速

高于怠速目标转速时，应相应增大点火提前角，使发动机怠速运转平稳，防止发动机怠速熄火。控制怠速稳定性修正量的主要信号有发动机转速信号、节气门开度信号、车速信号和空调信号等。

3）过热修正。发动机正常运转时，若冷却水温度过高，为了避免发动机过热产生爆燃，应减小点火提前角。但当发动机处于怠速工况时，若冷却水温度过高为了避免发动机长时间过热，则应增加点火提前角。控制过热修正量的主要信号有冷却水温度信号和节气门开度信号。

发动机工作时，曲轴每旋转一周，微机控制器就会测定出一个点火提前角，当传感器检测到发动机转速、负荷和水温发生变化时，微机控制器就会自动调整点火提前角，并发出点火信号。

2. 最大最小点火提前角的控制

由于初始点火提前角是一个固定值，由微机控制器控制的点火提前角只有基本点火提前角和修正点火提前角，此两项之和一般最大为35°~45°，最小为-10°~0°。微机控制器具有点火提前角限值调整功能，当微机控制器确定的点火提前角大于允许的最大提前角或小于允许的最小点火提前角时，发动机很难正常工作，此时微机控制器将以最大或最小点火提前角允许值进行控制。

3. 点火提前角闭环控制

现代汽车的点火系一般采用爆燃控制的点火提前角闭环控制系统。爆燃传感器安装在气缸体上（直列式发动机有2个，V型发动机有2个或4个），能够把爆燃引起的机械振动转换成电信号输入到微机控制器中，微机控制器检测到爆燃传感器传来的信号，分析并判断有无爆燃或爆燃强弱，然后对点火提前角进行调整。爆燃强，推迟点火的角度大；爆燃弱，推迟点火的角度小。每次调整都以一个固定的角度递减，直到爆燃消失为止。然后再以一个固定的角度增大点火提前角，当发现再次爆燃时，微机控制器又使点火提前角减小，如此不断调整，使发动机处于接近爆燃而又未到达爆燃的临界状态，此时，气缸内的热效率最高。

三、微机控制的有分电器式电子点火系实例

奥迪200型轿车五缸涡轮增压发动机采用微机控制有分电器的电子点火系，其结构如图3-42所示，图中点火控制器与微机控制器集成在一起。

1. 传感器

（1）曲轴转角传感器（即发动机转速传感器）　曲轴转角传感器为磁感应式，传感器线圈和永久磁铁固定在发动机左侧飞轮壳上，永久磁铁头部对准飞轮齿圈圆周上的轮齿（有135个齿）。发动机工作时，曲轴不断旋转，飞轮上的凸齿不断地在线圈和永久磁铁的旁边扫过，使线圈中产生交变的电压信号。曲轴每转一圈，传感器线圈内便感应出135个脉冲信号，该脉冲信号输入ECU后，用来判断发动机的转速和曲轴转角。

（2）点火基准传感器　它为磁感应式传感器，固定在左侧的飞轮壳上，其结构与曲轴转角传感器相同。永久磁铁的头部对准飞轮外圆端面的一圆柱销，发动机工作时，当第1缸活塞到达压缩上止点前60°时，线圈内产生一个脉冲信号。曲轴每转过一圈便产生一个第1缸上止点前60°的脉冲信号，该脉冲信号输入微机控制器作为点火控制的基准信号。

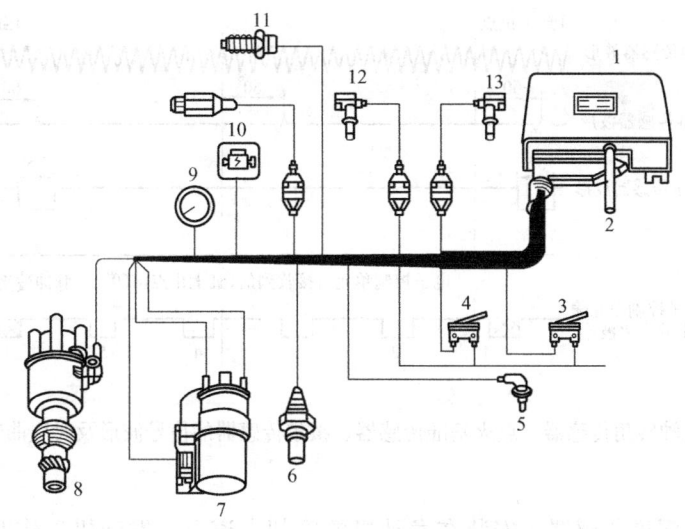

图 3-42 奥迪 200 型轿车五缸涡轮增压发动机点火系的结构

1—微机控制器 2—增压传感器 3—全负荷开关 4—怠速开关 5—进气温度传感器 6—水温传感器 7—点火线圈 8—霍尔式分电器 9—车速表 10—故障报警灯 11—制动灯开关 12—车速传感器 13—点火基准传感器

曲轴转角传感器及点火基准传感器的安装位置如图 3-43 所示。

（3）霍尔传感器　霍尔传感器安装在分电器内，信号转子上仅有一个缺口，分电器轴每转一周，便产生一个对应第 1 缸压缩上止点前 80°信号，信号宽度为 35°曲轴转角。微机控制器接收到该传感器信号后，将与点火基准传感器输送的上止点前 60°脉冲信号进行"与"运算，使点火基准传感器输入的第二个脉冲信号相互抵消。因此，曲轴每转两周，ECU 仅接收第 1 缸上止点前 60°的脉冲信号。霍尔传感器的结构如图 3-44 所示。

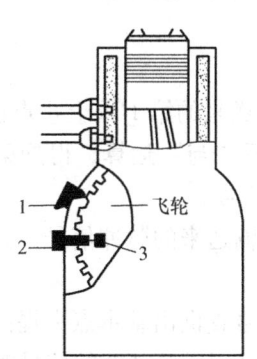

图 3-43　曲轴转角传感器及点火基准传感器的安装位置
1—曲轴转角传感器　2—点火基准传感器　3—圆柱短销

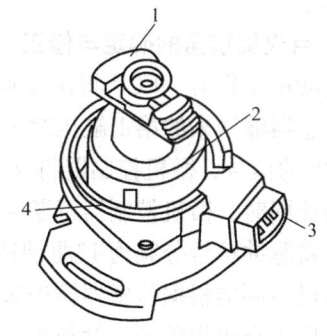

图 3-44　霍尔传感器的结构
1—分火头　2—信号转子　3—插座　4—外壳

曲轴转角传感器、点火基准传感器、霍尔传感器的信号波形及对应曲轴转角的关系如图 3-45 所示。

（4）增压传感器（即进气压力传感器）　增压传感器位于微机控制器内，由一只橡胶管与发动机进气管相连接，能够检测到发动机增压后的进气压力，以此作为负荷信号来计算

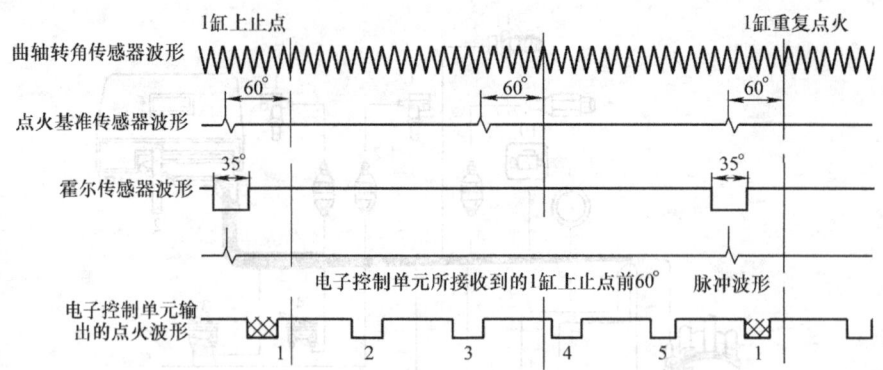

图 3-45 曲轴转角传感器、点火基准传感器、霍尔传感器的信号波形及对应曲轴转角的关系

点火提前角。

（5）冷却水温度传感器　安装在发动机的冷却水道上。发动机工作时，将检测到的冷却水温度信号输入微机控制器，作为 ECU 根据冷却水温度修正点火提前角的主要依据。

（6）爆燃传感器　发动机时的最佳点火提前角与发动机爆燃时的点火提前角极其接近，所以发动机工作时容易产生爆燃。爆燃传感器可以检测到这一信号，并输入到微机控制器中，以便发生爆燃时微机控制器自动推迟点火提前角以消除爆燃。

（7）怠速开关（超速燃油阻断开关）　安装在节气门总成的底部，将怠速时节气门关闭的电压信号输入微机控制器，作为怠速点火时刻和怠速转速控制的依据，也作为发动机怠速状态超速运转时切断燃油供给的依据。

（8）全负荷开关　安装在节气门总成的顶部，将发动机全负荷时节气门全开的电压信号输入微机控制器，作为发动机全负荷时点火时刻控制和混合气加浓控制的依据。

此外，还有节气门位置传感器、进气温度传感器等，与一般车辆传感器的作用及安装位置基本相同。

2. 点火提前角的确定与修正

发动机工作时，ECU 将接收到的点火基准传感器输送来的第 1 缸上止点前 60°的信号与霍尔传感器输送来的第 1 缸压缩上止点前 80°的信号进行"与"运算，得到第 1 缸压缩上止点前 60°的信号，微机控制器将这个信号作为点火基准信号。

与此同时，微机控制器不断接收到曲轴转角传感器输送来的脉冲信号，并通过内部的分频电路将脉冲信号分频为 1°曲轴转角的数字信号。

微机控制器根据传感器输送来的转速信号和负荷信号查询出基本点火提前角，根据水温信号等修正点火提前角，微机控制器在得到第 1 缸压缩上止点前 60°的信号时开始计数，数到点火提前角的位置时向点火控制器发出点火控制指令，使大功率晶体管截止，从而切断点火线圈低压电路，点火线圈产生高压电，火花塞跳火。

当发动机产生爆燃时，爆燃传感器产生爆燃信号，微机控制器接收到信号后，即按一定的角度逐渐推迟点火，直到爆燃消除，然后再将点火提前角逐渐提前，产生爆燃后再重复前面过程，从而使点火提前角达到最佳值。

单元三 点火系

任务七 认识微机控制的无分电器式电子点火系

【任务目标】

1) 了解微机控制的无分电器式电子点火系的结构改进和改进后的优点。
2) 掌握微机控制的无分电器式电子点火系的各种结构型式。
3) 掌握微机控制的无分电器式电子点火系的点火控制方式。

【相关知识】

一、微机控制的无分电器式电子点火系的结构型式

这种类型的点火系在系统中取消了分电器，采用电子配电方式。所谓电子配电方式是指在微机控制器和点火控制器的控制下，点火线圈的高压电按照一定的点火顺序，直接加在火花塞上。因此，微机控制的无分电器式电子点火系又称为直接点火系。

微机控制的无分电器式电子点火系根据点火控制方式不同，可分为双缸同时点火式和独立点火式两大类。同时点火式又分为二极管分配式和点火线圈分配式两种。

1. 双缸同时点火微机控制的无分电器式电子点火系

所谓双缸同时点火是指点火线圈每产生一次高压电，同步运动的两个气缸的火花塞同时跳火。同时跳火的两个气缸，一个缸处于压缩行程末期，点火后混合气燃烧做功，该气缸火花塞产生的电火花称为有效火；另一个缸处于排气行程末期，火花塞产生的电火花不能点燃混合气，称为无效火。例如，点火次序为1→3→4→2的发动机，1、4缸同时点火，2、3缸同时点火。

（1）双缸同时点火微机控制的无分电器式电子点火系的组成　双缸同时点火微机控制的无分电器式电子点火系由电源、点火开关、微机控制器、点火控制器、点火线圈、火花塞、高压线和各种传感器等组成，由于点火控制器通常位于微机控制器内部，所以从外观上看其系统组成只有微机控制器、点火线圈、火花塞和高压线，如图3-46所示。

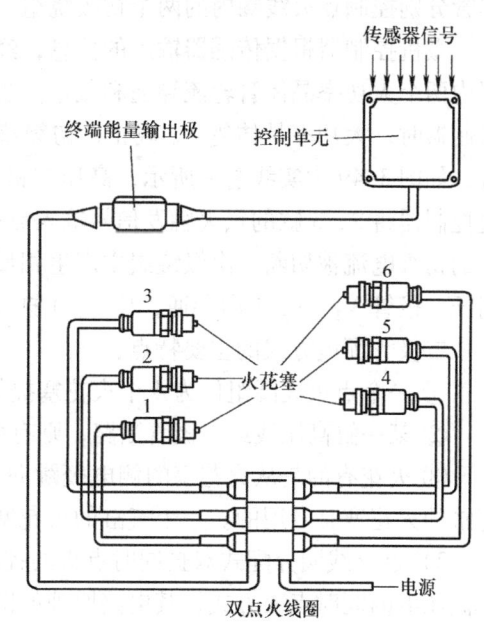

图3-46　双缸同时点火微机控制的无分电器式电子点火系的组成

（2）双缸同时点火微机控制的无分电器式电子点火系的控制方式

1) 二极管分配式双缸同时点火的控制。二极管配电方式是利用二极管的单向导电性，对点火线圈产生的高压电进行分配的同时点火方式。利用二极管分配式双缸同时点火的控制

电路原理如图3-47所示。

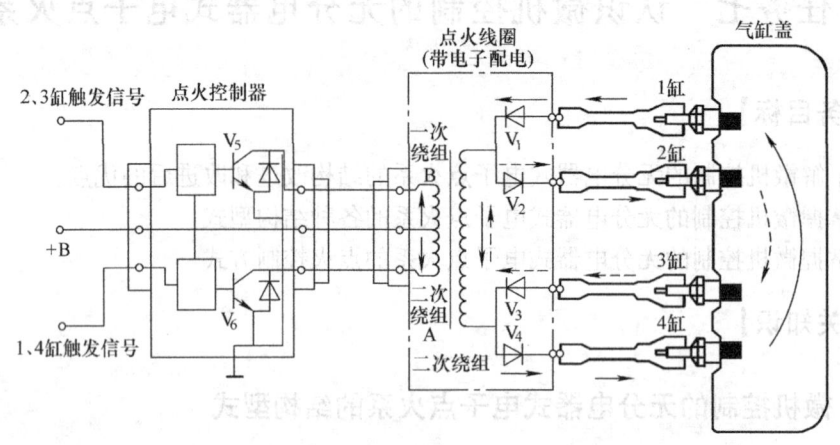

图3-47 二极管分配式双缸同时点火的控制电路原理

这种控制方式所采用的点火线圈有两个初级绕组和一个次级绕组，相当于共用一个次级绕组的两个点火线圈组件。次级绕组的两端通过4只高压二极管与火花塞构成电路，4只高压二极管有内装式（安装在点火线圈内部）和外装式两种。点火控制器中有两个大功率晶体管分别控制点火线圈内的两个初级绕组。

微机控制器根据传感器输入的信息，经查询、计算，输出点火控制信号，触发点火控制器内两个大功率晶体管轮流导通和截止。当微机控制器将1、4缸的点火触发信号输入点火控制器时，大功率晶体管V_6截止，初级绕组A中的电流被切断，次级绕组产生高压电动势，如图3-49中实线箭头所示，高压二极管V_1、V_4正向导通，1、4缸火花塞跳火；当微机控制器将2、3缸的点火触发信号输入点火控制器时，大功率晶体管V_5截止，初级绕组B中的初级电流被切断，次级绕组中产生相反方向的高压电动势，如图3-50中虚线箭头所示，高压二极管V_2、V_3正向导通，使2、3缸火花塞跳火。

二极管配电方式的主要特点：

① 一个点火线圈组件为4个火花塞提供高压电，因此特别适用于4缸或8缸发动机。

② 某一缸高压线或二极管断路，则有两个气缸同时不工作。

③ 火花有的是从火花塞的侧电极跳向中心电极，有的是从中心电极跳向侧电极，所以每缸的火花塞是专用的。一个气缸的火花塞坏了，要同时更换所有气缸的火花塞。

2) 点火线圈分配式双缸同时点火的控制。点火线圈配电方式是一种直接用点火线圈分配高压电的同时点火方式，其电路原理如图3-48所示。

由几个相互屏蔽的、结构独立的点火线圈组合成一体，称为点火线圈组件。如果4缸发动机点火线圈组件有2个独立的点火线圈，则1、4缸共用一个点火线圈，2、3缸共用一个点火线圈；如果6缸发动机点火线圈组件有3个独立的点火线圈，则1、6缸，2、5缸，3、4缸分别共用一个点火线圈。

点火控制器中有与点火线圈的数目相等的大功率晶体管，每个大功率晶体管分别控制一个点火线圈工作。点火控制器根据微机控制器提供的点火信号按点火顺序轮流控制大功率晶体管，使其导通和截止，以此控制点火线圈低压电路的通断，从而产生高压电。该点火系的

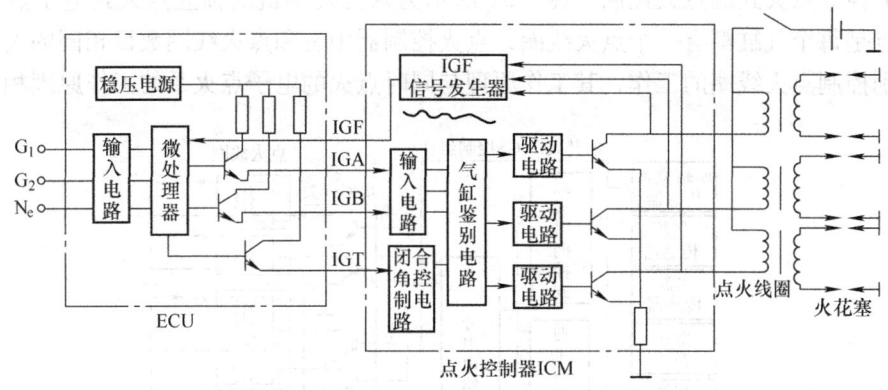

图 3-48 点火线圈分配式双缸同时点火的电路原理

控制方式与二极管分配式的控制方式基本相同。

有的点火线圈分配式同时点火的点火系中,在点火线圈次级绕组的电路中串联了一个反向击穿电压很高的高压二极管。如图 3-49 所示,其作用是防止初级电路接通时,次级绕组中产生的感应电动势(方向如图 3-49 中虚线箭头所示)加在火花塞的电极上,从而导致误跳火。有的在点火线圈与火花塞之间的高压电路中保留 3~4mm 的间隙,来防止误跳火。

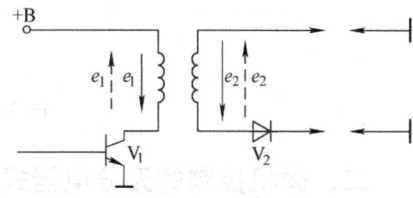

图 3-49 次级电路中高压二极管的作用

2. 独立点火式微机控制的无分电器的电子点火系

独立点火方式是一个气缸的火花塞配一个点火线圈,各个独立的点火线圈直接安装在火花塞上,独立地向火花塞提供高压电,各缸直接点火,省去了高压线。所有的高压部件都可以安装在发动机气缸盖的金属屏蔽罩内,无线电干扰大大减轻。

(1) 独立点火式微机控制的无分电器式电子点火系的组成 这种类型的点火系是由电源、点火线圈、点火控制器、微机控制器、点火开关、火花塞及各种传感器组成的,如图 3-50 所示。

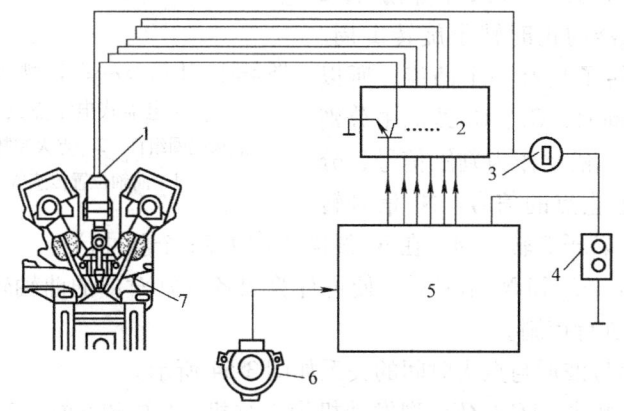

图 3-50 独立点火式微机控制的无分电器电子点火系的组成
1—点火线圈 2—点火控制器 3—点火开关 4—蓄电池 5—微机控制器 6—传感器 7—火花塞

（2）独立点火式的点火控制　图 3-51 所示为六缸发动机的独立点火式电子点火系。其结构特点是每个气缸都有一个点火线圈，点火控制器中有和点火线圈数目相同的大功率晶体管，分别控制点火线圈的工作，其工作原理与同时点火的电子点火系的工作原理相同。

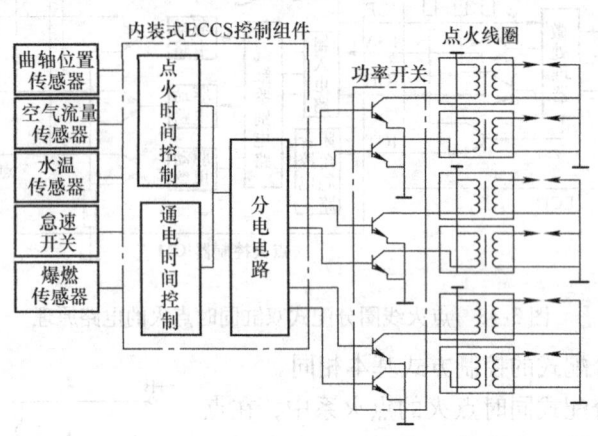

图 3-51　独立点火式电子点火系

二、微机控制的无分电器式电子点火系实例

日本丰田汽车公司的 1G-GZEU 型发动机采用微机控制的无分电器式电子点火系，该系统采用点火线圈分配式双缸同时点火方式，其组成如图 3-52 所示。它主要由曲轴位置传感器等各种传感器、电子控制单元、点火控制器、点火线圈组件及火花塞等组成。

1. 主要部件的结构及功用

（1）曲轴位置传感器　曲轴位置传感器为磁感应式，其结构如图 3-53 所示。它主要由正时转子 G_1、G_2 和信号转子 N_e 等组成。

发动机完成一个工作循环，曲轴旋转 2 周，曲轴位置传感器的正时转子旋转 1 周。由于 G_1、G_2 正时转子只有一个凸齿，所以在正时转子旋转一周时，G_1、G_2 线圈中分别产生一个脉冲信号，依此作为判缸信号，分别为 1、6 缸压缩上止点的信号。N_e 信号转子上有 24 个凸齿，转子旋转一周，在 N_e 线圈中产生 24 个脉冲信号。

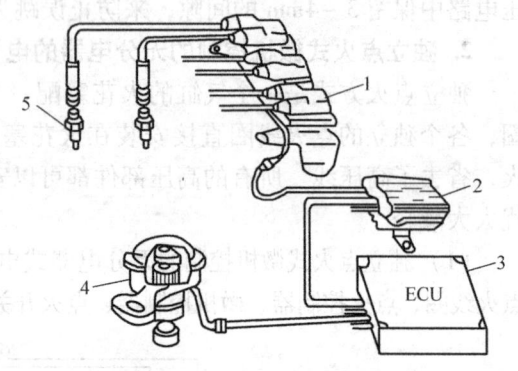

图 3-52　丰田 1G-GZEU 型发动机微机控制的无分电器式电子点火系的组成
1—点火线圈组件　2—点火控制器　3—电子控制单元
4—曲轴位置传感器　5—火花塞

ECU 接收到 G_1、G_2 和 N_e 信号后，便可计算出各气缸对应的曲轴转角位置及发动机的转速，从而对点火进行控制。

G_1、G_2、N_e 信号波形与点火时间的关系如图 3-54 所示。

（2）点火线圈组件　1G-GZEU 型发动机为 6 缸机，1 缸和 6 缸、2 缸和 5 缸、3 缸和 4 缸分别共用一个点火线圈。每个点火线圈为双端输出式，点火线圈的每一端通过高压线接一

单元三 点火系

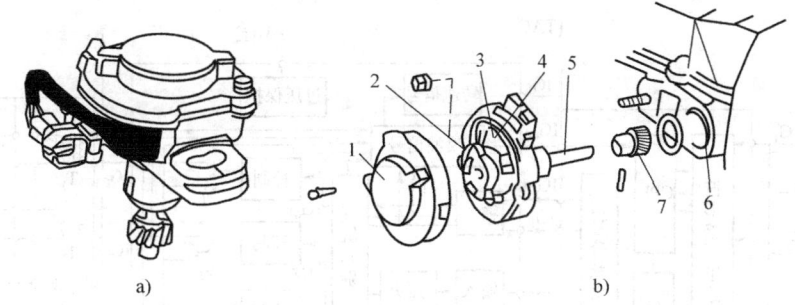

图3-53 曲轴位置传感器的结构
1—防尘盖 2—G_1、G_2正时转子 3—N_e信号转子 4—外壳 5—轴 6—气缸盖 7—齿轮

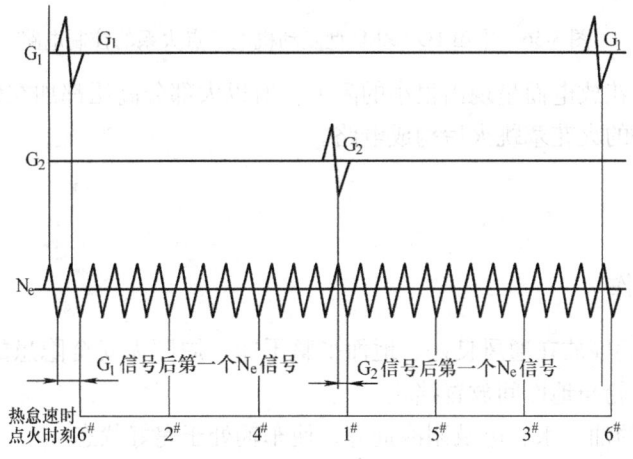

图3-54 G_1、G_2、N_e信号波形与点火时间的关系

个缸的火花塞。三个点火线圈集中固定在一个托架上,如图3-55所示。为防止误跳火,在点火线圈次级绕组的一端设有高反压二极管。

(3)点火控制器 点火控制器由气缸判别电路、过电压保护电路、闭合角控制电路和恒流控制电路等组成。

(4)微机控制器 根据各传感器输入的信号对点火进行控制,同时对燃油喷射、急速、废气再循环等系统进行控制。

2. 点火系的工作原理

丰田1G-GZEU型发动机电子点火系的控制电路如图3-56所示。

微机控制器根据传感器信号向点火控制器发出控制信号,点火控制器根据指令依次触发大功率晶体管导通与截止,从而控制每个点火线圈轮流产生高压电。点火线圈产生高压电时加在与其连接的两缸火花塞上,由于两缸总是一缸处于压缩行程,另一缸处于排气行程,排气行程的火

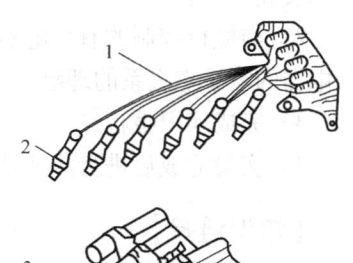
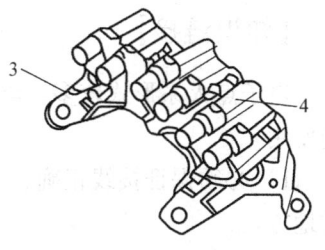

图3-55 点火线圈组件
1—高压线 2—火花塞
3—托架 4—点火线圈

83

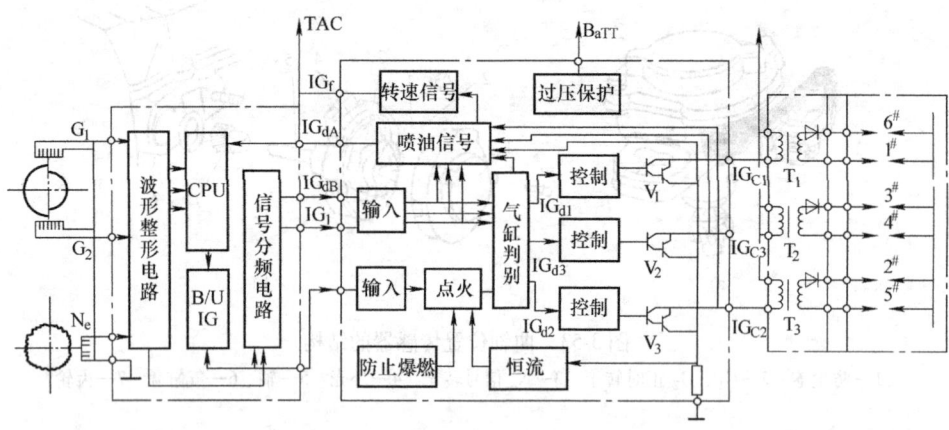

图 3-56　丰田 1G-GZEU 型发动机电子点火系的控制电路

花塞很容易产生火花放电而呈现出很小的阻力，所以大部分高压都加在处于压缩行程的火花塞上，使压缩行程的火花塞跳火后构成电路。

【任务实施】

一、准备工作

1）将实习车辆停放在通风良好、地面平整干净、周围无安全隐患的环境下，并拉紧驻车制动并在前后车轮与地面间放置挡块。

2）检查车辆的油、水、电及制冷剂等，使车辆处于完好状态。

二、实施任务

1）通过观察实习车辆，了解微机控制的无分电器式电子点火系的电气部件组成及其名称和安装位置。

2）与微机控制的有分电器式电子点火系的组成作一下比较，从而加深对微机控制的无分电器的电子点火系的理解。

3）完成实习报告。

4）实验完成后进行清洁整理工作。

【知识链接】

电子点火系形式较多，电路原理差异较大，使用要求也各不相同，应严格按厂家要求正确使用。

1）必须保证接线正确、牢固，插接器要插接良好。系统中的晶体管应安放在易于散热的地方。

2）安装蓄电池时，必须保证负极搭铁；否则，容易损坏点火控制器和 ECU 等电子元器件。

3）电子点火系的搭铁必须可靠，尽量减小搭铁处的接触电阻，以确保系统稳定可靠地工作。

4）清洗汽车时应断开点火开关，并不得直接清洗电子元器件。

5）电子点火系的点火线圈为专用高能点火线圈，不能用普通点火线圈或其他类型的点火线圈替换。

6）在判断点火系故障时，不要使高压电路处于开路状态，否则容易使点火控制器中的大功率晶体管损坏。

7）点火信号线应与高压线分开，避免对点火系产生干扰。

8）发动机工作时，严禁拆卸蓄电池，也不可用刮火法试电，以免损坏点火控制器。

9）对于微机控制的点火系，非专业人员不得打开 ECU。怀疑点火系有故障时，应先用专用故障检测仪器读取故障码，当需要拆卸点火系的连接导线或传感器等电气设备时，应先断开点火开关并拆下蓄电池的负极搭铁线。

单元四

照明与信号系

任务一　认识汽车灯光与信号系

【任务目标】

1) 熟悉汽车上的照明灯具及其开关的名称、位置、用途及使用方法。
2) 熟悉汽车上的信号灯具及其开关的名称、位置、用途及使用方法。
3) 熟悉电喇叭及其控制按钮的位置。

【任务分析】

为保证汽车夜间行驶的安全，以及提高其行驶速度，减少交通事故的发生，汽车上都装有多种照明设备和灯光信号装置，俗称灯系，它已成为汽车上不可缺少的一部分。汽车灯系根据安装位置和用途不同，一般可分为外部照明装置、内部照明装置和汽车灯光信号装置。

信号系除了灯光信号装置外，汽车上都装有电喇叭，用以引起行人和其他车辆的注意，保证行车安全。

【任务实施】

根据实际情况准备实习车辆及实验台架。本任务实施的主要目的是认识各种灯具、电喇叭和开关。

一、准备工作

1) 准备实习车辆或台架。
2) 将车辆（台架）停放在通风良好、地面平整干净、周围无安全隐患的环境下。
3) 放置车轮挡块并拉紧驻车制动，避免工作时车辆移动。
4) 安装防护套件，防止工作时弄脏车辆。
5) 检查蓄电池电量，以保证任务实施的顺利进行。

二、实施任务

1) 认识车辆（台架）上各种灯具的名称、颜色、形状、个数位置，电喇叭的形状及位置，认识各种灯具的开关、电喇叭按钮的形状及位置。

2）接通灯光总开关Ⅰ挡观察哪些灯亮。
3）接通灯光总开关Ⅱ挡观察哪些灯亮。
4）操纵变光开关观察远、近光的变化。
5）拨动组合开关然后松开，观察超车灯。
6）接通雾灯开关，观察雾灯的工作情况。
7）接通转向灯开关，观察转向灯和转向指示灯的工作情况。
8）接通危险报警灯开关，察看所有转向灯是否闪烁。
9）按下电喇叭按钮，观察电喇叭的工作情况。
10）清洁场地，整理工具和设备。
11）实验完毕，做好记录，写出实习报告。

【相关知识】

一、汽车灯具

汽车灯具一般可分为外部灯具（见图4-1）和内部灯具（见图4-2）。主要包括：

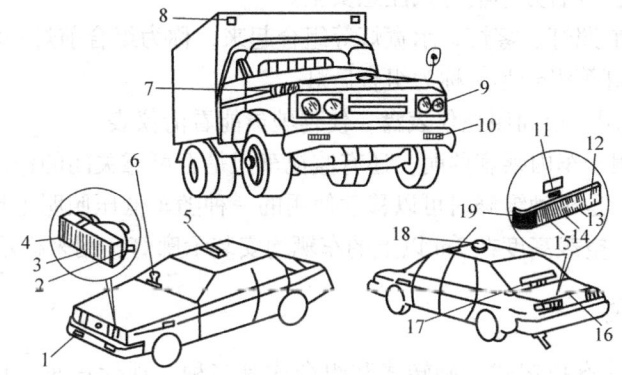

图4-1 常见的汽车外部灯具

1—前转向灯 2—前示位灯 3、9—前照灯 4、10—前雾灯 5—出租车标志灯 6—出租车空车灯
7—转向示位组合灯 8—示廓灯 11—行李箱灯 12—倒车灯 13—后雾灯 14—后示位灯
15—制动灯 16—牌照灯 17—高位制动灯 18—警告灯 19—后转向灯

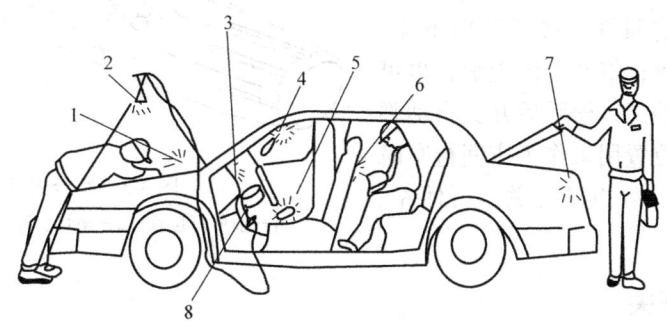

图4-2 常见的汽车内部灯具

1—发动机罩下灯 2—工作灯 3—仪表灯 4—顶灯 5—门灯 6—阅读灯 7—行李箱灯 8—开关照明灯

（1）前照灯　俗称大灯，安装在汽车头部的两侧，用于夜间或光线昏暗路面上汽车行驶时的照明，功率一般为35~60W。

（2）雾灯　安装在车头和车尾，位置比前照灯稍低。光色为黄色或橙色。用于在有雾、下雪、暴雨或尘埃等恶劣条件下改善道路照明情况，功率一般为35W。

（3）示宽灯与尾灯　用于夜间给其他车辆提示车辆位置与宽度。位于前方的称为示宽灯，位于后方的灯称为尾灯，功率一般为8~10W。

（4）转向信号灯　安装在车辆两端及前翼子板上，汽车转弯时，发出明暗交替的闪光信号，向前后左右车辆表明驾驶员正在转向或改变车道。它有前、后、侧转向信号灯之分，一般为橙色，功率为6~21W。

（5）制动灯　安装在车辆尾部，告知后面的车辆本车正在制动，以免后面的车辆与其后部碰撞。

（6）危险警告灯　车辆紧急停车或驻车时，危险警告灯给前后左右车辆显示车辆位置。转向信号灯一起同时闪烁，即作危险警告灯用。

（7）牌照灯　用于照亮尾部车牌，其亮度应保证在25m外能看清汽车牌照。

（8）倒车灯　安装于车辆尾部，功率为21W，光色为白色。挂入倒挡时，自动发亮，照亮车后侧，同时警告后方车辆行人注意安全。

目前，多数将前照灯、雾灯、示宽灯等组合起来，称为组合前灯；将尾灯、后转向信号灯、制动灯、倒车灯等组合起来称为组合后灯。

（9）仪表灯　用于夜间照亮仪表盘，使驾驶员能看清仪表。

（10）顶灯　用于车内乘客照明，还有监视车门是否可靠关闭的作用。

（11）工作灯　是车辆维修时可以移动使用的一种随车低压照明工具。

（12）示廓灯　空载高度在3m以上的车辆均安装示廓灯，用来标示车辆轮廓。

二、灯光开关

灯光开关的形式有拉钮式、旋转式和组合式等多种，现代汽车上用得较多的是将前照灯、尾灯、转向灯及变光等开关等制成一体的组合式开关，如图4-3所示。

该组合式开光是丰田汽车使用的组合开关，转动开关端部，便可依次接通尾灯（包括位灯）和前照灯，将开关向下压，便由近光变为远光；将开关向上扳，也可变为远光。不同的是，松手后开关自动弹回近光位置，此位置用来作为夜间行车时的超车信号。前、后扳动开关，可使左、右转向灯工作。

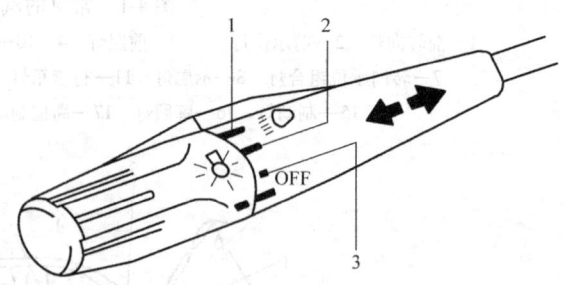

图4-3　组合式开关
1—前照灯位置　2—尾灯位置　3—保持位置

三、变光开关

变光开关可以根据需要切换远光和近光，它有脚踏变光开关和组合式开光两种。目前车辆上多采用组合开关式变光开关，安装在转向盘下方，便于驾驶员操作。

四、电喇叭

它的作用是发出声音信号提醒行人和其他车辆,引起注意,从而保证行车安全。喇叭按发音动力分为气喇叭和电喇叭;按外形分为螺旋形、筒形和盆形(见图 4-4);按声频分为高音和低音;按接线方式分为单线制和双线制。

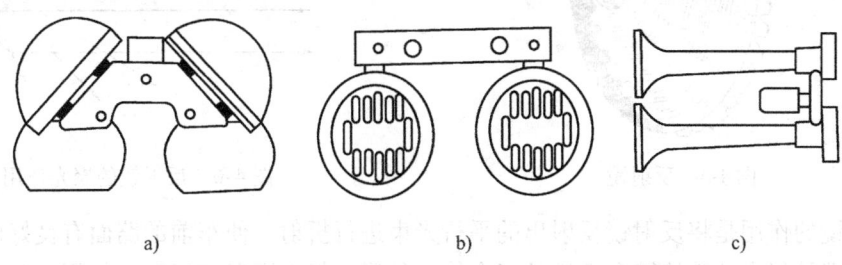

图 4-4 喇叭的外形
a) 螺旋形 b) 盆形 c) 筒形

任务二 检查前照灯电路

【任务目标】

1) 熟悉前照灯的结构。
2) 熟悉常见车型前照灯的控制电路。
3) 掌握常见车型前照灯的控制过程。
4) 能够熟练地对前照灯电路进行检查。

【相关知识】

前照灯控制电路主要由电源、熔断器、车灯开关、变光开关、灯光继电器和前照灯等组成。

(一) 前照灯

1. 前照灯的要求

1) 前照灯应保证夜间车前有明亮而均匀的照明,使驾驶员能辨明 100m 以内道路上的任何物体。
2) 前照灯必须具有防眩目装置,以免夜间车辆交会时造成对方驾驶员眩目而发生事故。

2. 前照灯的光学系统

前照灯的光学系统包括反射镜、配光镜和灯泡三部分。

如图 4-5 所示,反射镜由薄钢板冲压而成,内表面镀银、镀铝或镀铬,然后抛光。有些汽车的反射镜由热固性塑料制成。

反射镜的作用是最大限度地将灯泡发出的光线聚合并导向前方,其反射原理如图 4-6 所示。

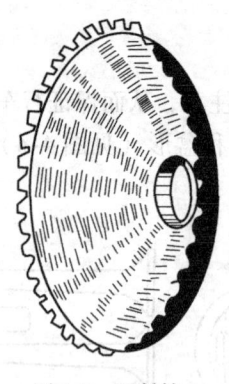
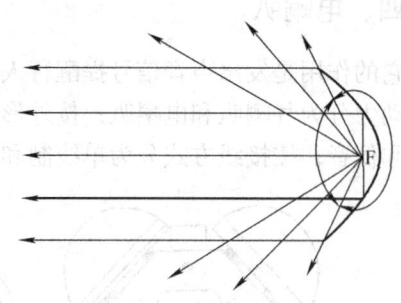

图 4-5 反射镜　　　　　　　　图 4-6 反射镜的聚光作用

配光镜的作用是将反射镜反射出的平行光束进行折射，使车前的路面有良好而均匀的照明。配光镜是很多特殊棱镜和透镜的组合体，外形一般为圆形和矩形，如图 4-7 所示。

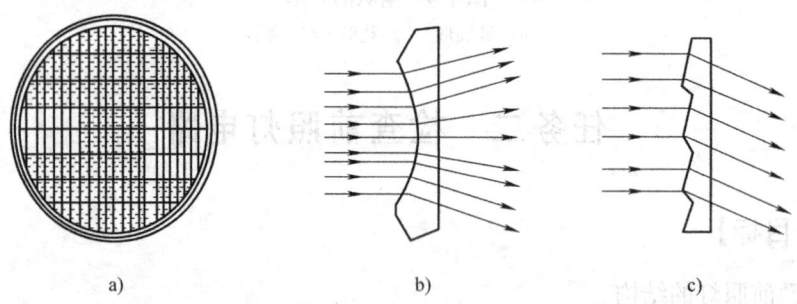

图 4-7 配光镜的结构与作用

灯泡是前照灯的光源，根据灯丝的数目不同分为双丝灯泡和单丝灯泡两种，根据灯泡的结构不同又分为白炽灯泡和卤素灯泡两类。前照灯的灯泡都是由玻璃泡、灯丝、定焦盘及插片等组成的。定焦盘可保证灯泡安装后远光灯丝处于反射镜的焦点上。

灯泡的结构如图 4-8 所示。制造时，灯泡玻璃内抽成真空，然后充入惰性气体。

如图 4-9 所示，卤素灯泡内部除了充有惰性气体外，还充有卤族元素。其可分为 H_1、H_2、H_3 和 H_4 四种，其中 H_4 为双丝灯泡，其他三种为单丝灯泡。

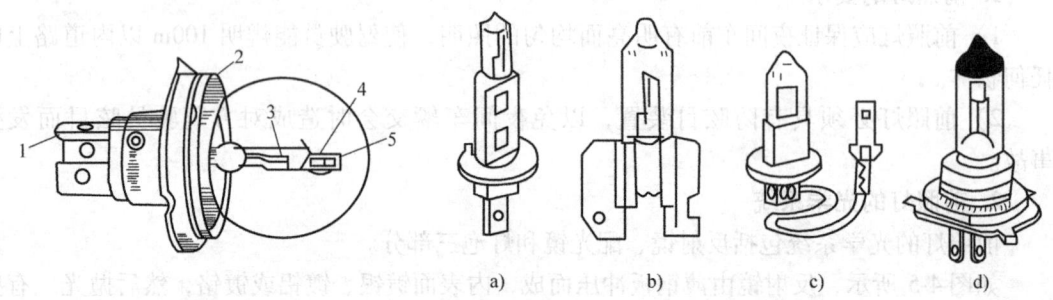

图 4-8 灯泡的结构
1—引脚　2—对焦盘　3—远光灯丝
4—近光灯丝　5—配光屏

图 4-9 卤素灯泡
a) H_1 型　b) H_2 型　c) H_3 型　d) H_4 型

3. 前照灯的类型

前照灯可分为可拆式前照灯、半封闭式前照灯、封闭式前照灯、投射式前照灯和高亮度弧光灯。

（1）可拆式前照灯　这种前照灯的反射镜和配光镜分别被固定在灯壳中，气密性差，反射镜易被污染，目前已很少采用。

（2）半封闭式前照灯　半封闭式前照灯的结构如图4-10所示，其配光镜靠卷曲反射镜边缘上的牙齿紧固在反射镜上，中间有橡胶圈密封，灯泡从反射镜后端装入。

（3）封闭式前照灯　其反射镜和配光镜用玻璃制成一体，灯丝焊接在反射镜的底座上，里面充以惰性气体，其结构如图4-11所示。

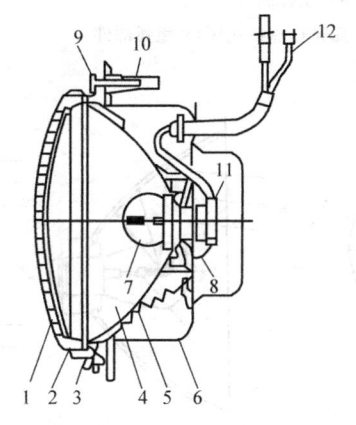
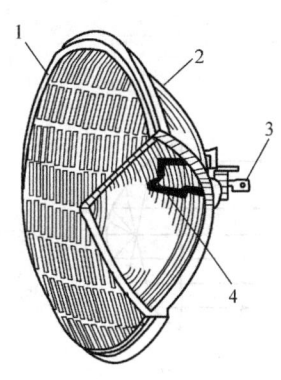

图4-10　半封闭式前照灯的结构
1—配光镜　2—固定圈　3—调整圈　4—反射镜　5—拉紧弹簧　6—灯壳
7—灯泡　8—防尘罩　9—调节螺栓　10—调节螺母　11—胶木插座　12—接线

图4-11　封闭式前照灯的结构
1—配光镜　2—反射镜
3—接头　4—灯丝

（4）投射式前照灯　投射式前照灯采用了凸形配光镜，反射镜为椭圆形，所以其外径很小，其结构如图4-12所示。

（5）高亮度弧光灯　高亮度弧光灯的外形及工作原理如图4-13所示，这种灯没有传统的灯丝，取而代之的是安装在硅管内的两个电极，管内充有氙气及微量金属或金属卤化物。弧光灯由弧光灯组件、电子控制装置和升压器组成。

4. 前照灯的防眩目措施

（1）采用双丝灯泡　一般在汽车上都采用双丝灯泡的前照灯，可以通过变光开关切换远光和近光，如图4-14所示。

（2）采用带配光屏的双丝灯泡　配光屏装在近光灯丝的下方，用以遮挡近光灯丝向下的光线，消除反射后向上的光束，提高防眩目效果，如图4-15所示。

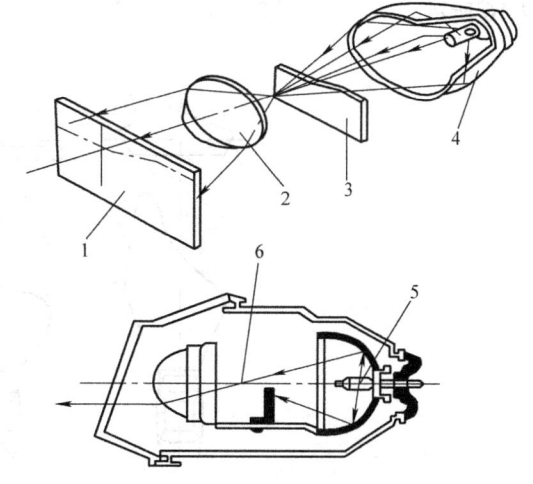

图4-12　投射式前照灯的结构
1—屏幕　2—凸形配光镜　3—遮光镜　4—椭圆反射镜
5—第一焦点　6—第二焦点

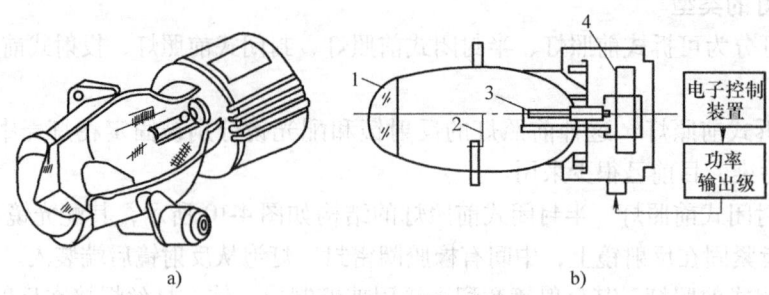

图 4-13 高亮度弧光灯的外形及工作原理
a) 外形 b) 工作原理
1—透镜 2—遮光板 3—弧光灯 4—引燃及稳弧部件

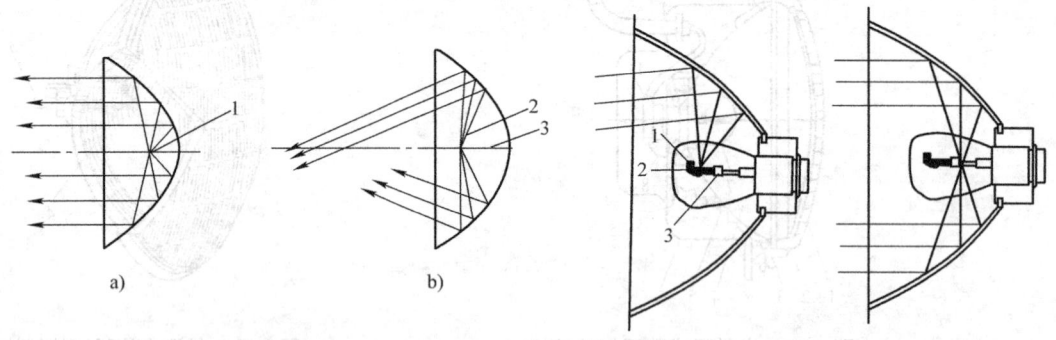

图 4-14 双丝灯泡的远、近光束　　　　　图 4-15 带遮光罩的双丝灯泡
1—远光 2—近光 3—远光　　　　　　1—近光灯丝 2—遮光罩 3—远光灯丝

（3）采用非对称配光双丝灯泡　这种灯泡采用了特殊结构的配光屏，其近光经反射后，使车前右侧成为亮区，而车前左上方成为暗区，更加有效地防止了眩目。其配光光形如图 4-16 所示。

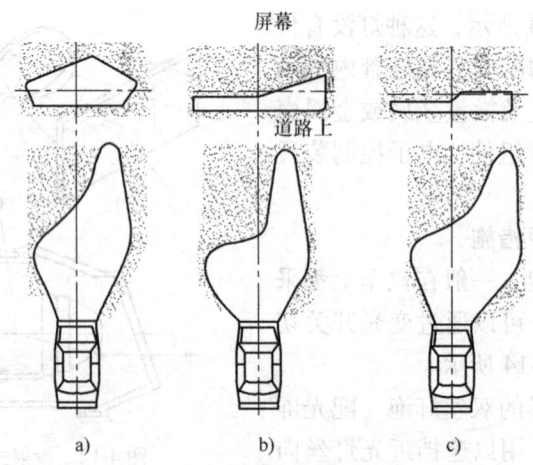

图 4-16 前照灯的配光光形
a) 对称形 b) E 形非对称形 c) Z 形非对称形

（二）典型车辆前照灯控制电路

1. 解放 CA1092 型汽车前照灯电路

图 4-17 所示为解放 CA1092 型汽车前照灯电路原理，其电路主要由电源、车灯开关、变光开关、灯光继电器及前照灯组成。

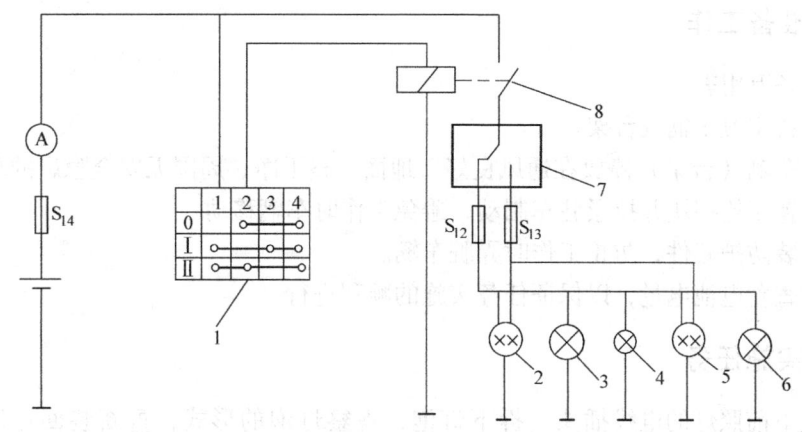

图 4-17　解放 CA1092 型汽车前照灯的电路原理
1—车灯开关　2、5—远近光双丝灯泡　3、6—远光单丝灯泡　4—远光指示灯　7—变光开关　8—灯光继电器

解放 CA1092 型汽车前照灯的工作过程：车灯开关打到 Ⅱ 挡，蓄电池通过车灯开关给灯光继电器电磁线圈通电，继电器触点闭合，蓄电池通过继电器触点及变光开关的远光挡接通前照灯的远光。如果变光开关打到近光挡，远光变为近光。

2. 桑塔纳轿车前照灯控制电路

该车型的前照灯控制电路如图 4-18 所示，前照灯由点火开关、灯光总开关和位于转向盘左侧转向组合开关中的变光开关控制。

工作原理为：车灯开关处于断开位置，向上拨动组合开关柄接通超车灯开关 b 时，蓄电池经过超车灯开关、熔断器 S_9、S_{10} 接通前照灯的远光灯及仪表板上

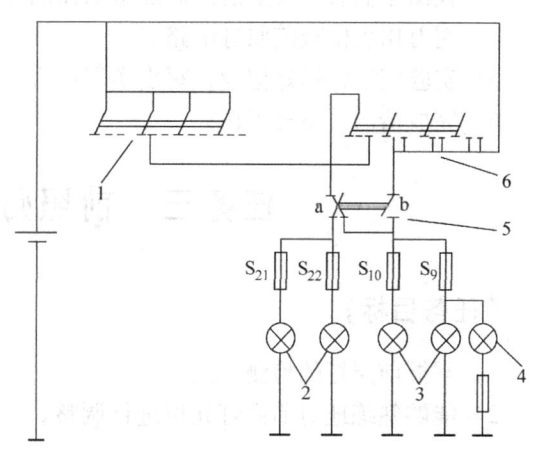

图 4-18　桑塔纳轿车前照灯控制电路
1—点火开关　2—左右前照灯近光灯丝
3—左右前照灯近光灯丝　4—仪表板远光指示灯
5—变光及超车灯开关　6—车灯开关

的远光指示灯。当松开组合开关柄时，超车灯开关 b 在弹簧作用下断开，前照灯的远光灯及仪表板上的远光指示灯熄灭。

将点火开关闭合，灯光开关处于 Ⅱ 挡，蓄电池通过点火开关、灯光开关、变光开关向前照灯供电。变光开关处于近光挡位时，经 S_{21}、S_{22} 使近光灯工作；变光开关处于远光挡位时，经 S_9、S_{10} 使远光灯工作。

【任务实施】

根据实际情况准备实习车辆及实验台架，本任务实施的主要目的是熟悉前照灯的结构以及前照灯的控制电路。

一、准备工作

1) 准备万用表。
2) 准备实习车辆或台架。
3) 将车辆（台架）停放在通风良好、地面平整干净、周围无安全隐患的环境下。
4) 放置车轮挡块并拉紧驻车制动，避免工作时车辆移动。
5) 安装防护套件，防止工作时弄脏车辆。
6) 检查蓄电池电量，以保证任务实施的顺利进行。

二、实施任务

1) 拔下前照灯的电线插头，拆下灯泡，观察灯泡的形式，重新装回灯泡，接好电线插头。
2) 对车灯开关、变光开关及超车灯开关进行操作，观察前照灯的工作情况。
3) 找出车辆或台架上前照灯的熔断器的位置，拔、插熔断器。
4) 用万用表检查前照灯电路。
5) 实验完毕，做好记录，写出实习报告。
6) 完成清洁、整理工作。

任务三　前照灯的检测与调整

【任务目标】

1) 掌握前照灯的检测方法。
2) 能够熟练地对前照灯光束进行调整。

【相关知识】

一、前照灯的检测标准

前照灯的检测项目包括发光强度和光束照射位置。在国家标准 GB 7258—2004《机动车运行安全技术条件》中对汽车前照灯的发光强度和光束照射位置都作了规定。

1. 发光强度

发光强度是指一光源在给定方向上所能发出的光线强度，即光源发光强度的物理量，只与光源有关。发光强度的单位是坎德拉，简称坎，符号为 cd。

检测要求是两灯制的新注册汽车的前照灯，每只灯的发光强度应大于 15000cd；四灯制的新注册汽车的前照灯，每只灯的发光强度应大于 12000cd。两灯制在用汽车前照灯，每只灯的发光强度应大于12000cd；四灯制在用汽车前照灯，每只灯的发光强度应大于10000cd。

2. 前照灯光束照射位置

用屏幕调试法检验汽车前照灯的近光光束照射位置时，车辆应空载，允许乘坐一名驾驶员，前照灯在距离屏幕10000mm处，且正对屏幕。光束明暗截止线转角或中心的高度应为$(0.6\sim0.8)H$（H为前照灯基准中心高度），在水平方向上，向左、向右偏均不得超过100mm。四灯制前照灯其远光单光束灯的调整，要求在屏幕上光束中心离地高度应为$(0.85\sim0.90)H$，水平位置要求左灯向左偏不得大于100mm、向右偏不得大于170mm，右灯向右偏或向左偏均不得大于170mm。

二、前照灯的检测方法

前照灯检测方法有屏幕调试法和检验仪调试法两种。一般采用仪器检验法，如无仪器则可采用屏幕检验法。无论采用何种方式，检验调整前汽车都应空载停放在平整的场地上，前照灯总成应清洁，屏幕与场地应垂直，轮胎气压应符合规定，并且驾驶室内只允许乘坐一名驾驶员。对装有远近光双丝灯泡的前照灯以调整近光光束为主。

1. 利用屏幕检验与调整前照灯

不同车型其调整方法和数据也不同，现以东风EQ1090型汽车装用的ND170-Ⅲ型前照灯为例，其检验方法如图4-19所示。

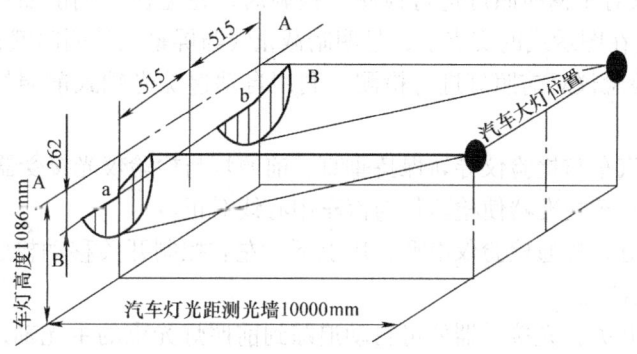

图4-19 前照灯的检验方法

2. 灯光检验仪调整法

现在很多汽车的前照灯检测规定用检验仪进行检测。前照灯检验仪根据其结构与原理的不同，可分为聚光式、屏幕式、投影式以及自动追踪光轴式四种。它们的检验项目基本相同，可以检验前照灯的光束照射位置与发光强度（cd）或光照度（lx）。

前照灯检验仪大多采用光电池感光。把光电池与光度计（电流表）连接起来，在适当的距离内使前照灯照射光电池，光电池会产生相应大小的电流，使光度计动作，便可测出前照灯的发光强度。把光电池分割成上下左右四块，经前照灯照射后，各块光电池分别产生电动势，其差值可以使上下偏斜指示计或左右偏外指示计产生动作，从而判断出光轴位置，如图4-20所示。此外，这种设备能按照预先设定的检验标准，自动判别前照灯灯光是否具有良好的功能。故这种设备可用于机动车自动检测生产线上。

自动追踪光轴式前照灯检验仪是一种在前照灯前方3m处用光接受器自动追踪光轴的方

法来进行检测的一种检验装置。这种检测仪装有聚光透镜和四个光电池，按照前照灯的照射方向自动追踪，使上下左右四个光电池受光量相等，从而可以找出主光轴方向，并从光度计上测得前照灯的发光强度及偏斜量。

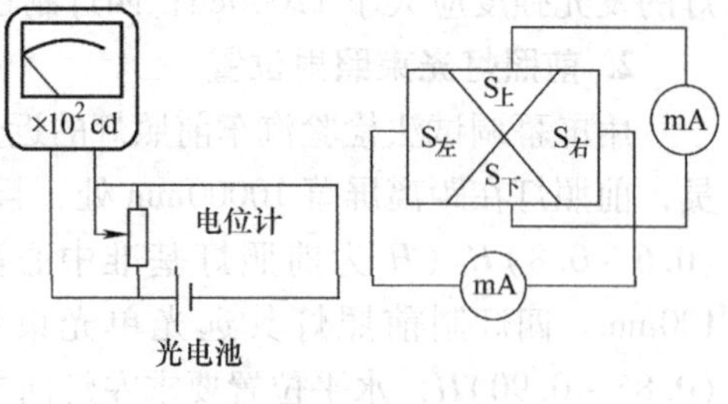

图 4-20　前照灯的检测原理

【任务实施】

一、准备工作

1）准备实习车辆、屏幕、检测仪、卷尺和调整工具。

2）停正车辆，使车头正对幕布或检测仪。前照灯距离幕布或墙壁 10m，检测仪对准被检车辆的车灯，要求距离为 3m，且车辆的纵向线与检测仪光电箱的中心线平行。

3）在屏幕上画上测试样线。

4）放置车轮挡块并拉紧驻车制动，避免工作时车辆移动。

5）检查蓄电池电量，以保证任务实施的顺利进行。

二、实施任务

（1）用屏幕法对车辆前照灯进行检测　检验时，先盖住一侧前照灯，检查另一前照灯的光束中心是否落在图示线的交点上，且明暗截止线与屏幕上的明暗截止线重合。

（2）用灯光检验仪对前照灯进行检测　利用自动追踪光轴式前照灯检验仪检验前照灯的步骤如下：

1）尽可能使汽车与检验仪导轨保持垂直，前照灯与检验仪光接受器相距 3m。

2）利用车辆对正找准器使检验仪与汽车中心线对正。

3）打开前照灯，接通检验仪电源，用上下、左右控制开关移动检验仪位置，使前照灯光线照射到光接受器上。

4）按下测量开关，光接受器便可自动追踪到前照灯光束的主光轴，从仪器的光轴偏斜量指示计上可读出光轴偏斜量值，从光度计上可读出发光强度值。

（3）调整　前照灯光轴方向偏斜时，应进行调整，调整部位一般分为外侧调整式和内侧调整式两种。调整时，拆下前照灯罩板；按需要转动灯座的左、右及上、下调整螺钉（或旋钮），使光轴方向符合要求，如图 4-21 所示。

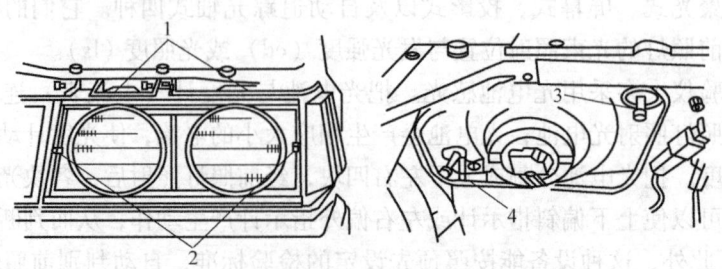

图 4-21　前照灯的调整

1—上、下调整螺钉　2—左、右调整螺钉　3—左、右调整　4—上、下调整

(4) 记录实习过程和实习结果，写出实习报告
(5) 完成清洁、整理工作

任务四　检查雾灯电路

【任务目标】

1) 掌握常见车型雾灯的控制电路。
2) 熟悉雾灯的控制过程。
3) 能够熟练地对雾灯电路进行检查。

【相关知识】

汽车前雾灯是为了汽车在雾、雪和大雨等恶劣气候条件下或者在烟尘弥漫的环境中行驶时照亮前方道路，并能抑制照射光束因受到飘浮在空气中的雾滴、雨滴及灰尘等微粒造成漫反射所引起的驾驶员视野不清的光幕现象。雾灯控制电路一般由电源、雾灯、雾灯继电器、车灯开关和雾灯开关等组成。雾灯一般由车灯开关和雾灯开关控制。

桑塔纳轿车的雾灯控制电路与其他车辆的雾灯控制电路相比要复杂得多。桑塔纳轿车的雾灯受点火开关、车灯总开关和雾灯开关3个开关共同控制，且在控制电路中设有中间继电器和雾灯继电器。桑塔纳LX型轿车的雾灯控制电路如图4-22所示。

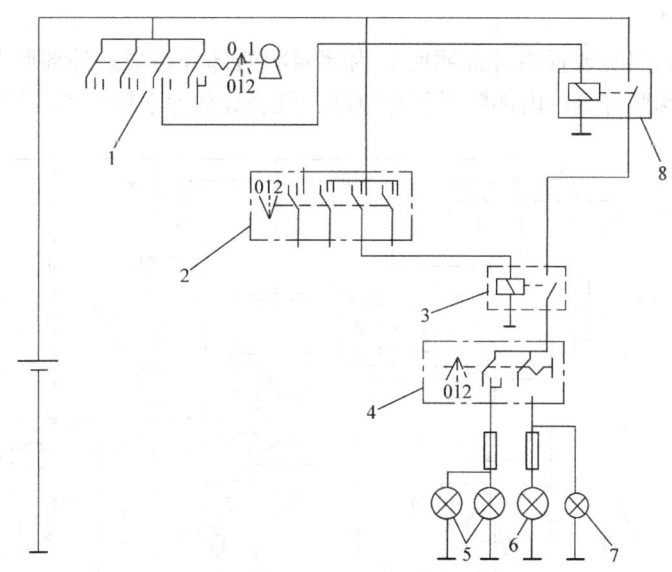

图4-22　桑塔纳LX型轿车的雾灯控制电路

1—点火开关　2—车灯开关　3—雾灯继电器　4—雾灯开关　5—前雾灯　6—后雾灯　7—雾灯指示灯　8—中间继电器

工作过程为：闭合点火开关，中间继电器电磁线圈通电，触点闭合；车灯开关处于Ⅰ挡或Ⅱ挡雾灯继电器电磁线圈通电，触点闭合；中间继电器触点和雾灯继电器触点都闭合后，雾灯开关的电源端子带电。此时，雾灯开关打到Ⅰ挡，前雾灯被接通；雾灯开关打到Ⅱ挡前、后雾灯及雾灯指示灯都被接通。

【任务实施】

一、准备工作

1) 准备实习车辆或台架。
2) 准备万用表及与实习车辆或台架对应的雾灯电路。
3) 将车辆（台架）停放在通风良好、地面平整干净、周围无安全隐患的环境下。
4) 放置车轮挡块并拉紧驻车制动，避免工作时车辆移动。
5) 安装防护套件，防止工作时弄脏车辆。
6) 检查蓄电池电量，以保证任务实施的顺利进行。

二、实施任务

1) 从车辆（或台架）上找出雾灯控制电路中的各个部件。
2) 通过对开关的操纵，接通车辆的雾灯，观察雾灯的工作情况。
3) 找出雾灯熔断器的位置，拔下熔断器，检查后重新插入原位置。
4) 拆下雾灯灯泡，检查后重新安装。
5) 找出雾灯电路中的中间继电器和雾灯继电器，拔下继电器，检查后重新装回原位。
6) 用万用表检查雾灯电路。
7) 实验完毕，做好记录，写出实习报告。

【知识链接】

桑塔纳轿车的照明装置由外部照明和内部照明两部分组成。外部照明除前照灯、雾灯外，还有小灯、牌照灯等；内部照明还有顶灯、仪表灯和行李箱灯等，如图4-23所示。

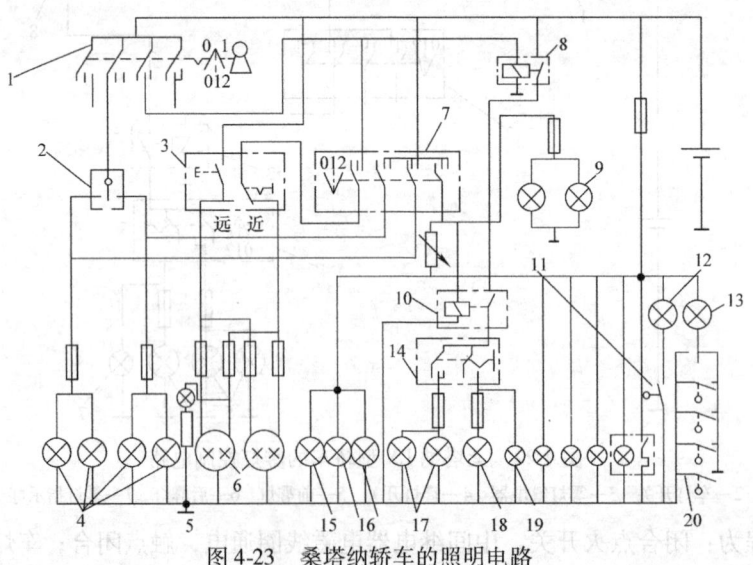

图4-23 桑塔纳轿车的照明电路

1—点火开关 2—停车灯开关 3—变光超车开关 4—示宽灯 5—远光指示灯 6—前照灯 7—车灯开关
8—负荷继电器 9—牌照灯 10—雾灯继电器 11—行李箱门开关 12—行李箱灯 13—顶灯 14—雾灯开关
15—时钟照明灯 16—仪表灯 17—前雾灯 18—后雾灯 19—雾灯指示灯 20—顶灯门开关

牌照灯由车灯开关直接控制，不受点火开关控制，在车灯开关置于Ⅰ挡或Ⅱ挡时亮。仪表板、时钟、点烟器、雾灯开关、后风窗除霜器开关、空调开关等的照明灯均由车灯开关直接控制当车灯开关在Ⅰ挡或Ⅱ挡时，上述照明灯均被接通，仪表灯、顶灯、行李箱灯、时钟照明灯等灯具的亮度可通过调光电阻进行调节。

顶灯由顶灯开关和门控开关共同控制，当顶灯开关接通时（手动），顶灯亮。当顶灯开关断开时，顶灯由4个门控开关控制，只要有一个门关闭不严，门控开关接通，顶灯就亮。

行李箱灯由行李箱灯门灯开关控制，当行李箱门打开时，门控开关闭合，行李箱灯亮。

任务五　检查转向灯电路

【任务目标】

1) 了解闪光继电器的结构及工作原理。
2) 熟悉常见车型转向灯的控制电路。
3) 能够熟练地对转向灯电路进行检查。

【相关知识】

转向灯的作用是指示汽车的行驶趋向。当遇到特别情况请求其他车辆避让时，所有转向信号应同时闪烁，作为危险报警信号。

转向及危险报警灯电路由闪光器、开关、转向灯等部件组成。转向灯的闪烁由闪光器控制电流通、断，闪光频率为（1.5±0.5）Hz。转向信号闪光器与危险报警闪光器可以共用，也可以单独设置。

一、闪光器

常见的闪光器有翼片式、电容式和晶体管式三类（见图4-24）。翼片式和带继电器的晶体管式闪光器结构简单、体积小、闪光频率稳定、监控作用明显、工作时伴有响声，故被广泛使用。

1. 电容式闪光器

电容式闪光器的结构如图4-25所示，它由一只大容量电容器和双线圈继电器组成。

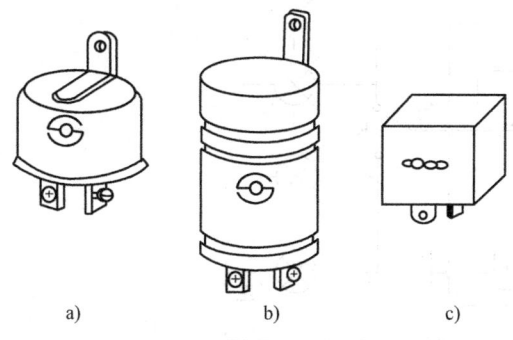

图4-24　常见的闪光器
a）翼片式　b）电容式　c）晶体管式

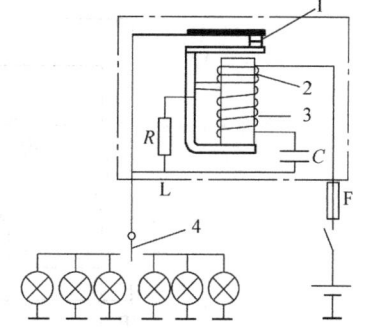

图4-25　电容式闪光器的结构
1—触点　2—串联线圈　3—并联线圈　4—转向开关

电容式闪光器具有监控功能,当一侧转向灯有一只或一只以上转向灯泡烧断或接触不良时,闪光器就使该侧转向灯接通时只亮不闪,以示该侧转向灯电路异常。

2. 翼片式闪光器

翼片式闪光器分为直热翼片式和旁热翼片式两种。

(1) 直热翼片式闪光器　直热翼片式闪光器主要由翼片、热胀条、触点等组成,如图4-26所示。

(2) 旁热翼片式闪光器　旁热翼片式闪光器与直热翼片式闪光器主要不同点在于热胀条上绕有电热丝,如图4-27所示。

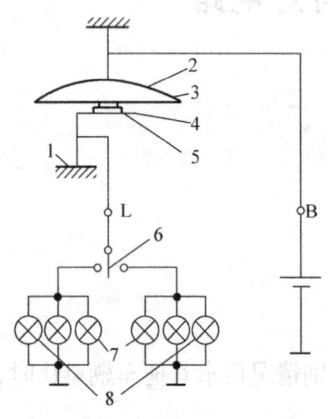 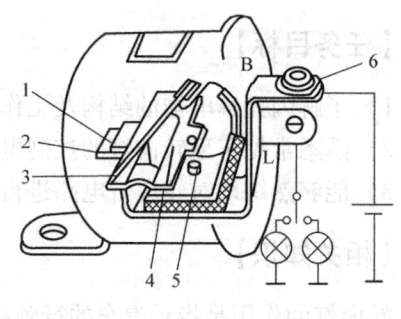

图4-26　直热翼片式闪光器　　　　　　　图4-27　旁热翼片式闪光器
1—支承　2—翼片　3—热胀条　4—活动触点　5—固定触点　　1—支架　2—热胀条　3—电阻丝　4—翼片
6—转向灯开关　7—转向指示灯　8—转向灯　　　　　　　　　　5—触点　6—接线柱

3. 晶体管式闪光器

晶体管式闪光器包括带继电器的晶体管式闪光器(有触点)、无触点闪光器、集成电路闪光器等类型。

(1) 带继电器的晶体管式闪光器　其工作原理如图4-28所示,它主要由晶体管开关电路和小型继电器组成。

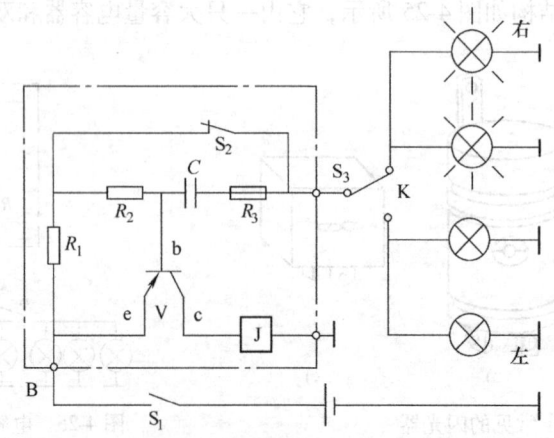

图4-28　带继电器的晶体管式闪光器的工作原理

（2）无触点闪光器　国产 SG131 型无触点闪光器的电路如图 4-29 所示。

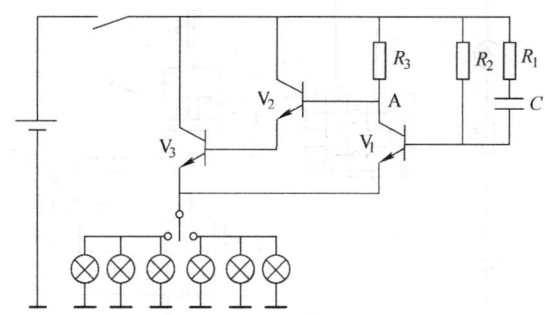

图 4-29　无触点闪光器的电路

（3）集成电路闪光器　图 4-30 所示为上海桑塔纳轿车装用的集成电路闪光器的工作原理。U243B 是一块低功率、高精度的汽车电子闪光器专用集成电路。U243B 的标称电压为 12V，实际工作电压范围为 9~18V，采用双列 8 脚直插塑料封装。它的内部电路主要由输入检测器 SR、电压检测器 D、振荡器 Z 及功率输出级 SC 四部分组成。

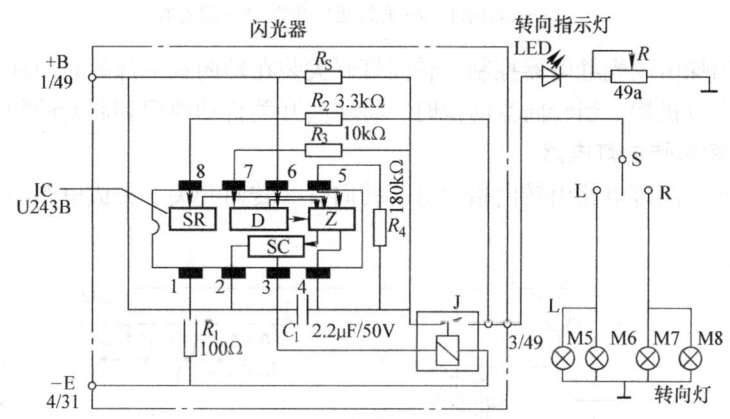

图 4-30　集成电路闪光器的工作原理

注：SR——输入检测器；D——电压检测器；Z——振荡器；
SC——功率输出级；R_S——取样电阻；J——继电器。

桑塔纳轿车转向灯工作时，如果某一转向灯灯丝烧毁或接触不良，则这一侧的其他转向灯闪光频率加快一倍，以示需要检修或更换损坏的灯泡。

二、典型车辆转向灯电路

1. 解放 CA1092 型汽车转向信号电路

该车转向信号电路由转向开关、闪光器和转向灯三部分组成，如图 4-31 所示。

解放 CA1092 型汽车点火开关处于 I 挡或 III 挡，转向灯危险报警灯才能投入工作。

1）当向左转向时，拨动转向开关向左，电路接通，左转向灯闪烁。

2）当向右转向时，拨动转向灯开关向右，电路接通，右转向灯闪烁。

3）闭合危险报警灯开关，左、右转向灯及转向指示灯全部闪烁。

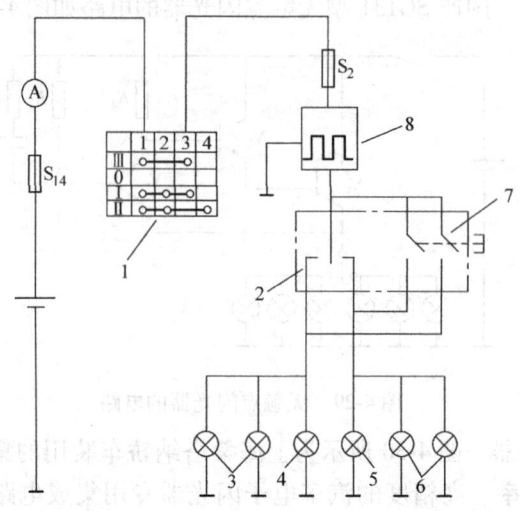

图 4-31　解放 CA1092 型汽车转向信号电路

1—点火开关　2—转向灯开关　3—左转向灯　4—左转向指示灯　5—右转向指示灯
6—右转向灯　7—危险报警开关　8—闪光器

转向灯的闪烁由闪光继电器控制。转向灯开关装在转向盘下部的转向柱上，由驾驶员操纵，具有自动回位机构。当转向盘回位时，将转向开关自动地回到原始的断开位置。

2. 桑塔纳轿车转向灯电路

桑塔纳轿车转向灯电路由转向指示灯、转向灯、转向开关、集成电路闪光器等组成，如图 4-32 所示。

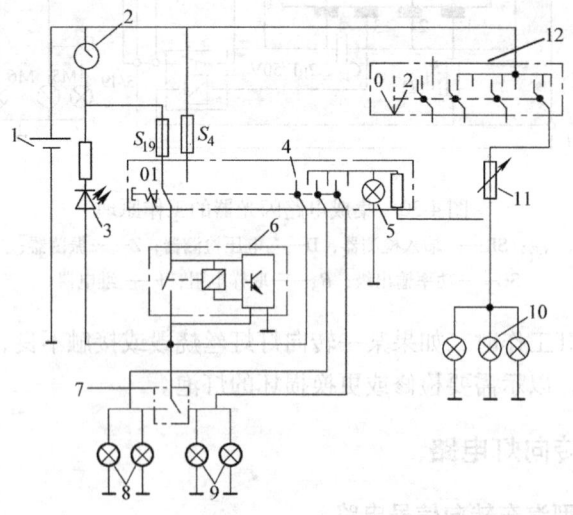

图 4-32　桑塔纳轿车转向信号电路

1—蓄电池　2—点火开关　3—转向指示灯　4—报警开关　5—报警指示灯　6—闪光器　7—转向开关
8—左转向信号灯　9—右转向信号灯　10—仪表灯　11—仪表照明调光电阻　12—车灯开关

汽车行驶需要转向时，拨动转向开关，电流由蓄电池经点火开关、熔断器 S_{19}、危险报警灯开关的常闭触点、闪光器触点、转向灯开关到达转向灯，接通转向信号灯电路。

汽车出现故障或遇到其他紧急情况时，闭合危险报警灯开关，电流由蓄电池经熔断器S_4、危险报警灯开关、闪光器，再次经危险报警灯开关后，到达左右两侧的转向灯，使左右两侧转向灯全部闪烁，以示报警。

【任务实施】

根据实际情况准备实习车辆及实验台架，本任务实施的主要目的是能够熟练的对转向灯电路进行检查。

一、准备工作

1) 准备万用表。
2) 准备实习车辆或台架。
3) 将车辆（台架）停放在通风良好、地面平整干净、周围无安全隐患的环境下。
4) 放置车轮挡块并拉紧驻车制动，避免工作时车辆移动。
5) 安装防护套件，防止工作时弄脏车辆。
6) 检查蓄电池电量，以保证任务实施的顺利进行。

二、实施任务

1) 找出转向灯电路各个部件。
2) 拆下转向灯灯泡，检查后重新装回。
3) 找到转向灯电路中的熔断器，拆下熔断器，检查后重新装回。
4) 操纵相应开关，使转向灯、危险报警灯分别投入工作，观察其工作情况。
5) 用万用表对转向灯电路进行检查。
6) 检查完毕，做好记录，写出实习报告。
7) 清洁场地，整理工具设备。

任务六　电喇叭电路的检查及电喇叭的调整

【任务目标】

1) 熟悉电喇叭的结构。
2) 熟悉常见车型电喇叭的控制电路。
3) 掌握电喇叭音量和音调的调整方法。
4) 能熟练地对电喇叭电路进行检查。

【相关知识】

一、电喇叭

1. 盆形电喇叭的结构及工作原理

(1) 结构　盆形电喇叭的基本结构如图 4-33 所示。

（2）工作原理　按下电喇叭按钮，电喇叭电路接通，励磁线圈产生吸力，上铁心被吸下，膜片拱曲并压迫触点臂使触点张开；触点张开时，电磁线圈断电，电磁吸力消失，活动铁心在弹性触点臂及膜片弹力作用下回位，膜片回位，触点闭合，重新接通电喇叭电路。如此往复，膜片不断振动发出声响。

2. 螺旋电喇叭

螺旋形电喇叭的结构如图 4-34 所示，其主要部件由山形铁心、磁化线圈、衔铁、膜片、触点以及电容器等组成。其膜片通过中心杆与衔铁、调整螺母、锁紧螺母连成一体。

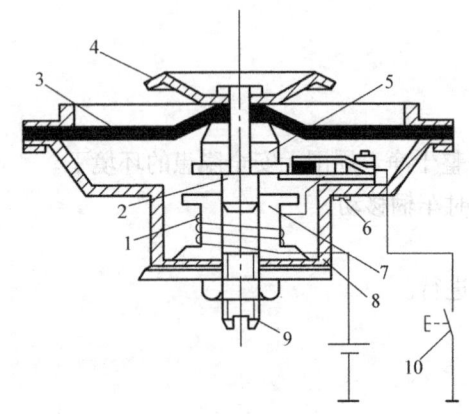

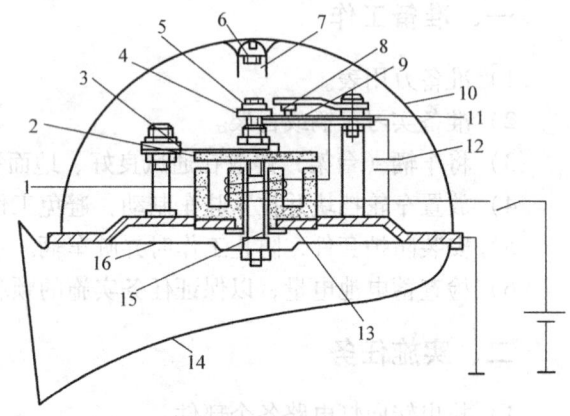

图 4-33　盆形电喇叭的基本结构
1—电磁线圈　2—活动铁心　3—膜片　4—共鸣片
5—振动块　6—音量调整螺钉　7—线圈铁心　8—外壳
9—下铁心　10—电喇叭按钮

图 4-34　螺旋形电喇叭
1—铁心　2—衔铁　3—弹片　4—调整螺母　5—锁紧螺母
6—螺钉　7—支架　8—活动触点　9—固定触点　10—防护罩
11—绝缘片　12—灭弧电容　13—磁化线圈　14—传心筒
15—中心螺杆　16—膜片

螺旋形电喇叭的基本工作原理与盆形电喇叭的基本工作原理相同。

二、常见车型电喇叭控制电路

为了得到较为和谐悦耳的声音，在汽车上常装有两个不同音调（高、低音）的电喇叭。因为两个电喇叭同时工作，电流较大，容易造成电喇叭按钮烧蚀，所以一般电喇叭电路中设有电喇叭继电器，以保护电喇叭按钮。电喇叭继电器电路的结构和接线如图 4-35 所示。

按下转向盘上电喇叭按钮时，电喇叭继电器线圈带电，继电器铁心产生电磁吸力，将继电器触点闭合，接通了双音电喇叭，电喇叭发音；松开转向盘上电喇叭按钮时，继电器线圈断电，铁心电磁吸力消失，触点在自身弹力作用下张开，切断了电喇叭电路，电喇叭停止发音。

桑塔纳轿车电喇叭控制电路如图 4-36 所示。

电喇叭继电器的作用就是利用铁心线圈的小电

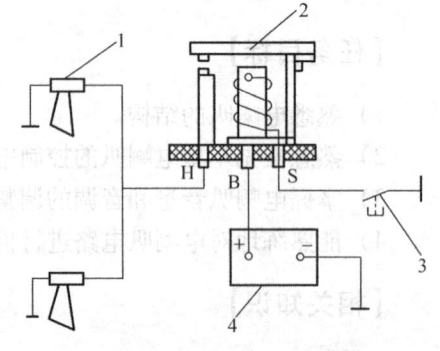

图 4-35　电喇叭继电器电路的结构和接线
1—电喇叭　2—电喇叭继电器
3—电喇叭按钮　4—蓄电池

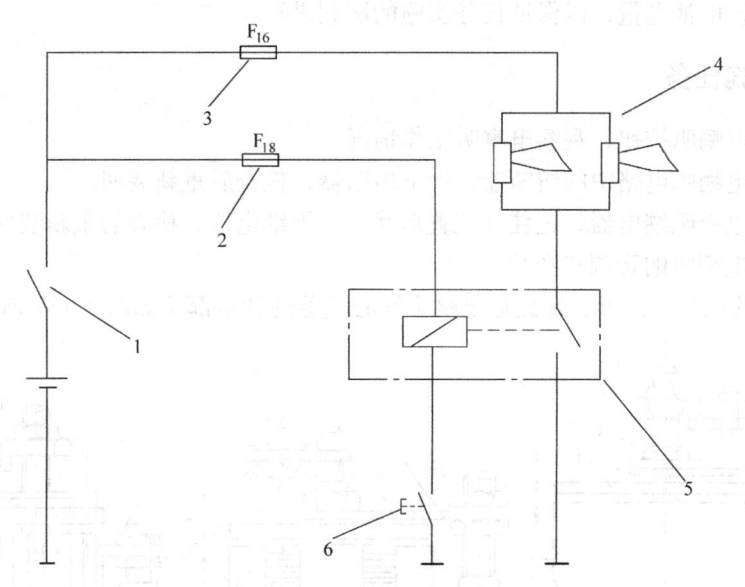

图 4-36 桑塔纳轿车电喇叭控制电路
1—点火开关 2、3—熔断器 4—电喇叭 5—电喇叭继电器 6—电喇叭按钮

流控制触点的大电流,从而保护转向盘按钮触点。

三、电喇叭的调整

1. 音调的调整

电喇叭音调的高低与铁心气隙(即衔铁与铁心间的气隙)有关。铁心气隙小时,膜片的振动频率高(即音调高);气隙大时,膜片的振动频率低(即音调低)。铁心气隙值(一般为 0.7~1.5mm)视电喇叭的高、低音及规格型号而定,如 DL34G 为 0.7~0.9mm,DL34D 为 0.9~1.05mm。

2. 音量的调整

电喇叭声音的大小与通过电喇叭线圈的电流大小有关。当触点预压力增大时,流过电喇叭线圈的电流增大,使电喇叭产生的音量增大;反之,音量减小。

【任务实施】

根据实际情况准备实习车辆及实验台架,本任务实施的主要目的是检查电喇叭电路并调整电喇叭。

一、准备工作

1)准备万用表、螺钉旋具、被调整电喇叭和蓄电池。

2)准备实习车辆或台架,及与车辆或台架对应的电喇叭电路。

3)将车辆(台架)停放在通风良好、地面平整干净、周围无安全隐患的环境下。

4)放置车轮挡块并拉紧驻车制动,避免工作时车辆移动。

5)安装防护套件,防止工作时弄脏车辆。

6）检查蓄电池电量，以保证任务实施的顺利进行。

二、实施任务

1）按下电喇叭按钮，观察电喇叭工作情况。
2）找出电喇叭电路中的熔断器，拆下熔断器，检查后重新装回。
3）找出电喇叭继电器，记住其位置形状，拆下继电器，检查后重新装回。
4）调整电喇叭的音调和音量。

① 音调的调整。筒形、螺旋形电喇叭铁心气隙的调整部位如图 4-37 所示。

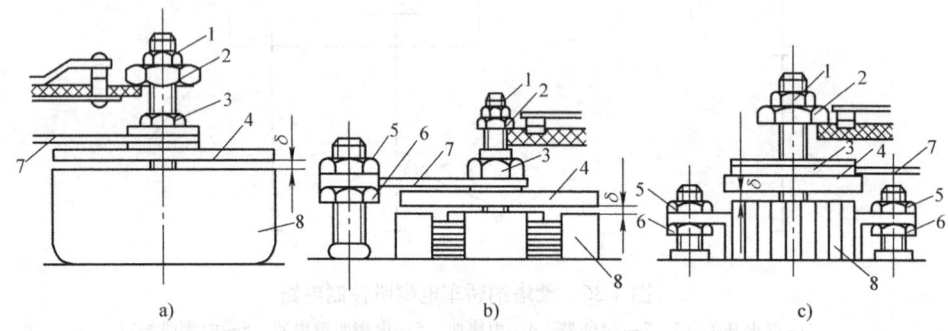

图 4-37　筒形、螺旋形电喇叭铁心气隙的调整部位
1、3—锁紧螺母　2、5、6—调整螺母　4—衔铁　7—弹簧片　8—铁心
注：δ—铁心气隙。

对图 4-37a 所示的电喇叭，应先松开锁紧螺母，然后转动衔铁，即可改变衔铁与铁心气隙；对图 4-37b 所示的电喇叭，松开上、下调节螺母，即可使铁心上升或下降，即改变铁心气隙；对图 4-37c 所示的电喇叭，可先松开锁紧螺母，转动衔铁加以调整，然后松开调节螺母，使弹簧片与衔铁平行后紧固。调整时，应使衔铁与铁心间的气隙均匀，否则会产生杂音。

盆形电喇叭铁心气隙的调整如图 4-38 所示，调整时应先松开锁紧螺母，然后旋转音调调整螺栓（铁心）进行调整。正常的电喇叭铁心气隙并

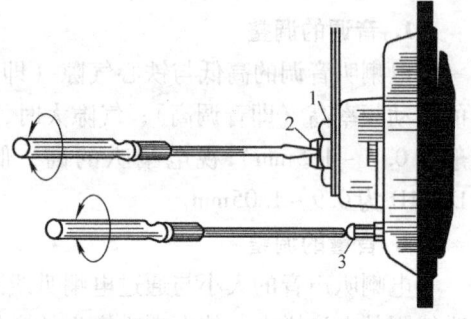

图 4-38　盆形电喇叭铁心气隙的调整
1—锁紧螺母　2—音调调整铁心　3—音量调整螺钉

不是一个固定数值，因此调后应做通电试验作最后确定。当音调发尖时，应增大气隙；音调低哑时，应减小气隙；声音悦耳，说明间隙合适。

② 音量的调整。对于图 4-37 所示的筒形、螺旋形电喇叭，应先松开锁紧螺母，然后转动调节螺母（逆时针方向转动时，触点压力增大，音量增大）进行调整；对于图 4-38 所示的盆形电喇叭，可旋转音量调节螺钉（逆时针方向转动时，音量增大）进行调整。调整时不可过急，一般每次转动调节螺母不多于 1/10 圈。

5）用万用表检查电喇叭电路。
6）检查完毕，做好记录，写出实习报告。
7）清洁场地，整理工具、设备。

单元五

仪 表 系

任务一 认识仪表系

【任务目标】

1) 认识仪表板上的各种仪表。
2) 了解常见仪表的结构。
3) 熟悉常见仪表的工作情况。
4) 熟悉常见仪表电路。
5) 能熟练地检查仪表电路。

【任务实施】

一、准备工作

1) 将准备好的车辆（台架）放在通风良好、地面平整干净、周围无安全隐患的环境下。
2) 在前车轮与地面间放置挡块并拉紧驻车制动，避免工作时车辆移动。
3) 在实验车辆上安装防护套件，防止工作时划伤、弄脏车辆。
4) 检查车辆的油、水、电、液等，使车辆处于完好状态，以保证任务实施的顺利进行。
5) 准备万用表。

二、实施任务

1) 认识仪表板上的各种仪表及相关传感器的形状和安装位置。
2) 闭合点火开关，观察并记录各种仪表情况。
3) 上下移动油量传感器的浮子，观察燃油表的指示情况。
4) 起动车辆，观察并记录发动机运行过程中各仪表的指示情况。
5) 观察车辆行驶中车速里程表的工作情况。
6) 用万用表检查仪表电路。
7) 更换磁感应式车速里程表的驱动软线。

8）完成清洁整理工作。

9）记录实习过程实验结果，完成实习报告。

【相关知识】

为了使驾驶员能及时地了解汽车各系统的工作情况，及时发现问题，采取措施，避免事故发生，保证汽车的正常运行，所以在驾驶员座的前方仪表板上装有仪表。传统汽车仪表有电流表、油压表、水温表、燃油表、车速里程表、发动机转速表等。现代车辆上除设有仪表外，仪表板上还有报警灯及电子显示装置。早期生产的车辆，仪表都独立安装，每个仪表都有独立的表壳；现代车辆全部采用组合仪表，几个或全部仪表组装在一个表壳中。图5-1所示为桑塔纳轿车的组合仪表。

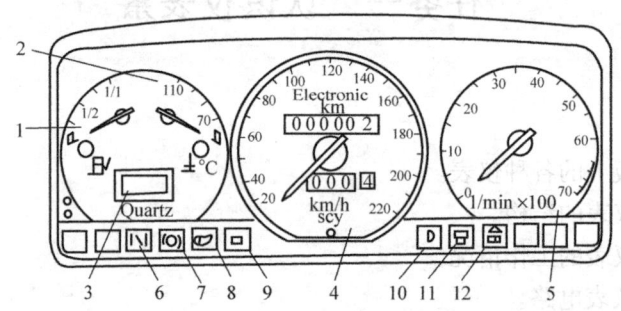

图5-1 桑塔纳轿车的组合仪表

1—燃油表 2—冷却水温度表 3—液晶电子表 4—车速里程表 5—电子转速表 6—阻风门指示灯
7—驻车制动和制动液面警告灯 8—油压警告灯 9—充电指示灯 10—远光指示灯
11—后窗加热指示灯 12—冷却水液面警告灯

传统形式的汽车仪表为驾驶员提供的信息有限，已经不能满足现代汽车新技术高速发展的需要，电子式仪表在现代汽车中使用越来越多，电子仪表能够向驾驶员提供更多车辆系统的工况信息。

一、电流表

电流表串接在充电电路中，用来指示蓄电池充放电情况，同时还可以监视电源系的工作是否正常。汽车上常用电流表有电磁式电流表和磁性线圈式电流表。

1. 电磁式电流表

电磁式电流表的结构如图5-2所示，它主要由指针、黄铜板条、软钢转子和永久磁铁等组成。

没有电流通过电流表时，软钢转子被永久磁铁磁化，磁化后的极性跟永久磁铁极性相反，使指针保持在中间"0"位置。当电流通过黄铜板条时，磁场方向与永久磁铁产生的磁场方向垂直，产生合成磁场，使软钢转子带动指针偏转一

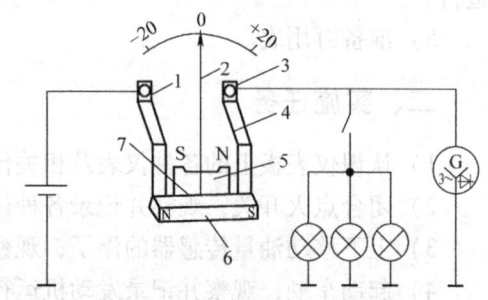

图5-2 电磁式电流表的组成

1、3—接线柱 2—指针 4—黄铜板条
5—软钢转子 6—永久磁铁 7—转轴

个角度。电流越大,合成磁场越强,软钢带动指针偏转的角度就越大。

当电流反向时,合成磁场的方向就会改变,指针就会反向偏转。

2. 磁性线圈式电流表

磁性线圈式电流表的结构如图 5-3 所示。小磁片位于永久磁铁的中间,当无电流通过电流表时,指针保持在中间位置("0"位)。当发电机向蓄电池充电时,指针指向"+"方向,充电电流越大,产生的电磁力也就越大,小磁片的转角也就越大;当蓄电池向用电设备放电时,因螺线管上电流方向与充电时方向相反,故产生的电磁力方向也相反,指针指向"-"方向。

该类电流表用于丰田、皇冠 2000 型、2600 型和五十铃等型号的载货汽车上。

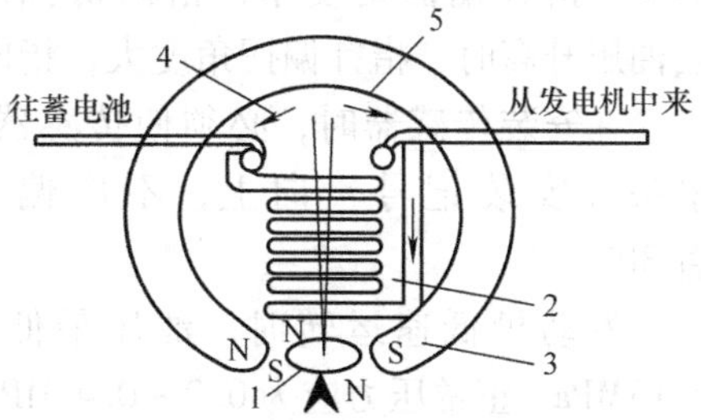

图 5-3 磁性线圈式电流表的结构
1—小磁片 2—螺线管
3—永久磁铁 4—放电 5—充电

二、油压表

油压表用来指示发动机油压的大小,检测发动机润滑系工作是否正常。它由装在仪表板上的油压指示表和装在发动机主油道中或粗滤器上的传感器两部分组成。现代轿车上一般不设油压表,通过油压报警灯来检测润滑系的工作情况。

常用的油压表有电热式油压表和电磁式油压表,其中电热式油压表应用较广。

电热式油压表又称为双金属片式油压表,其结构如图 5-4 所示。

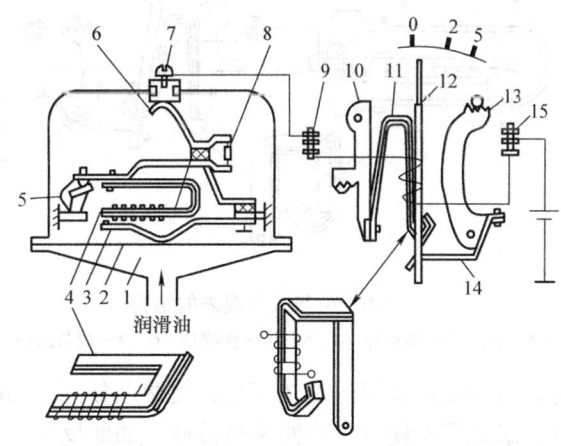

图 5-4 电热式油压表与电热式传感器

1—油腔 2—膜片 3、14—弹簧片 4、11—双金属片 5—调节齿轮 6—接触皮 7—传感器接线柱
8—校正电阻 9—油压表传感器接线柱 10、13—调节齿扇 12—指针 15—油压表电源接线柱

电热式油压表的工作过程如下:

未接通点火开关时,仪表电路不通,指示表依靠双金属片指示在"0"位置。

发动机工作时,点火开关处于闭合状态,电流流过双金属片 4 的加热线圈,双金属片 4 受热变形,使触点分开;随后双金属片 4 又冷却伸直,触点重又闭合。如此反复,电路中形成一脉冲电流,其波形如图 5-5 所示。

当油压降低时,传感器膜片 2 变形小,触点压力小,闭合时间短,打开时间长,变化频率低,电路中平均电流小,双金属片 11 弯曲变形小,指针偏摆角度小,指向低油压;反之,当油压升高时,指针偏摆角度大,指向高油压。

在安装传感器时,必须使传感器外壳上的箭头(安装记号)向上,不应偏出垂直位置 30°。

发动机低速运转时,油压最低不应小于 0.15MPa,正常压力应为 0.2~0.4 MPa,最高压力不超过 0.5 MPa。

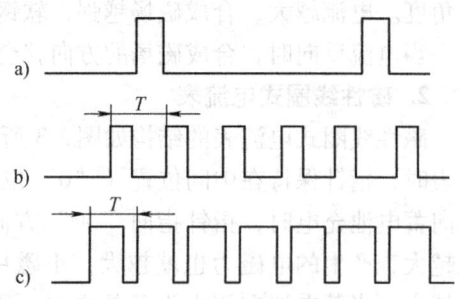

图 5-5 电热式油压表加热线圈中电流的波形
a) 油压为 0,$f=15$ 次/min,$I=0.06$A
b) 油压为 0.2MPa,$f=70$ 次/min,$I=0.17$A
c) 油压为 0.5MPa,$f=125$ 次/min,$I=0.24$A

三、水温表

水温表用来指示发动机水套中冷却水的工作温度。它由装在仪表板上的水温指示表和装在发动机缸体上的水温传感器两部分组成,两者用导线相连。

常用的水温表有电热式和电磁式两类,其中电热式水温表应用广泛。电热式水温表的结构如图 5-6 所示。

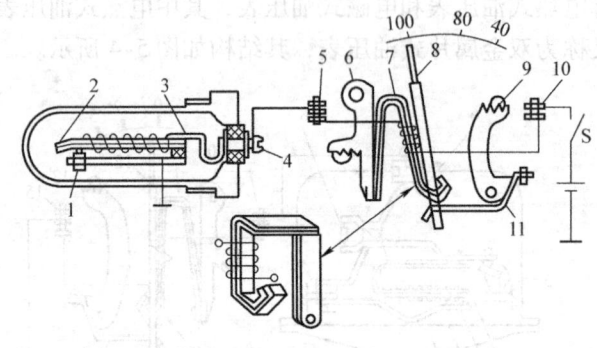

图 5-6 电热式水温表的结构
1—固定触点 2、7—双金属片 3—接触片 4、5、10—接线柱 6、9—调节齿扇 8—指针 11—弹簧片

当点火开关接通时,双金属片 2 经过加热变形,使触点分离,切断电路;经过一段时间冷却后,双金属片伸直,触点重新闭合,电路又被接通。如此反复,电路中形成一个脉冲电流,该脉冲电流的有效值则取决于水温。

当水温较低时,触电的闭合时间长,断开时间短,电路中电流的有效值较大,指示表的双金属片 7 变形也大,指针向右偏转较大,指向低温;反之,当水温较高时,触点分离的时间延长,电路中电流的有效值减小,指示表中双金属片 7 的变形不大,指针向右偏转较小,指向高温。

四、燃油表

燃油表用来指示燃油箱内燃油的储存量。它由装在仪表板上油量指示表和装在油箱内的油量传感器两部分组成。

常见的燃油表分为电热式和电磁式两种，其中电热式应用较广。

电热式燃油表的工作原理如图 5-7 所示。

当燃油箱中油面高度和浮子 4 处于最低位置时，滑动触片 1 位于可变电阻的右边。此时，电阻最大而电流最小，指示表电阻丝 7 产生的热量也最小，使得双金属片 6 产生较小的变形，指针 5 处于"0"位置。当油面高度增加时，滑动触片 1 逐渐向左移动，电路电阻减小，电流增大，双金属片变形增大，指针 5 随之右移。当油箱加满时，指针移到最右端的刻度"1"上。

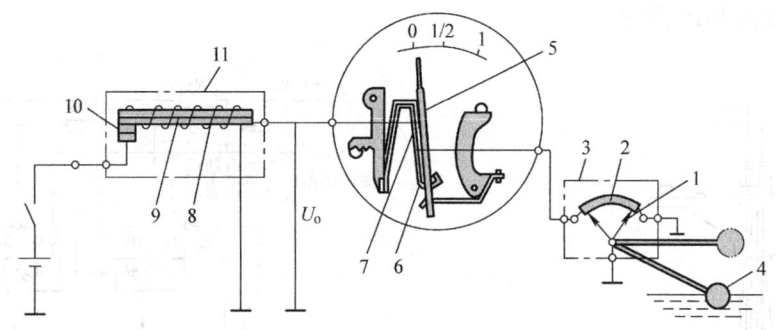

图 5-7　电热式燃油表的工作原理
1—滑动触片　2—可变电阻　3—油面高度传感器　4—浮子　5—指针　6—双金属片
7—指示表电阻丝　8—稳压器电阻丝　9—双金属片　10—触点　11—电源稳压器

五、车速里程表和转速表

（一）车速里程表

车速里程表用来指示汽车行驶速度和累计汽车行驶里程数。它由车速表和里程数两部分组成，按工作原理可分为磁感应式和电子式两种。

1. 磁感应式车速里程表

磁感应式车速里程表的结构如图 5-8 所示。

磁感应式车速里程表的工作过程如下：车辆不运行时，感应罩在游丝的作用下，使指针指向 0。当车辆行驶时，永久磁铁在传动软轴带动下旋转，形成磁涡流。在磁涡流作用下感应罩克服盘形弹簧的弹力转过一定角度，指针也随之发生偏转。车速变化，磁涡流强度变化，指针的偏转角度不同，从而指示不同的车速。

里程表主要由蜗杆和数字轮组成。当车辆行驶时，主动轴经 3 套蜗杆降速后，驱动最右侧的数字轮旋转，最右侧的数字轮转一圈，带动第 2 个数字轮转动 1/10 圈，对应里程数为 1km。当第二个数字轮转一圈时，带动第 3 个数字轮转动 1/10 圈，依此类推。里程表上的

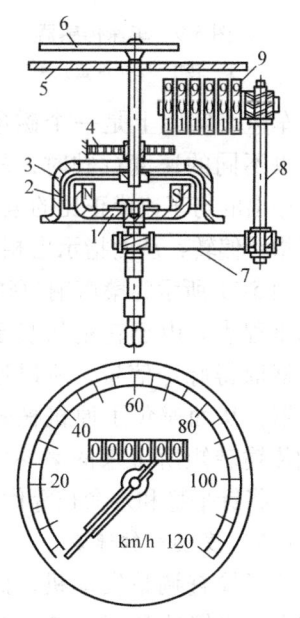

图 5-8　磁感应式车速里程表的结构
1—U 形永久磁铁　2—感应罩　3—护罩
4—盘形弹簧　5—标度盘　6—车速表指针
7、8—蜗杆　9—数字轮

数字呈十进制递增,自动累计车辆行驶里程。

2. 电子式车速里程表

奥迪100型轿车的组合仪表中装有指针式电子车速里程表。电子车速里程表主要由车速传感器、电子电路、车速表和里程表四部分组成。

车速传感器由变速器驱动,能产生正比于汽车行驶速度的信号。它由一个舌簧开关和一个含有4对磁极的转子组成,如图5-9所示。转子每转一周,舌簧开闭8次,从而产生8个脉冲信号,汽车每行驶1km,车速传感器将输出4127个脉冲。

电子电路主要包括稳压电路、单稳态触发电路、恒流源驱动电路、64分频电路和功率放大电路,如图5-10所示。

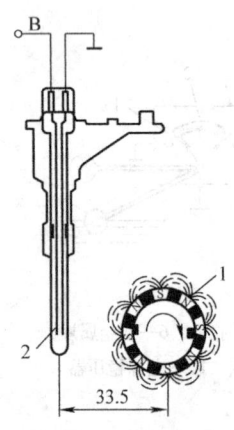

图5-9 车速传感器
1—转子 2—舌簧开关

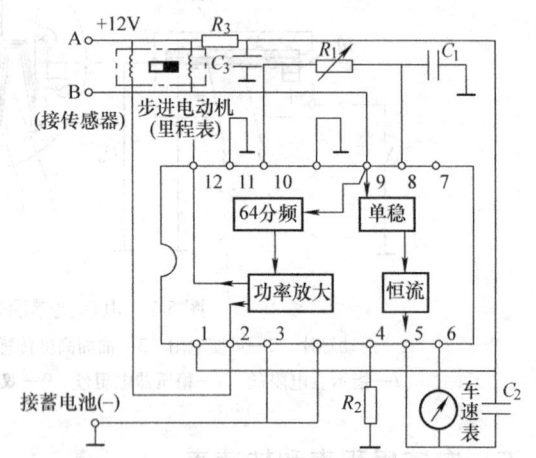

图5-10 指针式电子车速里程表电子电路

车速表实际上是一个磁电式电流表,当汽车以不同的速度行驶时,从电子电路接线端6输出的与车速成正比的电流信号便驱动车速表指针偏转,从而指示出相应的车速。

图5-11所示为桑塔纳2000型轿车的电子车速里程表。由于它是从装于变速器后部的传感器取得脉冲信号,所以通过导线输送给指示器,从而避免了原机械式车速里程表用软轴传输转矩所带来的诸多弊病,并具有精度高、指针平稳和寿命长等优点。

(二)发动机转速表

为了检查调整发动机,监视发动机的工作状况,更好地利用经济时速,在汽车仪表盘还装有发动机转速表。按结构的不同发动机转速表可分为机械式和电子式两种,机械式转速表的结构及工作原理与磁感应式车速里程表的结构及工作原理基本相同。电子式发动机转速表由于具有显示平稳、结构简单、安装方便等优点,所以已被广泛采用。

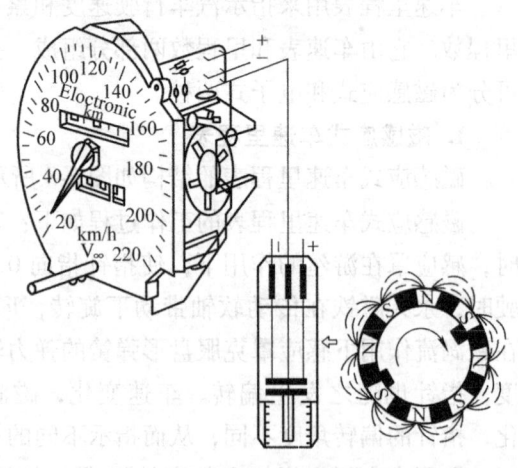

图5-11 电子车速里程表

电子式转速表可分为汽油机用和柴油机用两种。前者的传感器信号取自点火系初级电路的脉冲电压；后者的传感信号则取自安装在飞轮壳上的传感器或与发动机曲轴连接的测速发电机。

图 5-12 所示为利用电容器充放电特性制造的脉冲式电子转速表，其信号取自点火系初级电路。当发动机转动时，断电器的触点不断开闭，开闭次数与发动机转速成正比。发动机转速表指针示值乘以 1000，即发动机每分钟的实际转数。转速表上都标有红色危险区，发动机转速一般不得超过危险标线，否则会造成发动机损坏。

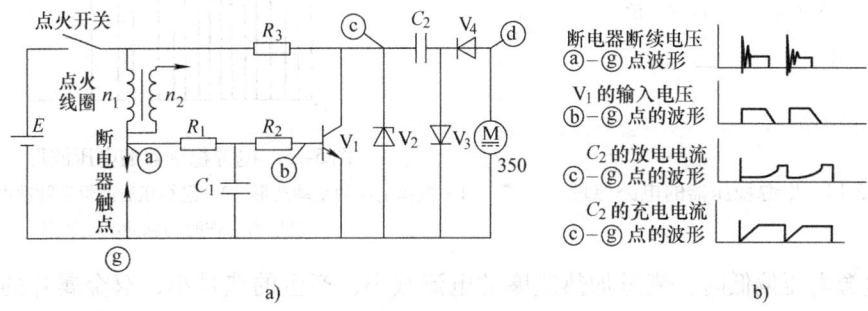

图 5-12　脉冲式电子转速表

【知识链接】

电热式水温表以及燃油表在配用可变电阻式传感器时，应在电路中串入电源稳压器。其作用是当电源电压变化时，稳定仪表平均电压，避免仪表指示值产生误差。其结构如图 5-13 所示。

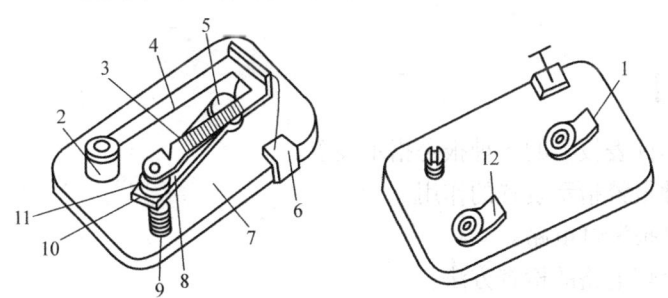

图 5-13　电源稳压器的结构

1—焊片　2、5—铆钉　3—加热线圈　4—双金属片　6—接地片　7—胶木底片
8—调节片　9—调节螺钉　10—静触点　11—动触点　12—仪表接线柱

电源稳压器的电路原理如图 5-14 所示。

接通点火开关，有电流通过加热线圈，双金属片受热变形，触点打开。当触点打开后，输出电压为 0。此时，双金属片因没有电流通过，逐渐冷却复位，触点又闭合。如此反复，触点不断开闭，使稳压器输出一个脉冲电压，电压波形如图 5-15 中的 AB 段。

当电源电压偏高时，流过加热线圈的电流增大，产生的热量小，双金属片的变形比较快，触点在短时间内就可断开；断开后，双金属片因没有电流通过，逐渐冷却复位，使触点闭合。这样使触点闭合的时间短，从而输出高而窄的脉冲，如图 5-15 中 CD 段。其平均值，即输出电压基本上不增加。

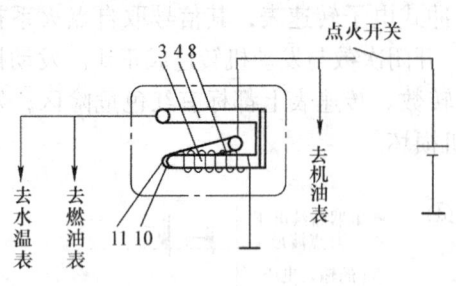

图 5-14　电源稳压器的电路原理

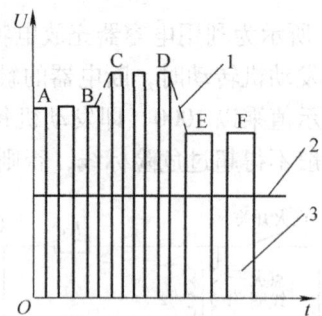

图 5-15　电源稳压器的电压波形
1—电源电压的变动波形　2—经稳压后的恒定脉冲电压平均值
3—稳压器工作时的脉冲电压波形

当电源电压偏低时，流过加热线圈的电流减小，产生的热量小，双金属片的变形比较慢，需要较长时间才能将触点打开。打开后，双金属片因没有电流通过，逐渐冷却复位，触点又闭合。因此，使触点闭合的时间变长，输出低而宽的脉冲，如图 5-15 中 EF 段，其输出电压基本上不降低。

从图 5-15 中可以看出，稳压器的输出电压低于电源电压。因此，凡使用电源稳压器的仪表，不允许直接与电源相连接，否则可能损坏指示表或传感器。

任务二　认识报警指示装置

【任务目标】

1）认识汽车仪表板上的各种报警指示装置。
2）熟悉各种报警指示装置的作用。
3）熟悉常见报警灯电路。
4）掌握报警灯电路的检查方法。

【相关知识】

报警灯通常安装在驾驶室内仪表板上，功率为 1~3W。在灯泡前有滤光片，以使灯泡发黄或发红。滤光片上常刻有图形符号，以显示其功能。图 5-16 中收集了现代汽车仪表板上常见的报警指示灯的图形符号。

一般报警灯和报警灯开关串联后接入电路，报警灯开关监视相应值，并按照设定条件动作，使得报警电路接通，报警灯点亮。其基本电路如图 5-17 所示。

一、油压警告灯

在某些汽车上，除装有油压表外，还装有油压警告灯。当润滑系油压降低到允许限度

单元五 仪表系

图5-16 仪表板上常见的报警指示灯图形符号

时,警告灯即亮,以便引起汽车驾驶员的注意。

1. 弹簧管式油压警告灯

东风EQ1090型载货汽车装用的弹簧管式油压警告灯的工作原理如图5-18所示。它由装在发动机主油道的弹簧管式传感器和装在仪表板上的红色警告灯组成。

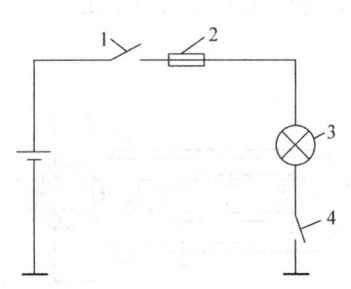

图5-17 报警灯的基本电路
1—点火开关 2—熔断器 3—报警指示灯
4—报警灯开关

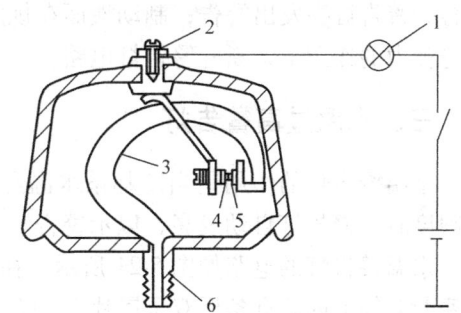

图5-18 弹簧管式油压警告灯的工作原理
1—警告灯 2—接线柱 3—管形弹簧
4—静触点 5—动触点 6—管接头

当油压低于0.05~0.09MPa时,管形弹簧变形很小,于是触点4、5闭合,电路接通,使警告灯发亮,指出主油道油压过低,应及时停机维修。

当油压超过0.05~0.09MPa时,管形弹簧产生的弹性变形大,使触点4、5打开,电路切断,警告灯即熄灭,则说明润滑系工作正常。

2. 膜片式油压警告灯

日产五十铃 TXD50 型载货汽车上装用的膜片式油压报警传感器的结构如图 5-19 所示。当润滑系油压下降到一定值时,油压报警传感器中的活动触点 3 下降并与固定触点 4 相接触,即可接通油压警告灯电路,从而使油压警告灯发亮。

二、制动液液面警告灯

制动液液面警告灯的传感器装在液罐内,其结构如图 5-20 所示。外壳 1 内装有舌簧开关 3,舌簧开关 3 的两个接线柱 2 与液面警告灯、电源相接,浮子 5 上固定着永久磁铁。

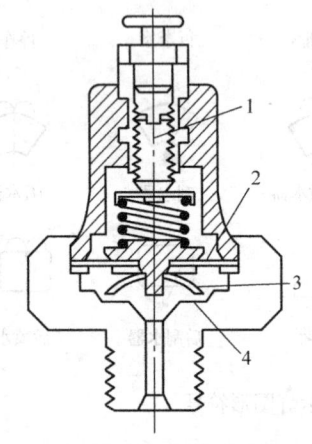

图 5-19 膜片式油压报警传感器的结构
1—调整螺钉 2—膜片
3—活动触点 4—固定触点

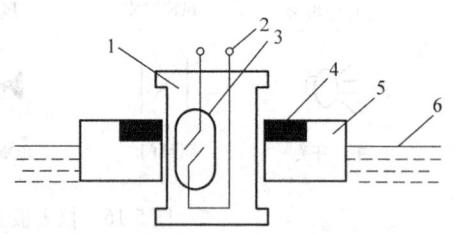

图 5-20 制动液液面传感器的结构
1—外壳 2—接线柱 3—舌簧开关
4—永久磁铁 5—浮子 6—液面

当浮子 5 随着制动液面下降到规定值以下时,永久磁铁 4 的吸力吸动舌簧开关 3,使之闭合,警告灯亮发出警告;制动液面在规定值以上时,浮子上升,吸力不足,舌簧开关 3 在自身弹力的作用下,断开警告灯电路。

三、水温过高警告灯

水温警告灯的作用是当冷却系水温升高到一定限度时,警告灯自动发亮,以示警告。

水温警告灯的电路如图 5-21 所示。在传感器的密封套筒 1 内装有条形双金属片 2,双金属片 2 自由端焊有触点,而静触点 4 直接搭铁。当温度升高到 95～98℃时,双金属片 2 向静触点 4 方向弯曲,使两触点接触,红色警告灯通电发亮。

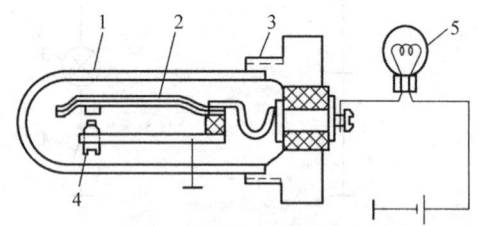

图 5-21 水温警告灯的电路
1—水温报警传感器的密封套筒 2—双金属片
3—螺纹接头 4—静触点 5—水温警告灯

四、燃油油量过低警告灯

当燃油箱内燃油减少到某一规定值时,以告知驾驶员以引起注意。在有些汽车上,装有燃油油量警告灯,其工作原理如图 5-22 所示,它由热敏电阻式燃油油量报警传感器和警告灯组成。

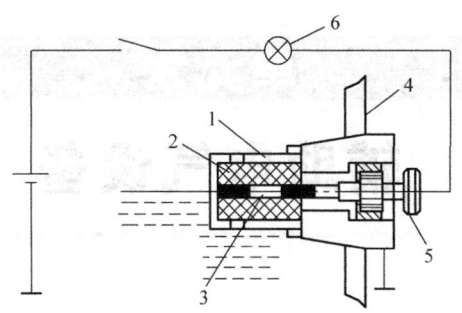

图 5-22　燃油油量警告灯的工作原理
1—外壳　2—金属网　3—热敏电阻元件
4—油箱外壳　5—接线柱　6—警告灯

当燃油箱内燃油量多时，负温度系数的热敏电阻元件 3 浸没在燃油中散热快，其温度较低，电阻值大，所以电路中电流很小，警告灯处于熄灭状态；当燃油量减少到规定值以下时，热敏电阻元件 3 露出油面，散热慢，温度升高，电阻值减小，电路中电流增大，则警告灯发亮，以示警告。

【任务实施】

一、准备工作

1）将准备好的车辆（台架）放在通风良好、地面平整干净、周围无安全隐患的环境下。

2）在前车轮与地面间放置挡块并拉紧驻车制动，避免工作时车辆移动。

3）在实验车辆上安装防护套件，防止工作时划伤、弄脏车辆。

4）检查车辆的油、水、电、液等，使车辆处于完好状态，以保证任务实施的顺利进行。

5）准备万用表。

二、实施任务

1）报警指示装置的认识。通过观察车辆或台架认识仪表板上常见报警指示装置以及所处的位置和图形符号。

2）观察认识各种报警指示灯开关的形状、位置。

3）用万用表检查各报警指示灯电路。

4）闭合点火开关，观察并记录亮的指示灯。

5）起动车辆，观察记录指示灯变化情况。

6）完成实习后的清洁整理工作。

7）记录实习过程和结果，完成实习报告。

单元六

辅助电气设备

任务一 检查电动刮水器电路

【任务目标】

1) 掌握电动刮水器的结构组成。
2) 熟悉电动刮水器的工作过程。
3) 熟悉电动刮水器的控制电路。
4) 能够熟练地对刮水器电路进行检查。

【相关知识】

一、电动刮水器的结构

电动刮水器由刮水器电动机、传动机构、刷架、刮水片和一套控制装置等组成,如图6-1所示。其传动机构采用连杆机构,并设有多个球头活节,使得转动和换向非常灵活。各组成部分装配后形成刮水器总成如图6-2所示。

刮水电动机为永磁式,一般都设有三个电刷,以达到变速的目的。三个电刷中一个为公用电刷,另外两个一个为低速电刷,一个为高速电刷。高速电刷与低速电刷在圆周上差60°,低速电刷和公用电刷正对,如图6-3所示。

与刮水电动机一体的是一套蜗杆减速器,如图6-4所示。电动机的转子轴一端为蜗杆,与蜗杆配合的蜗轮

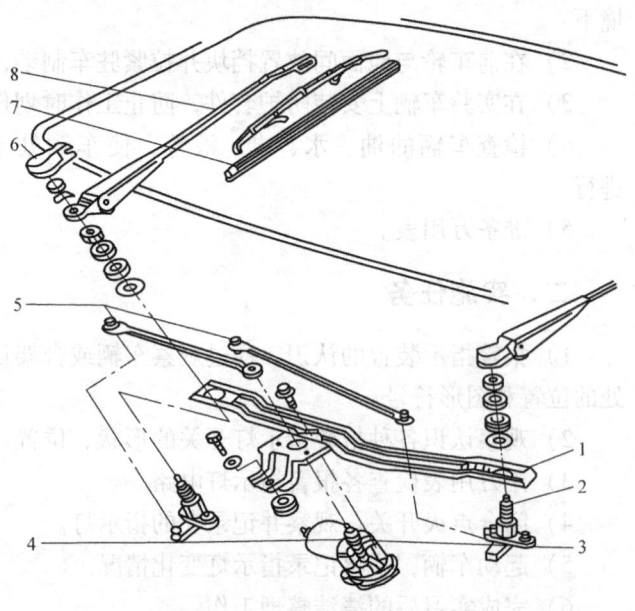

图 6-1 电动刮水器的组成
1—刮水器雨刷支架 2—刮水器轴颈 3—刮水器电动机 4—曲柄
5—摆杆 6—防护盖 7—刮水片 8—刮臂

上有两块宽度不同的导电片，在变速器盖板上设有两个触点臂，其触点压在蜗轮的表面上，此结构为电动刮水器的自动复位装置。自动复位装置可以使刮水器停止工作后，刮水片能够停在风窗玻璃的下沿。自动复位装置的结构如图 6-5 所示。

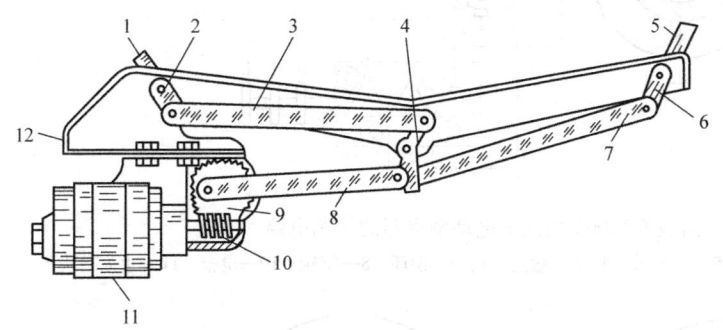

图 6-2　电动刮水器　　　　　　　　图 6-3　三刷永磁式电动机
1、5—刷架　2、4、6—摆杆　3、7、8—拉杆　9—传动蜗轮　　　B1—低速电刷　B2—高速电刷
10—蜗杆　11—直流电动机　12—底板　　　　　　　　　　　　B3—公用电刷

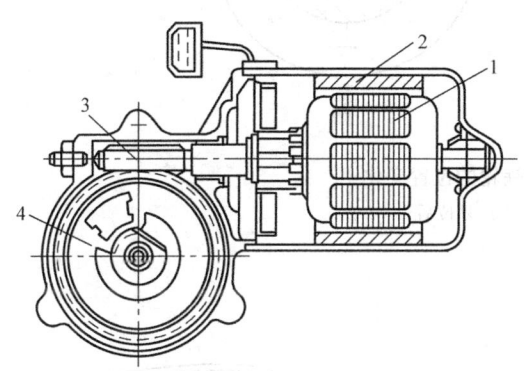 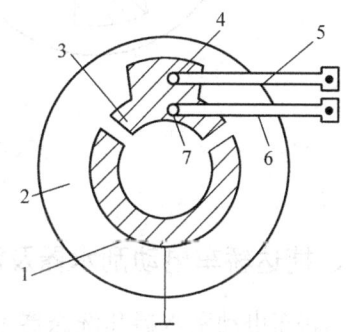

图 6-4　刮水电动机的蜗杆机构　　　　　图 6-5　自动复位装置的结构
1—电枢　2—永磁磁极　3—蜗杆　4—蜗轮　　1、3—导电片　2—蜗轮　4、7—触点　5、6—触点臂

二、解放 CA1092 型汽车电动刮水器的控制电路

解放 CA1092 型汽车的刮水器变速开关为推拉式，有 0 挡（停止）、Ⅰ挡（低速）和Ⅱ挡（高速）三个挡位。其控制电路如图 6-6 所示。

刮水器变速开关打到Ⅰ挡或Ⅱ挡，电流从电源经点火开关、熔断器、刮水电动机至刮水器变速开关搭铁。Ⅰ挡时刮水电动机的电流是从公用电刷至低速电刷，电刷间电枢绕组的导体数多，电动机低速旋转，刮水速度低；Ⅱ挡时刮水电动机的电流是从公用电刷至高速电刷，电刷间电枢绕组的导体数少，电动机高速旋转，刮水速度高。

刮水器变速开关回到 0 挡，如果刮水片没有停在风窗玻璃的下沿，则复位装置的触点 6 与蜗轮上搭铁的铜环 9 接触，此时电动机仍低速旋转。当两接触头被蜗轮上较宽的导电片短路时，电动机断电，刮水片正好停在风窗玻璃的下沿。复位时蜗轮的位置变化如图 6-7 所示。

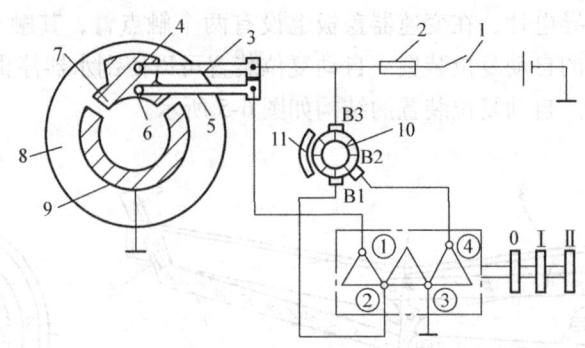

图 6-6 解放 CA1092 型汽车电动刮水器的控制电路
1—点火开关 2—熔断器 3、5—触点臂 4、6—触点 7、9—铜环 8—蜗轮 10—电枢 11—永久磁铁

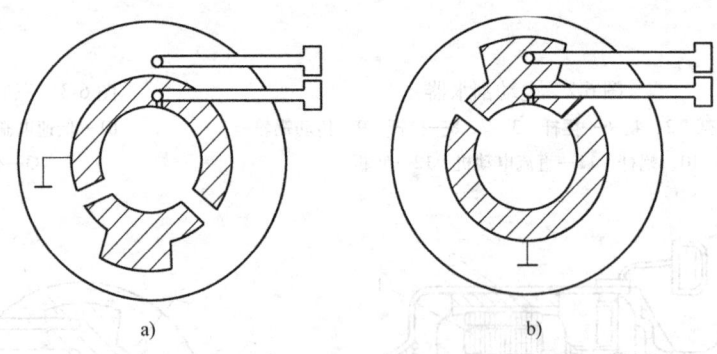

图 6-7 复位时蜗轮的位置变化
a) 复位前 b) 复位后

三、捷达轿车电动刮水器及洗涤器

捷达轿车电动刮水器和洗涤器是通过一个刮水器开关（含洗涤开关）和一个间歇继电器对电路实现复合控制的。刮水器有间歇挡、空挡、点动挡、低速挡和高速挡。当刮水器开关位于空挡时，通过复位装置使刮水器自动复位；当刮水器开关位于洗涤挡时，在洗涤电动机工作的同时，又能接通刮水器电路，使刮水器进行刮水动作。

洗涤器可以清除玻璃上的灰尘和污物，从而使驾驶员有良好的视线。捷达轿车的风窗玻璃洗涤器由带离心式水泵的微型永磁直流电动机、储液罐、喷嘴、软管及洗涤开关等组成，各组成部件如图 6-8 所示。

捷达轿车的电动刮水器、洗涤器电源电路中设有熔断器 F_5，当点火开关闭合后，通

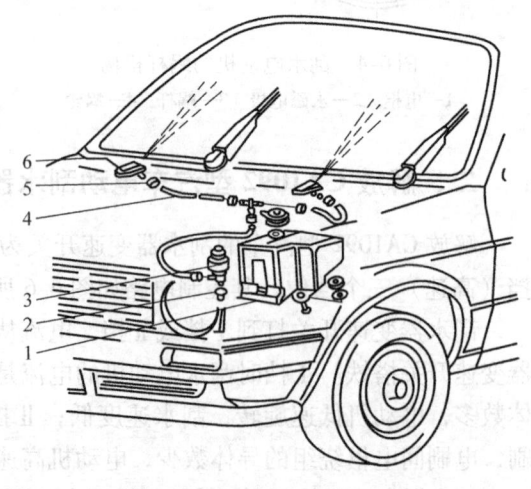

图 6-8 洗涤器的构成
1—储液罐 2—密封圈 3—洗涤器
4—软管 5—软管护套 6—喷嘴

过中间继电器、熔断器 F_5 接通刮水器和洗涤器的电源电路。在控制电路中还有刮水器开关（含洗涤开关）、间歇继电器、刮水电动机（含复位装置）和洗涤电动机等电路部件，其控制电路如图 6-9 所示。

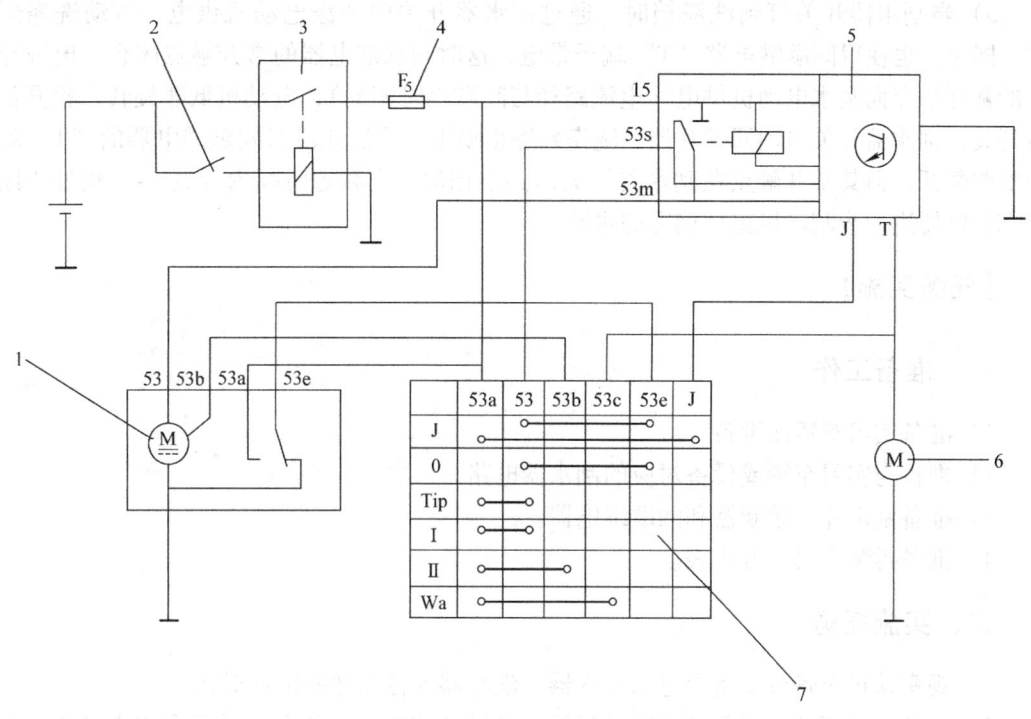

图 6-9　捷达轿车电动刮水器和洗涤器控制电路
1—刮水电动机　2—点火开关　3—中间继电器　4—熔断器　5—间歇继电器　6—洗涤电动机　7—刮水器开关

其工作过程如下：点火开关闭合，中间继电器电磁线圈通电，触点闭合，从而接通电动刮水器和洗涤器的电源电路。

1) 刮水器变速开关打到点动挡（Tip）或 I 挡（低速挡）。电流由蓄电池"+"极，经中间继电器触点、熔断器 F_5、刮水器开关（53a—53）到间歇继电器的常闭触点（53s—53m），然后通过低速电刷向刮水电动机供电，刮水器低速刮水。点动挡可以使电动刮水器短时间工作，松开刮水器开关时，刮水器开关从点动挡自动回 0 挡。

2) 刮水器变速开关打到 II 挡（高速挡）。电流由蓄电池"+"极，经中间继电器触点、熔断器 F_5 到刮水器开关（53a—53b），然后通过高速电刷向刮水电动机供电，刮水器高速刮水。

3) 刮水器变速开关打到 0 挡。如果刮水器未复位，则复位装置的常开触点处于闭合位置，即刮水电动机复位装置的 53a 与 53e 相连接。电流由蓄电池"+"极，经中间继电器触点、熔断器 F_5、复位装置（53a—53e）、刮水器开关（53e—53）到间歇继电器的常闭触点，然后通过低速电刷向刮水电动机供电，电动机继续低速转动，直到刮水器复位，复位装置的常开触点断开，电动机停转。

4) 刮水器开关打到 J 挡（间歇挡），间歇继电器"J"端子通过刮水器变速开关与电源相连接，其内部常开触点则间歇开闭。当常开触点闭合时，电流由蓄电池"+"极，经中间继电器触点、熔断器 F_5 到间歇继电器触点（15—53m），然后通过低速电刷向刮水电动机供电，刮水电动机低速旋转。刮水电动机开始旋转后，间歇继电器的常开触点断开，常闭触点闭合，刮水电动机通过复位装置继续旋转，旋转至复位位置时停转。经过几秒的间歇后，刮水器再次重复以上动作。如此循环，刮水器实现间歇工作。

5）当刮水器开关打到洗涤挡时，通过刮水器开关向洗涤电动机供电，带动洗涤泵工作。同时，也使间歇继电器"T"端子带电，这时间歇继电器的常开触点闭合。电源经闭合的常开触点向刮水电动机供电（电流路径与间歇挡时相同），电动机低速旋转。松开刮水器开关，刮水器开关自动回到0挡，洗涤泵停止喷水。虽然此段时间歇继电器的"T"端子与电源断开，但其常开触点在刮水器开关回到空挡后，在较短时间内（约4s）仍处于闭合状态，以便进一步刮除风窗玻璃上的水滴。

【任务实施】

一、准备工作

1）准备实习车辆或设备。
2）准备与实习车辆或设备对应的刮水器电路。
3）准备刮水片、熔断器和间歇继电器。
4）准备拆装工具、万用表。

二、实施任务

1）观察认识车辆或设备上电动刮水器、洗涤器等各部件的位置形状。
2）断开点火开关，拔下刮水电动机线束插接器的插头。从车上拆下刮水电动机、传动机构、刮臂及刮水片，并检查各部件的好坏。
3）将刮水器各部件重新装回车辆。安装时要注意以下两点：
① 安装刮水器传动连杆、刮水电动机，应保证电动机与连杆的连接牢固可靠。
② 在安装刮水器的刮臂和刮水片以前，先将刮水电动机连接到车辆的刮水器控制电路中，闭合点火开关，将刮水器开关打到低速挡，使刮水电动机投入工作，再将刮水器开关打到空挡，以便使刮臂轴停在自动复位位置上。断开点火开关，然后安装好刮臂和刮水片。
4）从实习车辆或设备上拔下刮水器的熔断器、间歇继电器，检查无故障后重新装回。
5）闭合点火开关，将刮水器变速开关分别打到各挡位，观察刮水器的工作情况。
6）闭合点火开关，将刮水器开关打到洗涤挡，观察洗涤器的工作情况。
7）根据刮水器电路，利用万用表对刮水器电路进行检查。
8）做好记录，并写出实习报告。
9）完成清洁整理工作。

任务二　检查电动车窗电路

【任务目标】

1）熟悉电动车窗的结构。

2）了解电动车窗的工作原理。
3）熟悉电动车窗的控制电路。
4）能够熟练地对电动车窗进行拆装。
5）能够熟练地检查电动车窗控制电路。

【相关知识】

一、电动车窗的结构

电动车窗主要由直流电动机、传动机构和控制开关三部分组成。电动车窗的传动机构有交叉臂式、齿轮齿条式和绳轮式三种形式。

交叉臂式传动机构的结构如图6-10所示。当车窗下降时电动机转动，连接在扇形齿轮上的螺旋弹簧卷起储存了能量，交叉臂处于折叠状态。当车窗升高时，电动机向相反方向转动，弹簧松开释放能量，协助电动机升高车窗，交叉臂处于张开状态。

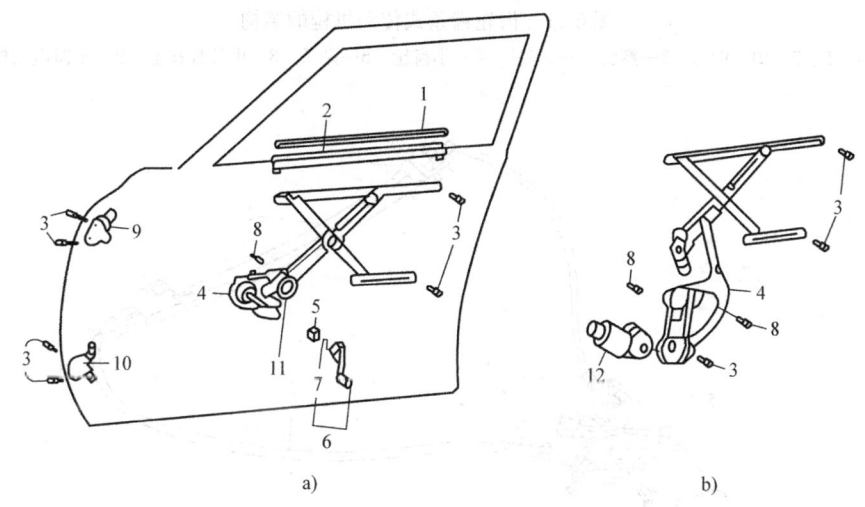

图6-10 交叉臂式传动机构的结构
a）手动车窗 b）电动车窗
1—车门玻璃槽密封条 2—车门玻璃槽部件 3—螺钉 4—车窗调整器 5—调整器手柄垫圈 6—车窗调整器手柄总成
7—卡环 8—螺栓 9—车门上铰链总成 10—车门下铰链总成 11—螺旋弹簧 12—驱动电动机

齿轮齿条式传动机构的结构如图6-11所示。直流电动机配有一套蜗杆降速机构，降速机构的输出轴是一个小齿轮，小齿轮与弹性齿条啮合，弹性齿条的一端固定车窗玻璃。直流电动机以不同方向旋转，通过齿轮齿条带动玻璃上升或下降。

绳轮式传动机构的结构如图6-12所示。直流电动机通过蜗杆机构驱动拉索，拉索与玻璃升降导轨上的夹持器相连。电动机转动，通过蜗杆机构带动拉索移动，拉索带动夹持器在玻璃升降导轨上向上或向下移动。

电动车窗用直流电动机有永磁和双绕组串励两种。永磁直流电动机是通过改变电枢电流的方向，从而改变电动机的旋转方向，使车窗玻璃上升或下降。双绕组串励直流电动机有两个绕向相反的绕组，一个为上升绕组，一个为下降绕组。不同绕组通电后形成的磁场方向不

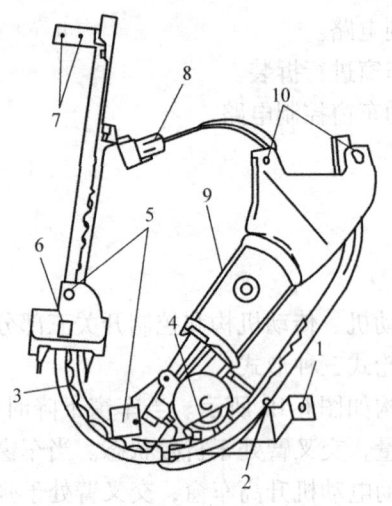

图 6-11 齿轮齿条式传动机构的结构

1、5、7、10—铆钉 2—螺钉 3—齿杆 4—小齿轮 6—贴条 8—电线插接器 9—车窗电动机

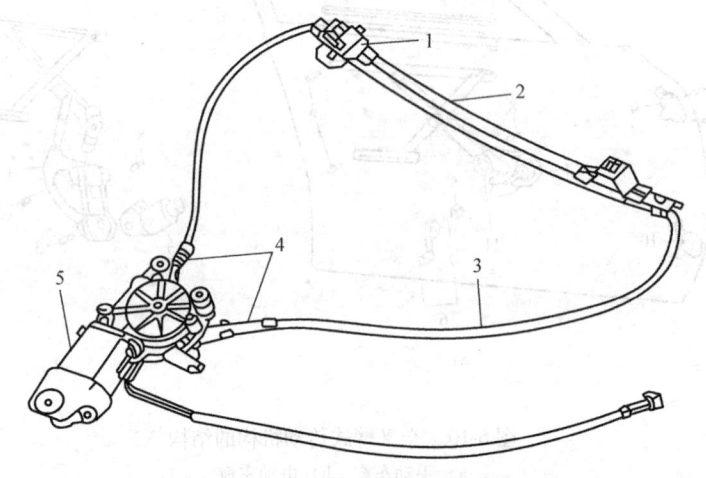

图 6-12 绳轮式传动机构的结构

1—夹持架 2—玻璃升降器导轨 3—拉索 4—减振弹簧 5—带蜗杆机构的电动机

同,电动机的旋转方向不同,从而使玻璃上升或下降。

控制开关由总开关与各车窗的独立开关组成。总开关一般位于驾驶员侧车门内侧(见图6-13),有车辆的总开关设在变速杆附近。独立开关位于各车门内侧。总开关与各车窗的独立开关互不干涉,均可独立地控制车窗玻璃升降。总开关上设有安全锁止开关,按下安全锁止开关后,各车窗的独立开关便不起作用。桑塔纳2000型轿车电动车窗的总开关布置在前排座椅之间的中央通道面板上,主、副驾驶座上的人员都可以通过此开关对门窗玻璃进行操纵,因此右前门不用再设独立开关。总开关面板上的黄色按钮为安全锁止开关,按下此开关,后门的玻璃升降开关就失去作用。

二、电动车窗的控制电路

图 6-14 所示为双绕组串励直流电动机驱动的电动车窗控制电路。图 6-15 所示为永磁式直流电动机驱动的电动车窗控制电路。在电动车窗电路中，设有断路保护器，以防止直流电动机超载烧坏。断路保护器为带有触点的双金属片，当电动机超载，使电路中电流过大时，双金属片因翘曲变形而使触点张开，切断电路。电路被切断后，双金属片冷却，恢复原来的形状，使触点再次闭合。

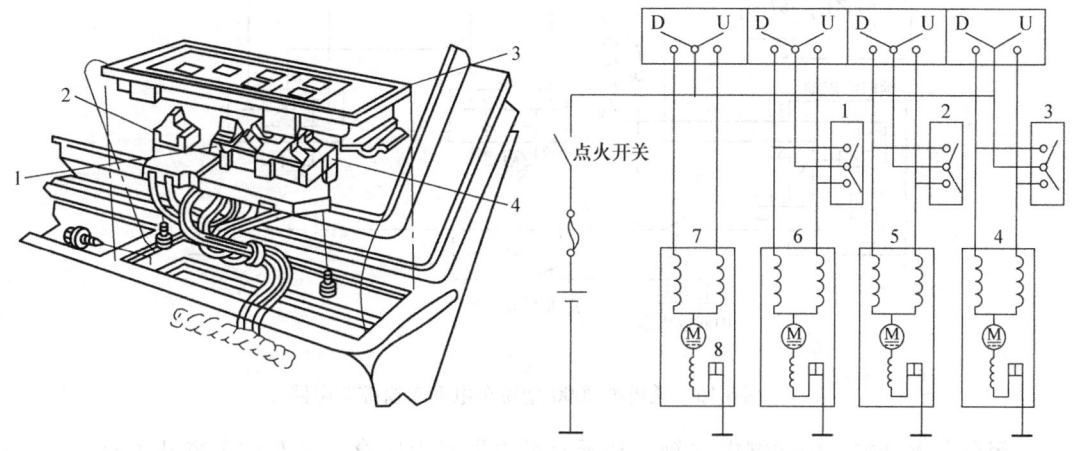

图 6-13 电动车窗的总开关
1—锁止开关 2—中控门锁开关 3—外壳总成 4—总开关

图 6-14 双绕组串励直流电动机
驱动的电动车窗控制电路
1、2、3—开关 4、5、6、7—电动车窗电动机
8—断路保护器

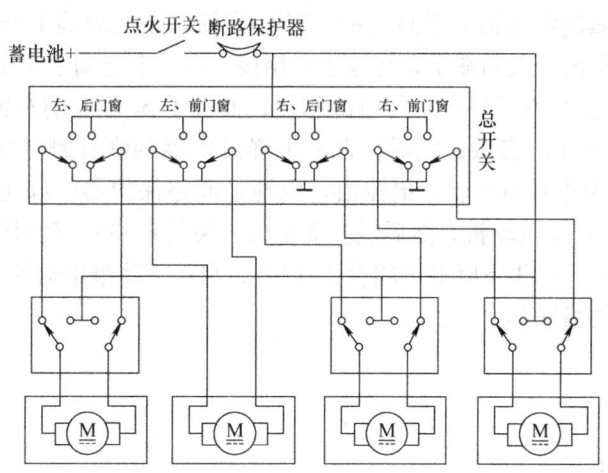

图 6-15 永磁式直流电动机驱动的电动车窗控制电路

桑塔纳 2000 型轿车左前车窗电路中设有自动下降继电器，对左前车窗进行操纵时，只要短时间按下下降键，车门玻璃就会下降到底。另外，电动车窗控制电路中设有延时继电器，点火开关断开 50s 内，玻璃升降开关仍可起作用。图 6-16 所示为桑塔纳 2000 型轿车电

动车窗控制电路。

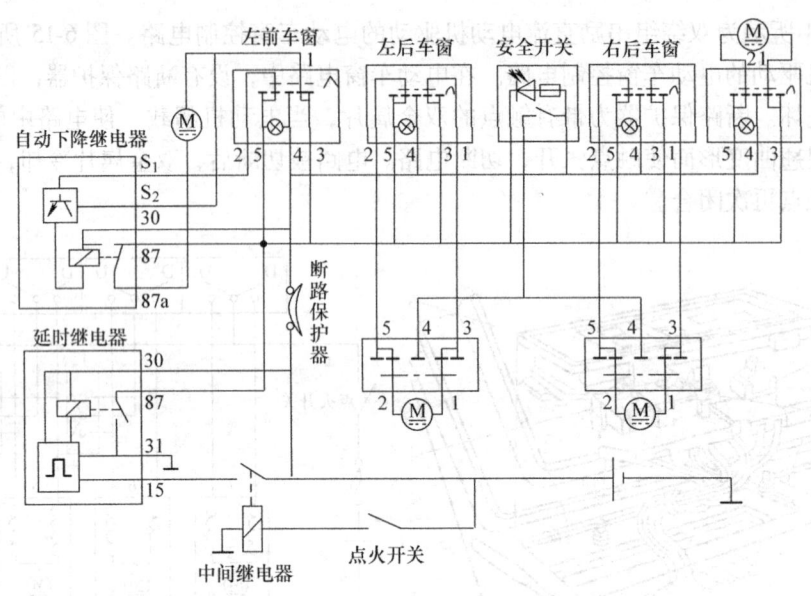

图 6-16 桑塔纳 2000 型轿车电动车窗控制电路

闭合点火开关，中间继电器触点和延时继电器触点闭合。当左前车窗开关打到上升挡时，左前车窗开关的端子 1 与端子 4 相接、端子 2 与端子 5 相接；自动下降继电器端子 S_2 经左前车窗开关（1—4）与电源相接，而端子 S_1 经左前车窗开关（2—5）、延时继电器的触点（87—31）搭铁；此时，自动下降继电器的触点不动作。左前车窗电动机运转，电流由蓄电池经断路保护器、左前车窗开关（4—1）至电动机，然后经自动下降继电器的常闭触点（87a—87）、延时继电器的触点（87—31）搭铁，车窗玻璃上升。当左前车窗开关打到下降挡时，左前车窗开关的端子 2 与端子 4 相接、端子 1 与端子 3 相接；自动下降继电器的端子 S_1 经左前车窗开关（2—4）与电源相接，而端子 S_2 经左前车窗开关（1—3）、延时继电器的触点（87—31）搭铁；此时，自动下降继电器的常开触点闭合（端子 30 与端子 87a 相接）。左前车窗电动机运转，电流由蓄电池经断路保护器、自动下降继电器闭合了的常开触点（30—87a）至电动机，然后经左前车窗开关（1—3）、延时继电器触点（87—31）搭铁，车窗玻璃下降。如果下降开关闭合 1s 以上，自动下降继电器的常开触点会一直闭合，直到车窗玻璃下降到最底部。

【任务实施】

一、准备工作

1）准备实习车辆或设备。
2）准备与实习车辆或设备对应的电动车窗电路。
3）准备拆装工具、万用表。

二、实施任务

1）观察认识车辆或设备上电动车窗各组成部件的位置和形状。

2）闭合点火开关,操纵电动车窗开关使玻璃上升或下降,观察电动车窗的工作情况。

3）断开点火开关,拔下蓄电池负极搭铁线,拔下电动车窗电动机的线束插接器,从车门中拆下电动车窗的组件。

4）对电动车窗部件进行检查、润滑,并重新装回车辆。插好电动机的插接器,恢复电源电路,操纵电动车窗开关,观察电动车窗的工作是否正常。

5）根据电路图,对电动车窗电路进行检查,熟悉电动车窗电路。

6）进一步检查电动车窗的工作情况。

7）做好实习记录,写出实习报告。

任务三　认识电动座椅

【任务目标】

1）熟悉电动座椅的结构组成。
2）熟悉电动座椅的控制电路。
3）能熟练地对电动座椅控制电路进行检查。

【相关知识】

一、电动座椅的结构

有些高级轿车的座椅,其空间位置的调整是通过电力驱动实现的,称为电动座椅。电动座椅有两向、四向、六向和八向多种类型。各种形式的电动座椅都是由电动机、传动机构、及开关组成的。

电动座椅的电动机也有永磁式和双绕组串励式两种。座椅的调整是通过改变直流电动机的旋转方向实现的,因此如果是两向调整的电动座椅只需一个电动机,如果是四向调整的电动座椅需两个电动机,依此类推。图6-17所示的电动座椅有四个直流电动机,分别安装在不同位置,此电动座椅可以实现八个方向的调整。

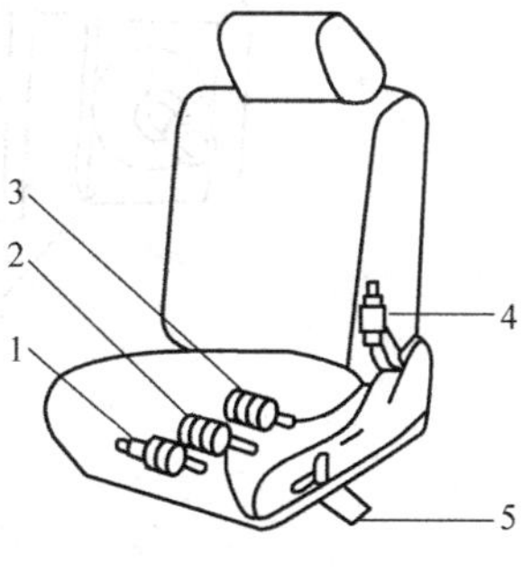

每个座椅电动机都配有一套调整位置的传动机构。图6-18所示为调整高度的传动机构,调整时,电动机旋转,通过蜗杆带动蜗轮转动,蜗轮转动使心轴向上或向下移动,从而使座椅上升或下降。

调整纵向的传动机构,如图6-19所示。调整时电动机转矩传至两侧的蜗轮,再通过齿轮、导轨上的齿条带动座椅前后移动。

图6-17　电动机的安装位置
1—座椅前后滑移电动机
2—座椅前端垂直升降电动机
3—座椅后端垂直升降电动机
4—靠背倾斜调整电动机
5—前排电动座椅开关

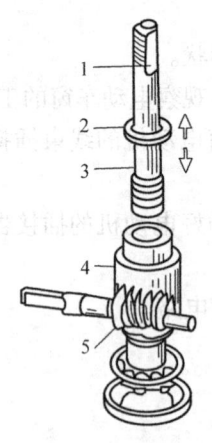 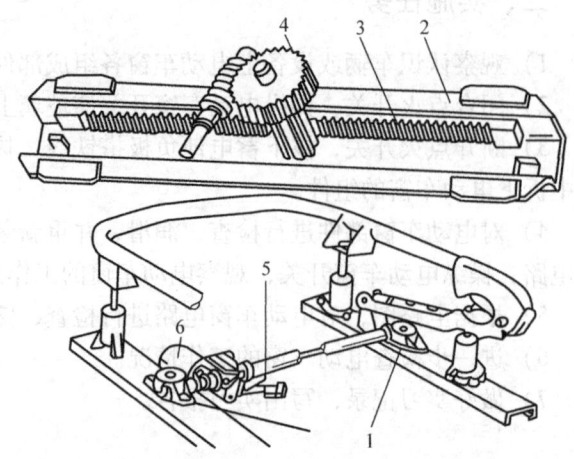

图 6-18 调整高度的传动机构
1—铁平面 2—止推垫片 3—心轴
4—蜗轮 5—挠性驱动蜗杆轴

图 6-19 调整纵向的传动机构
1—支承及导向元件 2—导轨 3—齿条
4—蜗轮 5—反馈信号电位计 6—调整电动机

靠背倾斜度调整的传动机构包括两个调整齿轮与连杆。当调整时,电动机带动两端的调整齿轮转动,而调整齿轮与连杆联动,通过连杆的动作达到调整靠背倾斜度的目的。

调整开关可以控制电流流经电动机的方向,从而实现电动机的正、反转,所以每个电动机对应一个调整开关。开关的控制按键设置在驾驶员操纵方便的地方,一般都位于驾驶员座椅的一侧。图 6-20 所示为六向电动座椅的调整开关,此开关的 4 个位置扳钮用来调整前、后和上、下的位置,另两个位置开关分别用于调整座椅的前俯和后仰。

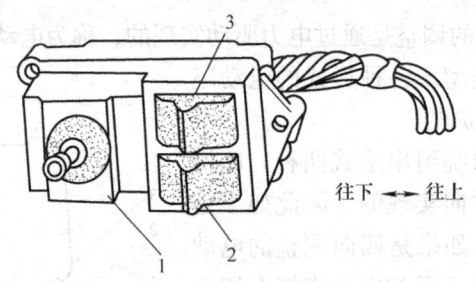

图 6-20 六向电动座椅的调整开关
1—开关总成 2—前俯 3—后仰

有些电动座椅采用可调的支撑块对驾驶员的坐姿进行调整,使驾驶员的感觉更加舒适和安全,图 6-21 所示为可调整坐姿的电动座椅。

二、电动座椅的控制电路

图 6-22 所示为电动座椅的控制电路,该电动座椅的 4 个电动机分别实现座椅的前后移动、靠背倾斜度以及坐垫前部和后部的升降等 8 个方向的调整。

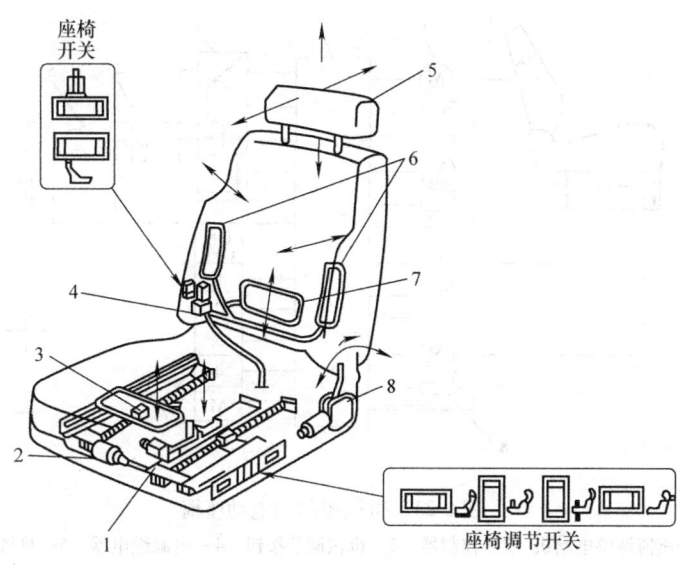

图 6-21 可调整坐姿的电动座椅

1—座椅升降电动机总成 2—座椅滑移电动机和杆件总成 3—大腿支撑 4—气泵
5—头枕 6—侧面支撑气垫 7—腰部支撑气垫 8—后仰装置

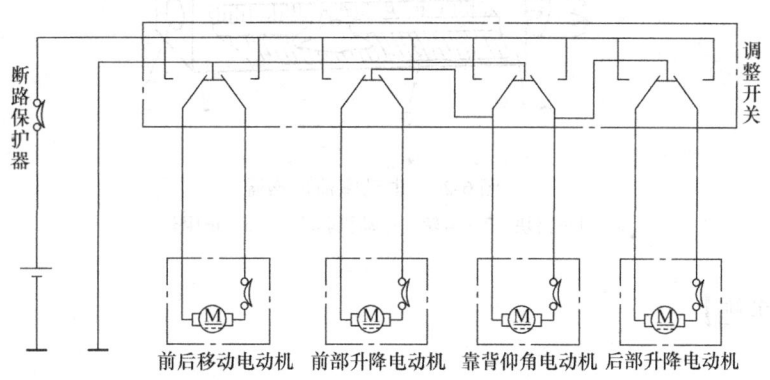

图 6-22 电动座椅的控制电路

三、微机控制的电动座椅

部分高级轿车的电动座椅采用微机控制系统,如图 6-23 所示。只要按动所需项目的开关,即可以按微机存储器中储存的座椅位置自动对座椅进行调整。

此电动座椅有四个电动机,可进行八个方向的调整,每个电动机的传动装置中设有一个位置传感器,如图 6-24 所示。位置传感器为滑动变阻器形式的电位计,各传感器将预调位置的电压信号输送给存储器。当座椅调定后,按下存储按钮,电子控制装置就将传感器的电压信号储存起来,作为以后调整座椅的基准。

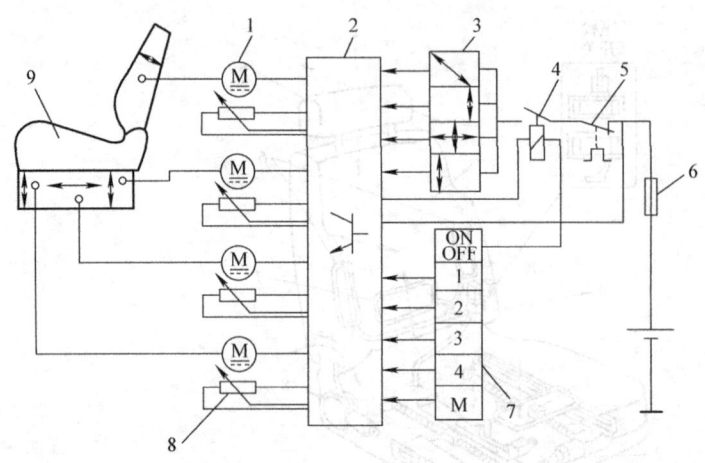

图 6-23 微机控制的电动座椅

1—座椅调整电动机 2—控制器 3—机械调节按钮 4—电源继电器 5—热敏熔丝
6—普通熔丝 7—存储及调出按钮 8—反馈信号电位计 9—座椅

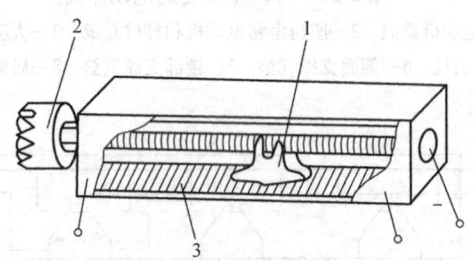

图 6-24 电动座椅传感器

1—滑块 2—齿轮（电动机驱动） 3—电阻丝

【任务实施】

一、准备工作

1）准备带有电动座椅的实习车辆或设备。

2）准备与实习车辆或设备对应的电动座椅电路。

3）准备万用表。

二、实施任务

1）观察电动座椅各直流电动机的设置位置及其传动机构的形式。

2）通过调整开关操纵电动座椅，观察调整过程中传动机构的动作。

3）对照电路图对电动座椅电路进行检查。

4）做好实习记录，写出实习报告。

任务四 检查电动门锁控制电路

【任务目标】

1)熟悉电动门锁的结构组成。
2)掌握电动门锁的控制电路与工作原理。
3)能熟练地在车辆上拆卸和安装中控门锁。
4)能熟练地对中控门锁电路进行检查。

【相关知识】

一、普通电动门锁

电动门锁的作用是驾驶员通过转动左前车门门锁钥匙或按动左前车门门锁按钮,可同时锁住或打开所有车门的门锁。

普通电动门锁电器部分由门锁继电器、门锁开关和执行机构组成。

多数汽车的电动门锁在驾驶员车门上设置门锁总开关,当驾驶员操纵此开关时,其他车门的门锁同时闭锁或打开。在其他车门上还设置单独的门锁开关,可独立控制一个车门门锁的开、闭。

门锁执行机构多采用磁性线圈式,如图 6-25 所示。它有两个绕向相反的线圈,一个为闭锁线圈,另一个为开锁线圈。给不同的线圈通电,形成的磁场方向不同,活动铁心移动方向不同,从而实现开锁或闭锁。

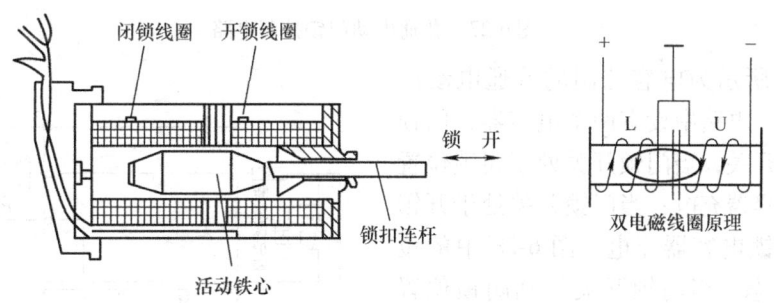

图 6-25 磁性线圈式门锁执行机构

另外还有一种直行电动机式门锁执行机构,如图 6-26 所示。它只有一个电磁线圈,活动铁心为永久磁铁,通过改变线圈电流方向使线圈磁场方向发生变化,活动铁心往不同的方向运动,从而实现闭锁或开锁。

图 6-27 所示为普通电动门锁控制电路。当按下闭锁开关时,闭锁继电器线圈 L_1 通电,触点 K_1 闭合,电源通过触点 K_1 给闭锁线圈通电。闭锁线圈通电后形成磁场,活动铁心移动,通过传动推动锁舌使门锁闭锁。开锁时的控制过程与闭锁时的控制过程相同。电路中设有断路保护器 K,以防止开锁、闭锁开关按下时间过长,线圈通电时间过长,电流过大而烧毁。

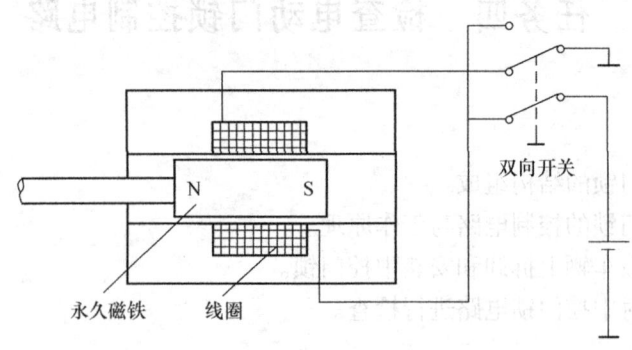

图 6-26 直行电动机式门锁执行机构

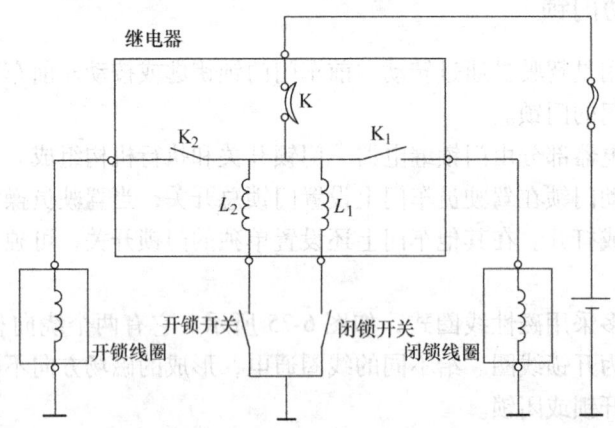

图 6-27 普通电动门锁控制电路

图 6-28 所示为电容控制的普通电动门锁控制电路。电路中设有两个电容器，门锁开关为双掷开关，当门锁开关处于闭锁位置时，开锁电容器充电；当门锁开关处于开锁位置时，闭锁电容器充电。图 6-28 中的位置为开锁状态，当门锁开关打到闭锁位置时，闭锁电容器向闭锁继电器放电，闭锁继电器触点闭合，使执行机构的闭锁线圈通电，活动铁心移动，完成闭锁动作；当闭锁电容器放完电后，闭锁继电器线圈断电，触点张开，执行机构的闭锁线圈断电。在闭锁过程中，开锁电容器开始充电，以备下一步开锁时向开锁继电器线圈供电。门锁开关打到开锁位置时的控制过程与闭锁时的控制过程相同。

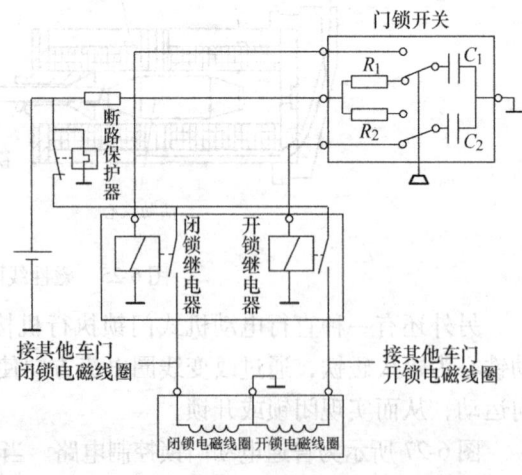

图 6-28 电容控制的普通电动门锁控制电路

二、自动门锁

自动门锁是指门锁带有自动闭锁系统，当车速升到某一规定值时，自动闭锁系统将自动锁好车门，即使按动开锁开关，门锁也不能开启。当车速降至某规定值时，自动闭锁系统将自动解除控制，此时按下开锁开关，门锁才能开启。

自动门锁控制电路中，加装了一个车速传感器，通过自动闭锁控制器对电动门锁集中控制。图 6-29 所示为自动门锁控制电路。

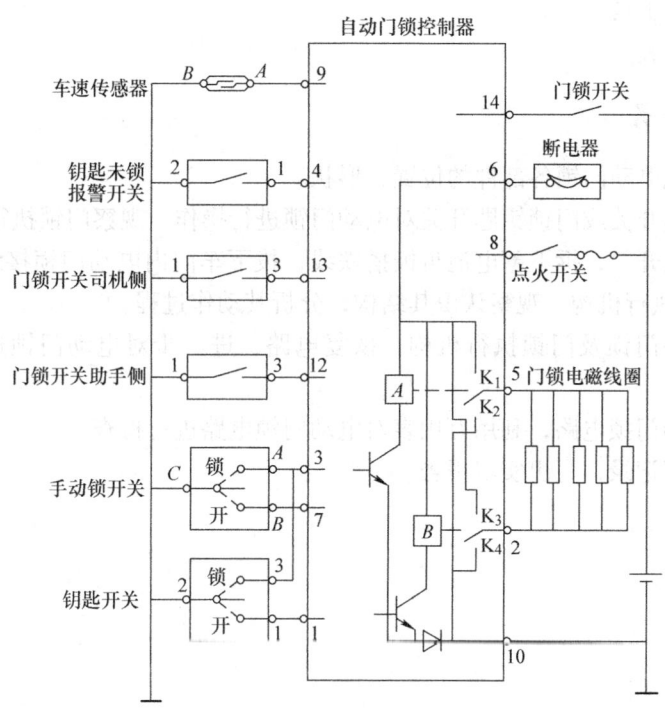

图 6-29 自动门锁控制电路

手动门锁开关或门锁钥匙开关打到闭锁位置时，电子门锁控制器端子 3 经手动门锁开关或门锁钥匙开关搭铁，电子门锁控制器接受此信号后，使得继电器动作，触点 K_1 与 K_4 闭合，所有门锁执行机构的电磁线圈通电，活动铁心移动，完成闭锁。手动门锁开关或门锁钥匙开关打到开锁位置时，电子门锁控制器端子 7 或端子 1 经手动门锁开关或门锁钥匙开关搭铁，电子门锁控制器接受此信号后，使得继电器触点 K_2、K_3 闭合，所有门锁执行机构的电磁线圈反向通电，活动铁心移动，完成开锁。

如果门锁处于开启状态，车速升至规定值时，门锁控制器的端子 12 与端子 13 检测到门锁开关的"未闭锁"信号，同时端子 9 接受车速传感器速度信号，这时自动门锁控制器便控制继电器使触点 K_1、K_4 闭合，所有门锁电磁线圈通电，即所有门锁自动闭锁。

这种自动门锁控制系统还有一个作用，当点火开关钥匙在点火开关钥匙孔中未取下，打开驾驶员侧车门后，用手动开关或门锁钥匙开关无法将车门锁死，以防止点火开关钥匙被锁在车内。停车后打开驾驶员侧车门，若点火开关钥匙未从钥匙孔中取出，控制电路中的钥匙未锁报警开关则处于闭合状态，自动门锁控制器的端子 4 接收此信号，使控制器中继电器触

点 K_3、K_2 闭合，门锁电磁线圈通电，即门锁处于开锁状态，所以无法将车门锁死。

【任务实施】

一、准备工作

1）准备实习车辆或设备。
2）准备与实习车辆或设备对应的电动门锁电路。
3）准备拆装工具。
4）准备万用表。

二、实施任务

1）观察认识电动门锁各部件的位置、形状。
2）通过门锁开关或门锁钥匙开关对电动门锁进行操作，观察门锁执行机构的动作。
3）断开点火开关，拆下蓄电池负极搭铁线，拔下车门内电动门锁接线插头，从车门内拆下门锁及门锁执行机构。观察认识其结构，分析其动作过程。
4）重新安装门锁及门锁执行机构，恢复电路，进一步对电动门锁进行操作，看是否正常。
5）对照电动门锁电路，利用万用表对电动门锁电路进行检查。
6）做好实习记录，写出实习报告。

单元七

汽车全车电路

任务一　解放 CA1092 型汽车全车电路的识读

【任务目标】

1）熟悉解放 CA1092 型汽车电器部件的安装位置以及各部件间的连接情况。
2）了解解放 CA1092 型汽车各电路系统的特点。
3）独立完成解放 CA1092 型汽车电气电路的连接。
4）独立进行解放 CA1092 型汽车电气电路的检查。

【知识准备】

一、汽车电路的基本知识

汽车电路是将汽车电器和电子设备用图形符号表示，并用代表导线的线条连接在一起的关系图。汽车电路常用的图面表现形式分为四类。

1. 线束安装图

它是根据电气设备在汽车上的实际安装部位和实际电路关系，以线束的形式绘出的全车电路。

2. 电路原理图

不考虑安装位置，仅以电路串并联关系为依据，通过电气图形符号按工作顺序或功能进行排列，详细表示汽车电气的全部组成和连接关系所绘制的电路简图。这种电路的图面清晰、简单易读，虽不符合实际电路布置，但对了解电路组成及电路原理用之却非常方便。

3. 汽车电气电路

按全车电气设备安装方位和实际连接关系，用导线和外形形式绘出的电路，也称为敷线图。其特点是能基本反映电气设备的实际安装位置、外表和电路路径，可根据它进行安装和检修。

4. 系统电路

图面内容仅涉及单一系统范围的电路。现代汽车电路的各系统在工作原理上有一定的独立性，在分析单个系统的组成和原理时，用系统电路极为方便。

二、识读汽车电路的基本方法

要看懂汽车电路，首先要具有一定的电工和电子方面的基础知识，熟悉汽车电器与电子设备的结构原理。在此基础上，先从较熟悉的车型入手，由简到繁，逐步深入，最终达到触类旁通的目的。识读时，应特别注意以下几点：

1. 看图注及技术说明

通过图注及技术说明，可了解电路的名称、各系统的组成、相互控制关系及各种技术规范等内容，对完成整车电路的识读具有重要指导作用。

2. 熟记汽车电路所用的图形符号

目前电路中各种电器器件的表示符号形式有：用各种电器的简易外形图表示；用生产厂家规定的符号表示；用国家标准符号表示。

3. 掌握电路原则

任何一个完整的电路都由电源、用电器、开关、导线等组成。对直流电路而言，电流都是从电源的正极出发，通过导线，经熔断器、开关达到用电设备，再经过导线（或搭铁）流回到同一个电源的负极。很明显，采用电路原理图，电路原则十分明显，便于读图。

4. 明确汽车电路的特点

现代各种汽车的电气设备虽然各不相同，但不论何种车型，它们的电路连接都遵循一定的规律，具有一定的共性，即两个电源、并联单线、低压直流、负极搭铁。

5. 了解汽车电路的一般规律

汽车电路中电源部分到各电器保险或开关的线是用电设备的公共相线，一般画在电路的上部。大部分用电设备都通过熔丝盒，形成许多相互并联的支路。继电器和开关均串联在支路中，其中一个接线柱与电源相连接，另一些接线柱与用电设备连接。工作电流大、工作时间短的用电设备的电流不经过电流表。因此，在电路原理图中一般有多根相线。

6. 明确电路的绘制原则

绘图时凡交叉导线两者连通的，在交叉位置涂有明显的"结点"；若两者在交叉处不连通的，不涂"结点"。在分系统分区段绘制的电路中，凡遇间隔较远的横向连线时，为保持图面清晰，取消跨区域横向连线，改用数字或字母标记说明连接关系。在彩色电路中，凡同规格、同颜色并在一条线束中的导线，在线束中是直接相通的；两种颜色的导线不直接相通。

7. 根据电路布局顺序或电流流向逐级识图

现代汽车的电路一般采用垂直布置，并且按独立的电路系统和功能单元排列，所以可按布局顺序逐级阅读。对某一单元读图时，可按电流流向，从电源正极出发，经用电设备回到电源负极。读图时要明确控制关系和通电或断电时设备实现的功能。

8. 掌握识读电路的技巧

应先看全图，把一个个单独的系统框出来。在分析系统时应特别注意开关、继电器触点的工作状态，它们的工作状态不同，电气系统的电路可能会发生变化。例如，转向开关就是通过开关位置的改变，接通了不同侧的转向灯。

三、汽车电路器件的简介

1. 导线和线束

汽车电气电路中的导线分低压导线和高压导线两种。低压导线有普通低压导线、起动电缆和搭铁电缆等几种;高压导线用来传送点火系的高压电,现代汽车用高压导线有高压铜心导线和高压阻尼导线两种。

(1) 普通低压线 普通低压线为带绝缘包层的铜心多股软线,导线的截面积主要根据用电设备的工作电流进行选择。为了保证导线应有的机械强度,汽车电系中所用的导线截面积应不得小于 $0.5mm^2$。

为了便于维修,低压导线常以不同的颜色加以区分。其中截面积在 $4mm^2$ 以上的采用单色线,而 $4mm^2$ 以下的采用双色线。在汽车电气设备的电路中,导线上一般都标注有符号,该符号用来表示导线的截面积和颜色。如标 1.5RW 表示该导线的标称截面积为 $1.5mm^2$,导线主色为红色(R),辅色为白色(W)。

(2) 起动电缆 起动电缆连接于蓄电池正极接线柱与起动机开关主接线柱之间。截面积有 $25mm^2$、$35mm^2$、$50mm^2$、$70mm^2$ 等多种规格,允许通过电流达 500~1000A。为了保证起动机正常工作,输出足够的功率,要求起动电缆的电阻应尽量小。

(3) 蓄电池搭铁电缆 搭铁电缆常用于电池与车架、车架与车身、发动机与车架等总成之间的连接。它也可用与起动电缆一样的电缆线作为搭铁电缆。

汽车上的全车电路,除高压线、收放机天线、蓄电池电缆以外,一般将同路的不同规格的导线用棉纱编织或用薄聚氯乙烯带缠绕包扎成束,称为线束。有些车辆用塑料制成开口的软管,将导线包裹其中,给汽车线束的检修提供了方便。

2. 插接器

插接器因连接可靠、检修方便,在国产和国外汽车上被广泛采用。它由导线端子和壳体组成,根据需要其脚数可做成单路式、双路式或多路式多种。其结构如图 7-1 所示。插接器端子上设有倒刺片,装入护套内以防脱出。插接器端子由表面镀锡(或镀银)的黄铜片制成,插接器的插脚有片状和柱状两种,护套由塑料或橡胶制成。

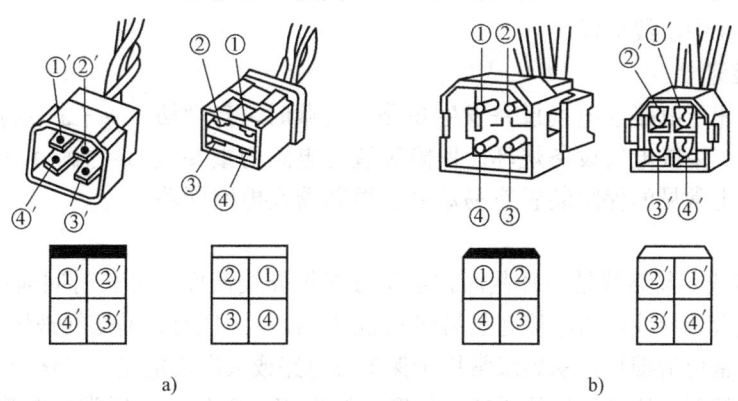

图 7-1 插接器的结构
a) 片状插脚 b) 柱状插脚

插接器接合时，对准导向定位槽，稍用力使插头与插孔插入即可。对于多个插接器，为了防止插错，往往在设计时使各插接器的脚数和外形不同，这样在插接时，非成对的插头与插座因脚数外形不同，不可能配错。因此，使得电路在连接时十分方便、可靠。为了防止汽车行驶中插接器脱开，插接器还设计有闭锁装置，如图7-2所示。

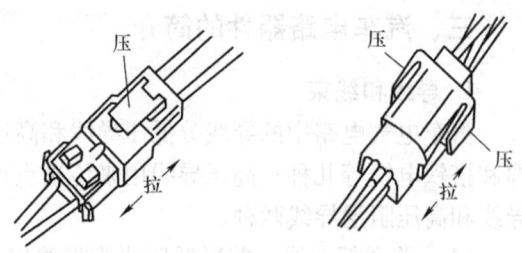

图7-2 插接器的闭锁装置

拔开插接器时，不能直接拉拔导线，应先压下闭锁将插接器的锁止解除后，再稍用力往外拉插接器的壳体即可分开，如图7-3所示。有些插接器用钢丝扣锁止，应取下钢丝扣后才能将插接器拔开。千万不要在未解除闭锁时，用力猛拉，以免造成插接器闭锁装置或导线损坏。

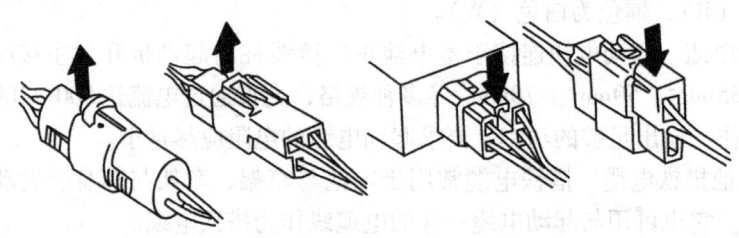

图7-3 插接器的拔开方法

3. 电源总开关

为了方便地接通与切断蓄电池电路，在部分汽车电源电路中设有电源总开关。目前使用的电源总关开主要是闸刀式。

闸刀式电源总开关如图7-4所示，由手柄、外壳和刀形触头等部分组成，多用于蓄电池搭铁线的控制。它安装在驾驶员便于操作、不易误动作的部位。使用时将操作手柄向下按下，电源便接通，见图7-4中双点画线位置。向上扳起，则电源便被切断，图7-4中实线位置。

4. 保险装置

保险装置用于电路或电气设备发生短路及过载时，自动切断电路，防止线束或电气设备烧坏。保险装置是电路的重要组成部分，汽车上常见的保险装置有易熔线、熔断器及电路断路保护器等。

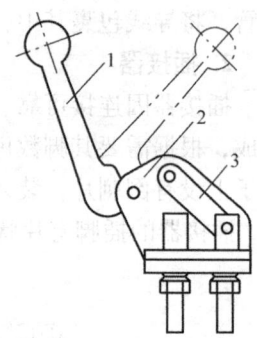

图7-4 闸刀式电源总开关
1—手柄 2—外壳 3—刀形触头

（1）易熔线 易熔线是一种截面积小于被保护导线截面、可长时间通过额定电流的铜心低压导线或合金导线。当电流超过易熔线额定电流一定值时，易熔线被熔断，从而保护了电路和电气设备免遭损坏。易熔线常用于保护总电路或大电流电路。易熔线的多股绞合线外面包有聚乙烯护套，比常见导线柔软，长度一般为50～200mm，通常接在蓄电池正极附近，如图7-5所示。易熔线以其绝缘护套的颜色区分其负荷能力，易熔线不能绑扎于线束内，也不得被其他物品所包裹。

（2）断电器　断电器实际上是双金属片式重复性保险装置，常用于保护较大容量的电气设备。断电器与易熔线相比，可重复使用。断电器按其作用后的恢复形式不同，可分为手动式与自动式两种。手动式是在电路发生故障时断开，排除故障后，需通过人工按压将双金属片复位，如图7-6所示。自动式断电器在电路发生故障时自动切断电路，但当断路后双金属片冷却一段时间后会自动复位接通电路。这种形式的断电器多用于轿车上刮水电动机、车窗玻璃升降电动机等电路中，如图7-7所示。

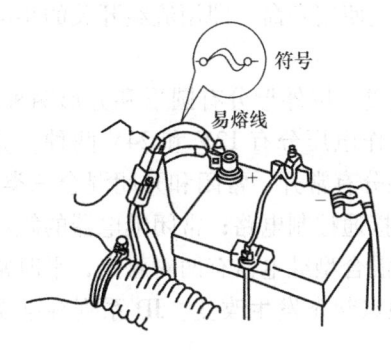

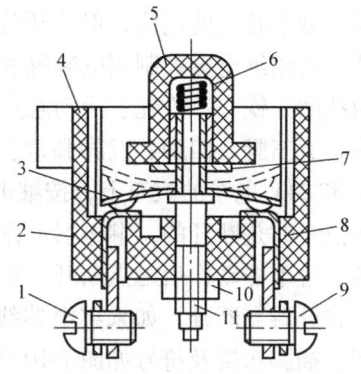

图7-5　易熔线

图7-6　手动式断电器

1、9—接线柱　2、8—静触点　3—双金属片动触点　4—绝缘外壳
5—胶木按钮　6—弹簧　7—复归垫圈　10—锁紧螺母　11—调整螺杆

（3）熔断器　现代汽车上使用最多的保险装置为一次性的熔断器，它一般用于保护局部电路，其限额电流值较小。熔断器的主要组成部分是熔丝，其材料是锌、锡、铅和铜等金属的合金。常见熔断器按外形分可分为熔管式、绝缘式、缠丝式和插片式等，如图7-8所示。熔断器在工作时，当电流超过它们的熔断值时，会自动熔化以断开电路，要恢复电路正常状态，必须更换熔断器。

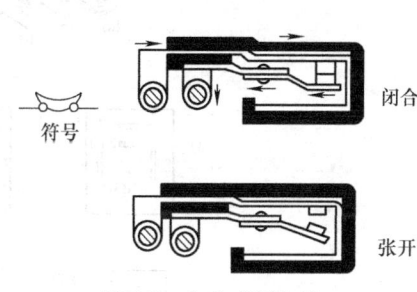

图7-7　自动式断电器

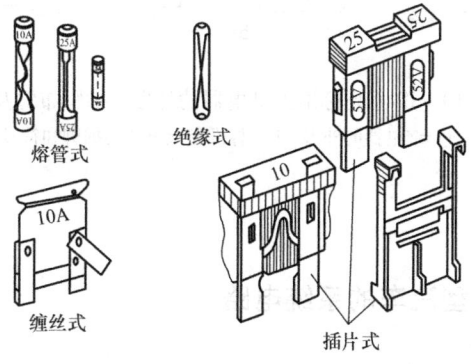

图7-8　常见熔断器

保险装置在汽车电路原理图中的符号如图 7-9 所示。

5. 汽车用继电器

汽车用继电器有功能继电器和电路控制继电器两种，如闪光继电器、刮水

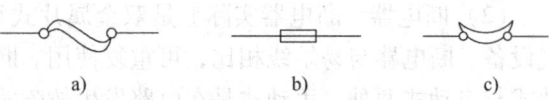

图 7-9 保险装置的符号
a) 易熔线 b) 熔断器 c) 断电器

间歇继电器等为功能继电器。汽车上常用的电路控制继电器有前照灯继电器、雾灯继电器、起动继电器、电喇叭继电器、鼓风机继电器、空调继电器和减荷继电器等，它们的作用是控制电路的通断，减小开关的电流，保护开关触点，延长开关使用寿命。即用流经开关的小电流控制继电器，再用继电器控制用电装置的大电流。

继电器由线圈、铁心、磁轭、活动触点臂和触点等组成。按外形分有圆形和方形两种；按插脚多少分，有三脚、四脚、五脚和六脚等多种；按工作电压分有 12V 和 24V 两种，分别应用于 12V 和 24V 电系的汽车上；按继电器触点的状态分有常开、常闭和开闭混合三类。常开继电器触点平时是断开的，继电器动作后触点闭合，接通控制电路；常闭继电器的触点平时是闭合的，继电器动作后触点断开，切断控制电路；混合型继电器有两对触点，平时常闭触点接通，常开触点断开，如果继电器线圈通电，则触点状态发生改变。JD 系列标准型继电器的外形、插脚布置及符号如图 7-10 所示。

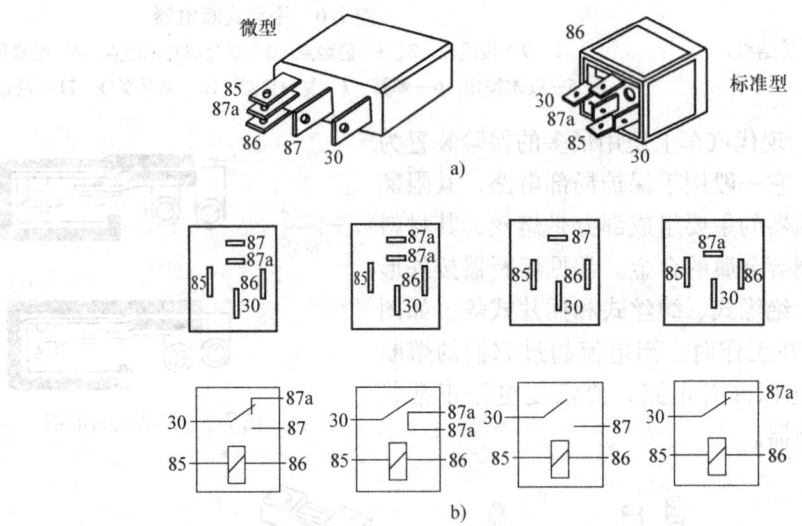

图 7-10 JD 系列标准型继电器的外形、插脚布置及符号
a) 继电器的外形 b) 标准型继电器的插脚和符号

【相关知识】

一、解放 CA1092 型汽车的系统电路

1. 电源系电路

解放 CA1092 型汽车的电源系电路如图 7-11 所示。
电源系电路的特点是：

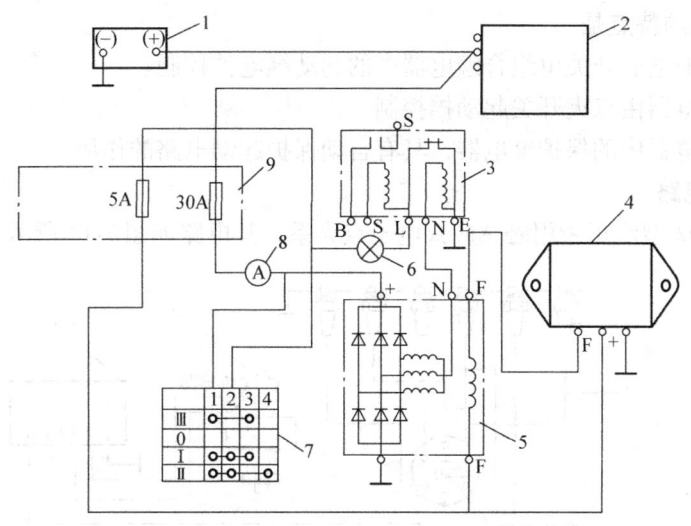

图 7-11 解放 CA1092 型汽车的电源系电路
1—蓄电池 2—起动机 3—组合继电器 4—晶体管调节器 5—硅整流发电机
6—充电指示灯 7—点火开关 8—电流表 9—熔丝盒

1) 外搭铁式硅整流发电机,发电机中性点电压控制充电指示灯,以显示充电系电路是否正常,当指示灯熄灭时,表明发电机已正常工作。

2) 外搭铁式晶体管电压调节器,采用 5A 熔断器来保护发电机励磁电路和晶体管电压调节器,其中发电机励磁电路由点火开关控制。

3) 电流表用来指示蓄电池的充、放电电流,采用 30A 熔断器来保护发电机和充电电路。

4) 当发电机中速以上运转时,发电机向蓄电池充电并向外电路用电设备供电,而在停车、起动或发动机怠速时,由蓄电池向外电路用电设备供电。

2. 起动系电路

解放 CA1092 型汽车的起动系电路如图 7-12 所示。

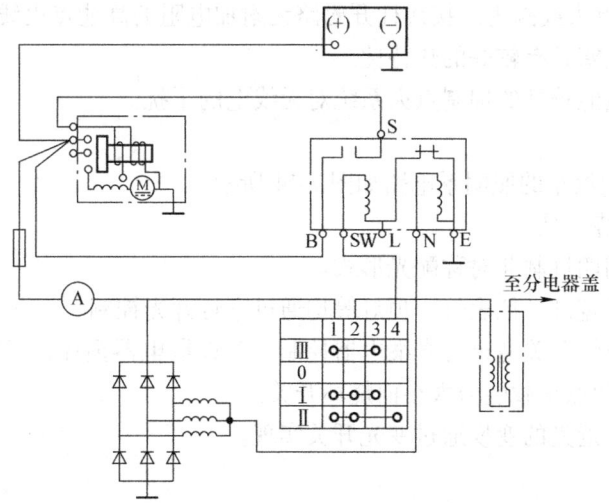

图 7-12 解放 CA1092 型汽车的起动系电路

起动系电路的特点是:
1) 起动机的电磁开关由组合继电器中的起动继电器控制。
2) 起动继电器由点火开关起动挡控制。
3) 组合继电器中的保护继电器,具有自动保护起动电路的作用。

3. 点火系电路

解放 CA1092 型汽车采用磁感应式电子点火系,其电路如图 7-13 所示。

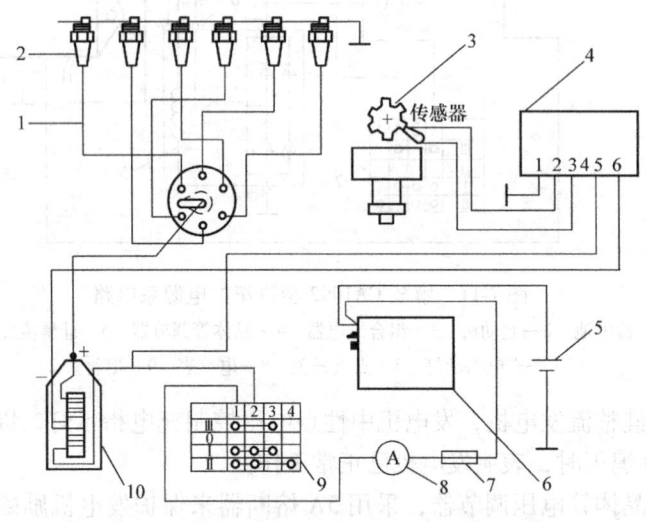

图 7-13　解放 CA1092 型汽车点火系电路
1—高压导线　2—火花塞　3—磁感应分电器　4—6TS2107 型电子点火控制器　5—蓄电池
6—起动机　7—熔丝　8—电流表　9—点火开关　10—JDQ172 型点火线圈

点火系电路的特点是:
1) 6TS2107 型电子点火控制器具有控制点火线圈初级电路通断、恒能控制、停车断电保护、低速推迟点火、过电压保护等功能。
2) JDQ172 型点火线圈为二接线柱开磁路无附加电阻的高能点火线圈。
3) 突出型火花塞具有较好的热特性。
4) 高压阻尼线能较好的抑制点火系统对无线电的干扰。

4. 照明系电路

解放 CA1092 型汽车的照明系电路如图 7-14 所示。

照明系电路的特点是:
1) 前照灯采用四灯制非对称配光形式。
2) 前照灯、示宽灯、仪表灯、顶灯等均通过车灯开光控制。
3) 前照灯由车灯开关通过灯光继电器控制,若该继电器损坏,不能直接用车灯开关控制前照灯,会因其触点承载能力太小而烧坏开关。
4) 前照灯远、近光的变换通过变光开关实现。

5. 信号系电路

解放 CA1092 型汽车的信号系电路如图 7-15 所示。

单元七 汽车全车电路

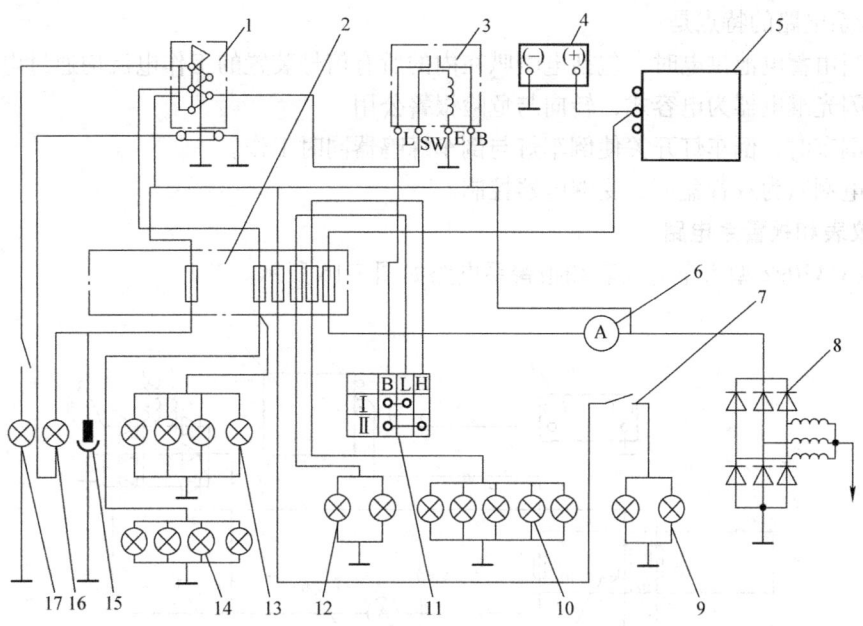

图7-14 解放CA1092型汽车的照明系电路
1—车灯开关 2—熔丝盒 3—灯光继电器 4—蓄电池 5—起动机 6—电流表 7—雾灯开关
8—硅整流发电机 9—雾灯 10—前照灯远光灯 11—变光开关 12—前照灯近光灯
13—示宽灯 14—仪表灯 15—工作灯插座 16—顶灯 17—工作灯（发动机罩下灯）

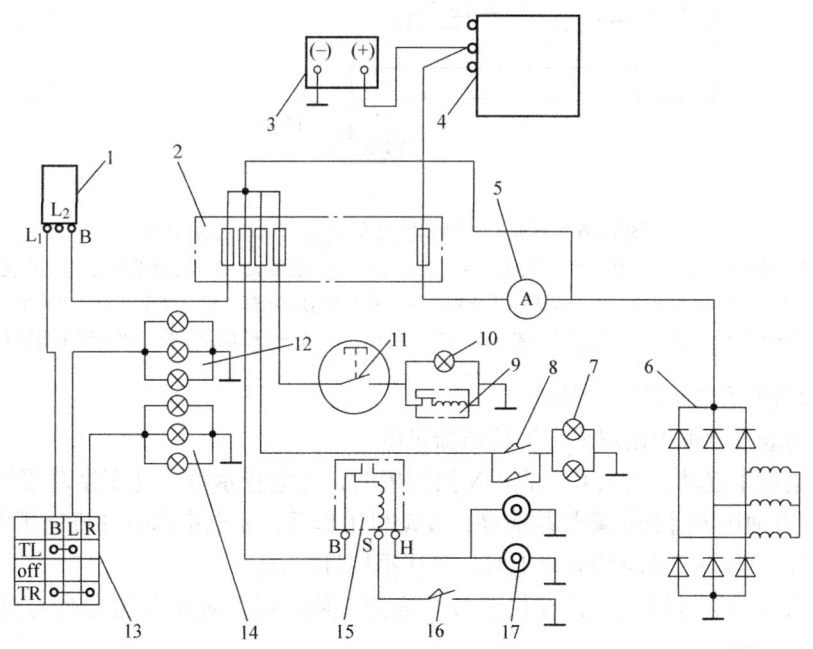

图7-15 解放CA1092型汽车的信号系电路
1—闪光继电器 2—熔丝盒 3—蓄电池 4—起动机 5—电流表 6—硅整流发电机 7—制动灯
8—制动开关 9—倒车蜂鸣器 10—倒车灯 11—倒车开关 12—左转向信号灯
13—转向灯开关 14—右转向信号灯 15—电喇叭继电器 16—电喇叭按钮 17—电喇叭

143

信号系电路的特点是：

1）当由蓄电池供电时，包括电喇叭在内的所有信号装置的工作电流均通过电流表。

2）闪光继电器为电容式，转向与危险报警公用。

3）倒车时，倒车灯开关使倒车灯与倒车蜂鸣器同时工作。

4）电喇叭为双音盆型，受继电器控制。

6. 仪表和报警系电路

解放 CA1092 型汽车的仪表和报警系电路如图 7-16 所示。

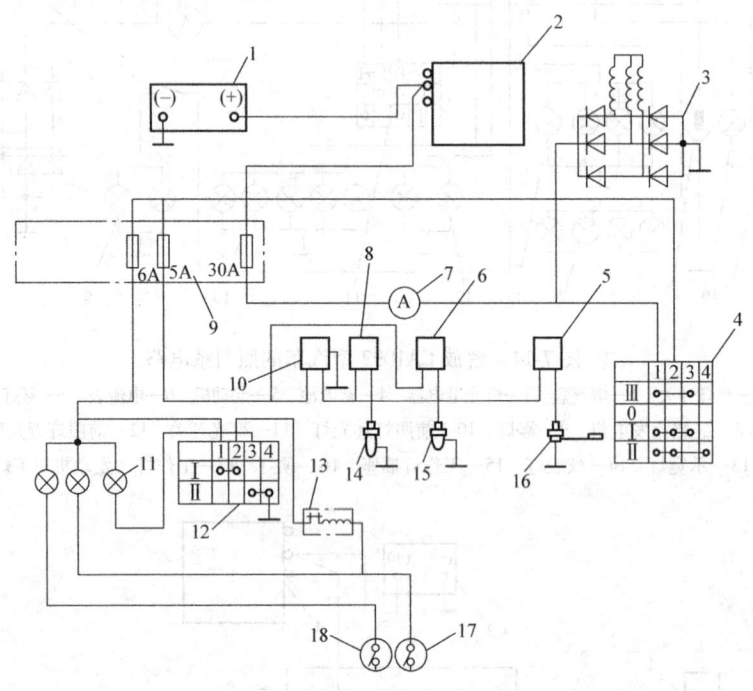

图 7-16 解放 CA1092 型汽车的仪表和报警系电路

1—蓄电池 2—起动机 3—发电机 4—点火开关 5—燃油表 6—机油压力表 7—电流表
8—水温表 9—熔断丝盒 10—仪表用稳压器 11—驻车制动指示灯 12—停车开关 13—报警蜂鸣器
14—水温传感器 15—油压传感器 16—燃油传感器 17—气压报警开关 18—油压报警开关

仪表和报警系电路的特点是：

1）水温表及燃油表由仪表电源稳压器供电。

2）发动机未起动，点火开关在 ON 挡位置时，充电指示灯、驻车制动报警灯、气压过低报警灯、机油压力过低报警灯均应亮；发动机工作后，充电指示灯和机油压力报警灯应熄灭；当储气筒气压达到 0.4MPa 以上时，气压报警灯熄灭。

3）所有报警信号灯集中设在仪表板总成的左侧，以便观察各报警信号灯的位置及符号，如图 7-17 所示。

7. 辅助电器系统电路

解放 CA1092 型汽车的辅助电器系统电路如图 7-18 所示。

辅助电器电路的特点是：

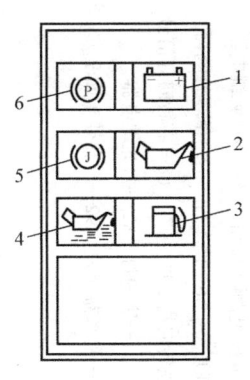
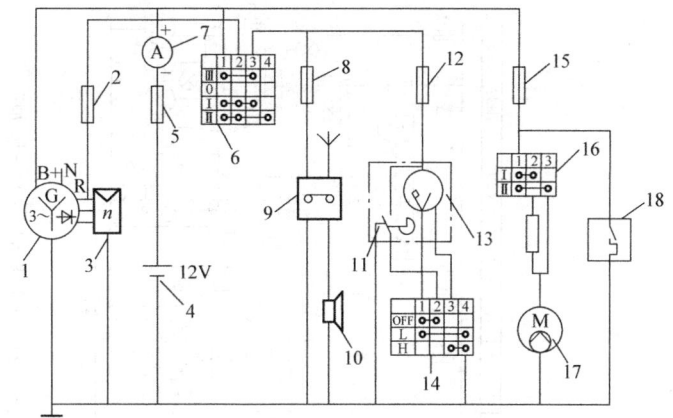

图 7-17 解放 CA1092 型
汽车的报警信号灯

1—电源指示灯　2—油压报警灯
3—燃油量报警灯
4—机油滤清器堵塞报警灯
5—气压报警灯
6—驻车制动（停车）报警灯

图 7-18　解放 CA1092 型汽车的辅助电器系统电路

1—交流发电机　2—熔断器 S_8　3—电压调节器
4—蓄电池　5—熔断器 S_{14}　6—点火开关
7—电流表　8—熔断器 S_{15}　9—收放机
10—扬声器　11—停机复位开关
12—熔断器 S_3　13—刮水器电机
14—刮水开关　15—熔断器 S_1
16—暖风开关　17—暖风电机　18—点烟器

1）收放机和刮水器的电路由点火开关控制。
2）暖风和点烟器电路由自身开关控制。

二、解放 CA1092 型汽车电路原理图

大部分国产汽车电器总电路的特点，在图的画法上很注意各电器在车上的实际位置，为了尽可能接近实际情况，图 7-19 中的电器不用电路符号，而是用该电器的外形轮廓或特征表示。在电路上，还注意将汽车上线束中同路的导线尽量画在一起，使汽车电气总电路较真实地再现了其实际情况。

要识读上述类型的总电路，具体方法可以沿着工作电流的流动方向，由电源开始向用电设备检查；也可逆着电流的方向，由用电设备查向电源，尤其查寻一些不熟悉的电路，后者比前者更方便。也可以采用"部分电路分析法"，先将总电路分成几个简单的部分电路，对各部分电路进行作用、特点、原理等方面的分析，最后将各个部分电路综合起来，总电路的工作原理也就清楚了。解放 CA1092 型汽车全车电路原理图，如图 7-19 所示。

【任务实施】

一、准备工作

1）准备一套汽车电工专用工具和解放 CA1092 型汽车全车电路。
2）根据实际情况准备实习车辆或解放 CA1092 型汽车全车电气电路实验台架。

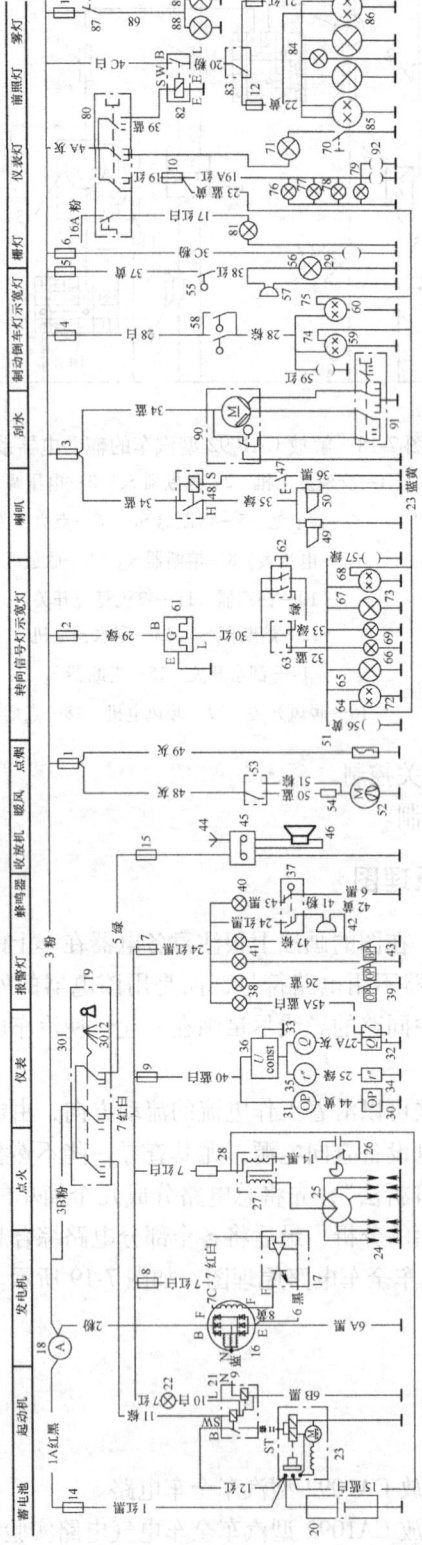

图7-19 解放CA1092型汽车全车电路原理图

1～15—熔断器 16—交流发电机 17—晶体管调节器 18—电流表 19—点火开关 20—蓄电池 21—组合起动继电器 22—充电指示灯 23—起动机 24—火花塞 25—分电器 26—断电器 27—点火线圈 28—点火线圈附加电阻 29—座灯插座 30—油压表传感器 31—燃油表传感器 32—燃油表 33—制动系统低气压报警器 34—温度表传感器 35—温度表 36—仪表稳压器 37—停车灯开关 38—收放机天线 39—机油压力报警开关 40—停车制动指示灯 41—制动系统低气压报警灯 42—低气压报警蜂鸣器 43—仪表报警蜂鸣器 44—收放机 45—收放机电动机变速电阻 46—扬声器 47—电喇叭按钮 48—电喇叭继电器 49、50—电喇叭(高、低音) 51—点烟器 52—暖风报警开关 53—暖风电动机 54—收放机开关 55—倒车灯 56—倒车灯开关 57—倒车蜂鸣器 58—右转向指示灯 59、60—断电器 61—闪光器 62—危险报警开关 63—转向信号开关 64—转向指示灯 65—左转向信号灯 66—左转向灯开关 67—右转向灯 68—右光继电器 69—右转向指示灯 70—发动机罩下灯 71—发动机罩下灯开关 72～75—示宽灯 76～79—仪表灯 80—车内灯 81—室内灯 82—灯光继电器 83—脚踏变光开关 84—远光指示灯 85、86—前照灯(远近光) 87—雾灯开关 88、89—雾灯 90—刮水器 91—刮水器开关 92—七孔挂车插座

3）将台架停放在通风良好、地面平整干净、周围无安全隐患的环境下。

4）放置车轮挡块并拉紧驻车制动，避免工作时车辆移动。

5）检查车辆的油、液、水、电等，使车辆处于完好状态，以保证任务实施的顺利进行。

二、实施任务

1）通过观察了解实习车辆或实验台架上各系统中电气设备的组成，从全车电路中找出这些电气部件。

2）根据电路，对各系统电路及工作过程进行分析。

3）分别完成实习车辆或实验台架上各系统电路的连接。

4）分别完成实习车辆或实验台架上各系统中保险装置、导线、用电设备及开关的检查。

5）试车，观察各系统能否正常工作。

6）清洁、整理工具、设备，并妥善保管存放。

7）记录实习过程和结果，写出实习报告。

任务二　桑塔纳 2000 型轿车全车电路的识读

【任务目标】

1）熟悉桑塔纳 2000 型轿车电器部件的安装位置以及各部件间的连接情况。

2）了解桑塔纳 2000 型轿车各电路系统的特点。

3）独立完成桑塔纳 2000 型轿车电气电路的连接。

4）能独立进行桑塔纳 2000 型轿车电气电路的检查。

【相关知识】

一、上海桑塔纳 2000 型轿车电器设备和线束布置

1. 上海桑塔纳 2000 型轿车电器设备布置

上海桑塔纳 2000 型轿车电器设备布置如图 7-20 所示。

2. 上海桑塔纳 2000 型轿车各种线束布置

上海桑塔纳 2000 型轿车各种线束布置如图 7-21 所示。

二、上海桑塔纳 2000 型轿车电路识读

桑塔纳 2000 型轿车的部分电气电路如图 7-22 所示。

桑塔纳 2000 型轿车电路特点如下：

1）基本电路按系统依次排列　从图面上看，整个电路都是纵向排列的，同一系统的电路归纳在一起，在电路中占的篇幅局限在一定范围内。在图 7-22 所示的部分电路中，图面最下部从左向右依次增加的号码为该处的电路号码，指明该纵线在电路中所处的位置。

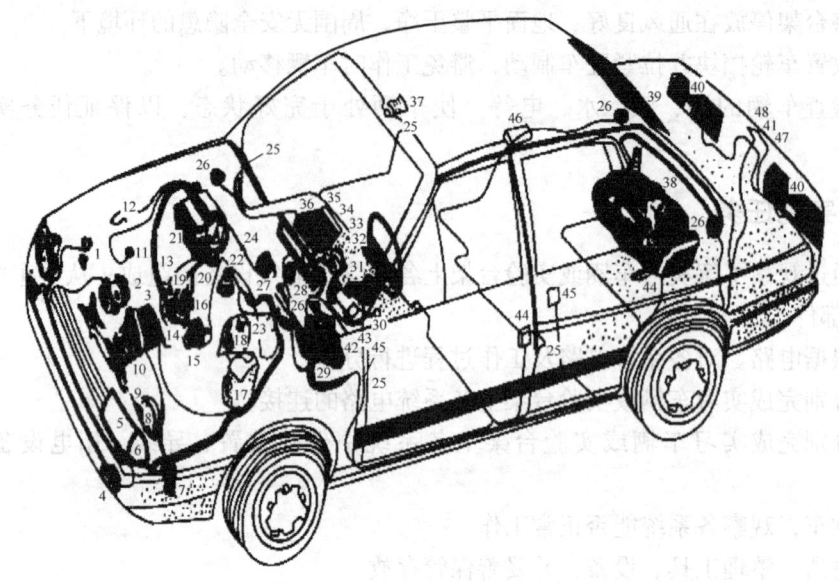

图 7-20　上海桑塔纳 2000 型轿车电器设备布置

1—双音电喇叭　2—空调压缩机　3—交流发电机　4—雾灯　5—前照灯　6—转向指示灯　7—空调储液干燥器　8—中间继电器　9—电动风扇双速热敏开关　10—风扇电动机　11—进气电预热器　12—化油器急速截止电磁阀　13—热敏开关　14—机油油压开关　15—起动机　16—火花塞　17—风窗清洗液电动泵　18—冷却水液面传感器　19—分电器　20—点火线圈　21—蓄电池　22—制动液液面传感器　23—倒车灯开关　24—空调、暖风用鼓风机　25—车门接触开关　26—扬声器　27—点火控制器　28—风窗刮水器电动机　29—中央接线盒　30—前照灯变光开关　31—组合开关　32—空调及风量旋钮　33—雾灯开关　34—后窗电加热器开关　35—危险报警灯开关　36—收放机　37—顶灯　38—油箱油面传感器　39—后窗电加热器　40—组合后灯　41—牌照灯　42—电动天线　43—电动后视镜　44—中央集控门锁　45—电动摇窗机　46—顶灯　47—后盖集控锁　48—行李箱灯

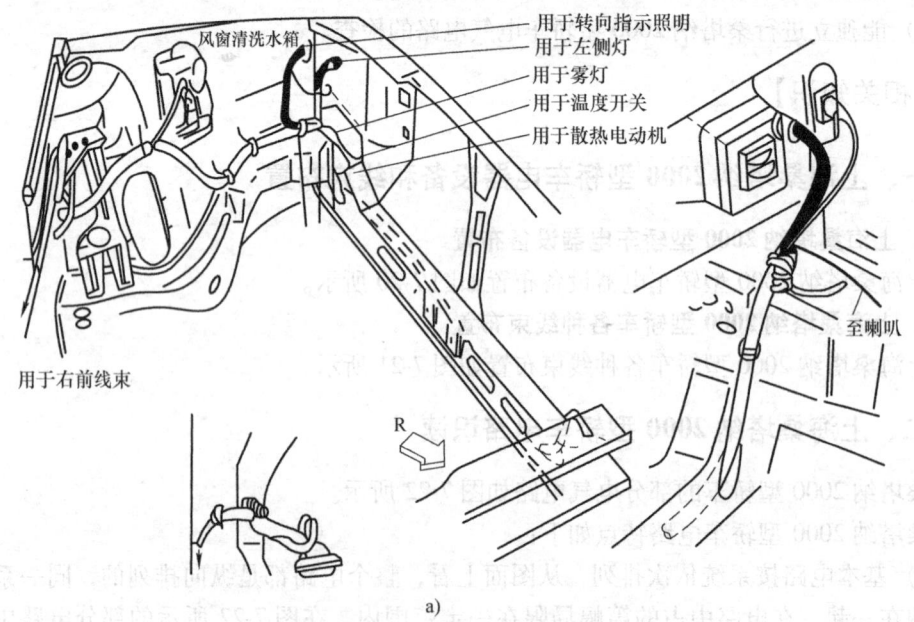

图 7-21　上海桑塔纳 2000 型轿车各种线束布置

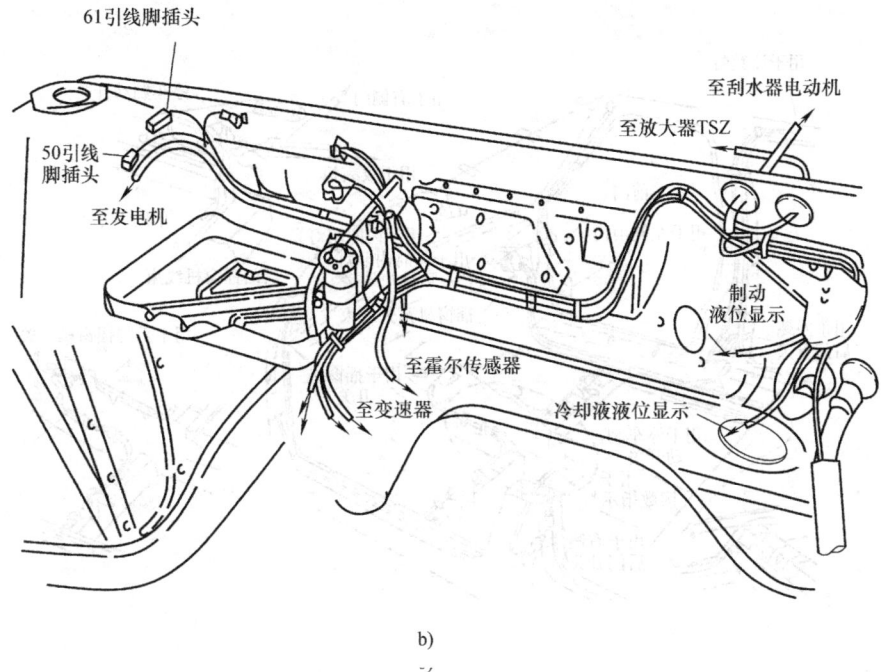

b)

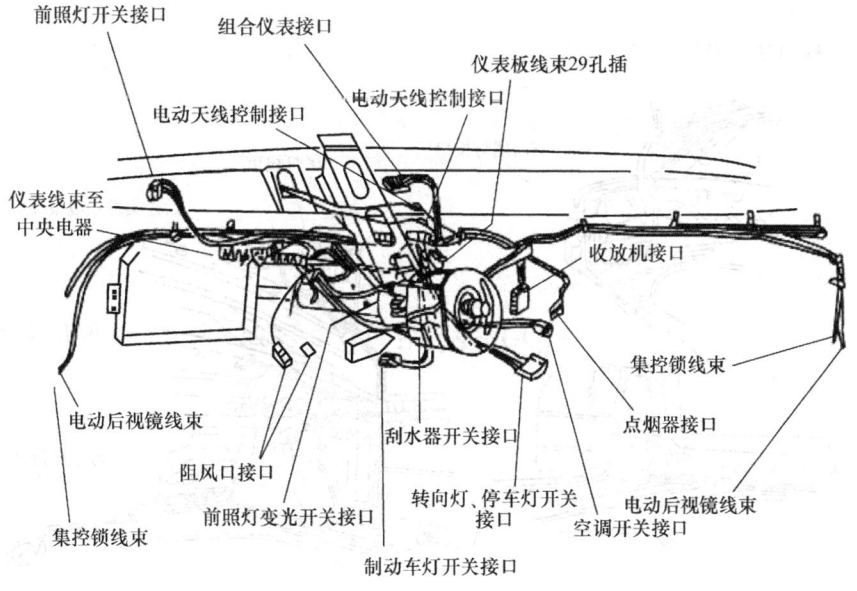

c)

图 7-21 上海桑塔纳 2000 型轿车各种线束布置（续）

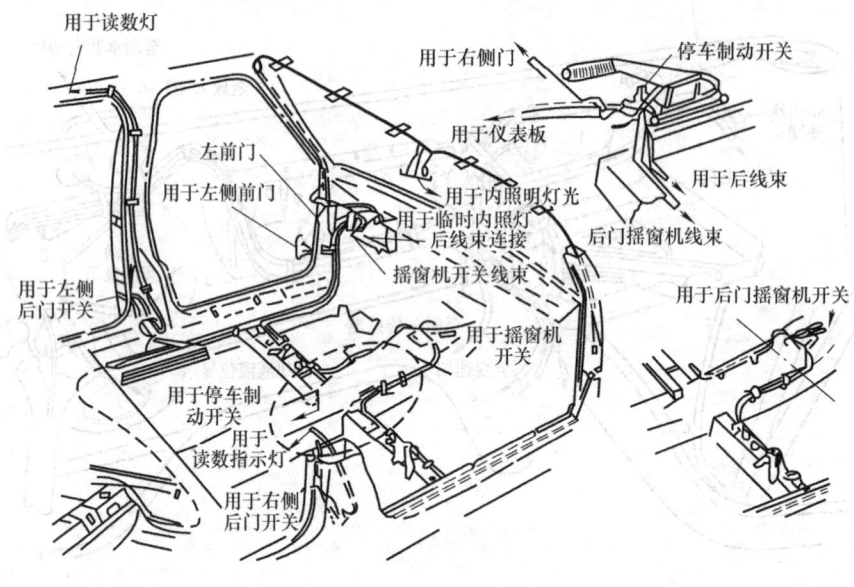

d)

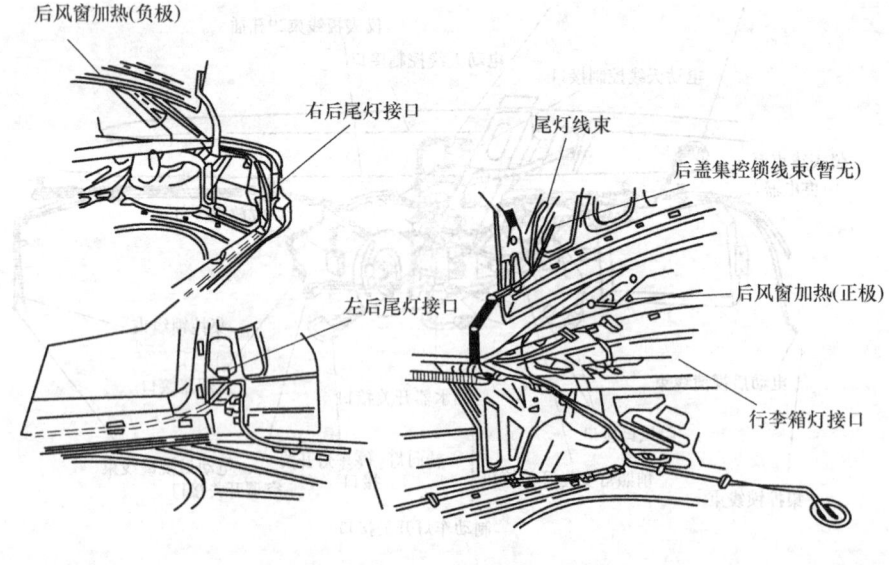

e)

图 7-21 上海桑塔纳 2000 型轿车各种线束布置（续）

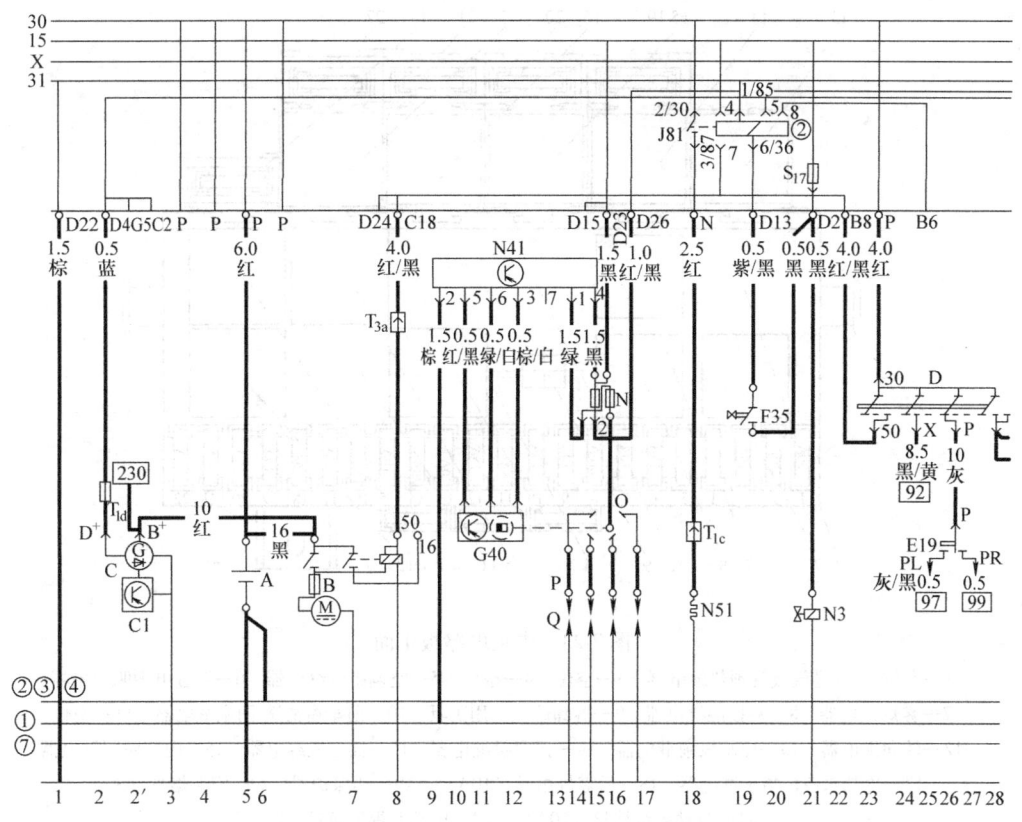

图 7-22　桑塔纳 2000 型轿车部分电气电路

2）整个电路很少有转折和交叉。为了使复杂电路部分的电路能够有机地连贯起来而不破坏图面的纵向性，采用断线带号法来解决。如图 7-22 所示的处理方法，电路标号为"24"、"26"处的在上半段连线需横向转折的地方断开并画一小方框，内标电路标号"97"、"99"，说明该处连线的下半段应到电路标号为"97"、"99"的位置上寻找；同样在电路标号为"2"的下半段电路起始端也有一方框，内标"230"，说明该处连线的上半段应到电路标号为"230"的位置上寻找。通过这种数字的联系，就把画在不同位置的同一电路的上下两段电路的连接关系，明确地表示出来了。

3）桑塔纳 2000 型轿车整车电气系统采用中央电路板方式。电路上方第 5 条横线以上的部分表明了中央电路板中所安装的电气器件与连接导线。大部分继电器和熔丝都安装在中央电路板正面，如图 7-23 所示。

主线束从中央电路板背面插接后通往各用电器如图 7-24 所示。

中央电路板背面标有线束和导线接插位置的代号及接点的数字号，主要线束的插件代号有 A、B、C、D、E、G、H、L、K、M、N、P、R。其中，P 插座插入常相线，R、K、M 临时都是空位插座。查找时只要根据电气电路中导线与中央电路板灰色区域中下框线交点处的代号，就能非常方便地找到某导线在哪个线束的第几个插头上。如 C18 表示插接器 C 上第 18 号插孔，同理 D4、D26 分别表示插接器 D 上的第 4 号、26 号插孔。

4）桑塔纳 2000 型轿车电路上方的四条横线，用来表示压装在中央电路板塑料盘身内的

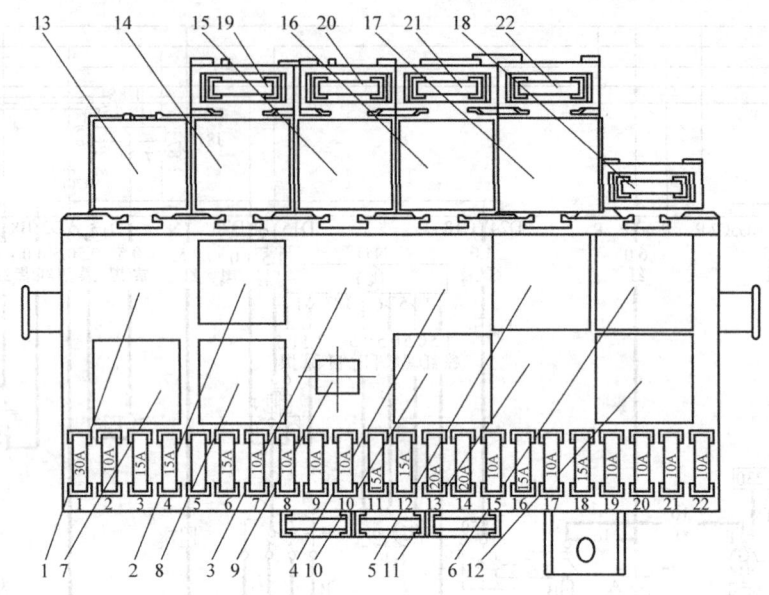

图7-23 中央电路板正面

1—空位 2—进气歧管预热继电器 3—空位 4—空位 5—空调组合继电器 6—双音电喇叭继电器 7—雾灯继电器 8—X-接触继电器 9—拆卸熔丝专用工具 10—前车窗清洗-雨刮继电器 11—空位 12—转向继电器 13—冷却风扇继电器 14—摇窗机继电器 15—摇窗机继电器 16—内部照明继电器 17—冷却水液位指示继电器 18—后雾灯熔丝（10A） 19—热保护器 20—空调熔丝（30A） 21—自动天线熔丝（10A） 22—电动后视镜熔丝（3A）

成型铜片，其中三条是引入中央电路板内的不同用途的相线，一条是搭铁线。其线端分别用"30"、"15"、"X"和"31"标明。线端标号为"30"的是直接与蓄电池正极相接的常相线。它中间不经过任何开关，无论是停车时还是发动机处于熄火状态都有电，专供发动机熄火时也需用电的电器使用，如停车灯、报警灯、顶灯、冷却风扇电动机等；标号为"15"的是从点火开关15接柱上引出的由点火开关控制的小容量用电器的供电线，它是在点火开关接通后方能有电的相线；标号为"X"的是受减荷继电器控制的大容量用电器的供电线，只有当点火开关接通，减荷继电器触点闭合时，才能将"30"号线的电能引入"X"线；标号为"31"的为搭铁线，它与中央电路板支架搭铁点相连接。

5）桑塔纳2000型轿车电路中还标明了电器的搭铁方式和部位。电路中最底部的横线表示搭铁线，导线搭铁端标注有带圈的数字代号，标有"①"的为搭铁线；标有"②"、"③"、"④"的为中央电路板搭铁线；标有"⑦"的为尾灯线束搭铁线。在车上不是所有的电器都直接与金属车体相连而搭铁的，有的是通过接地插座，有的则通过其他电器或电子设备再搭铁的。

6）电路中的连接插头统一用字母T表示，其后的数字表示该插头的孔数以及连接导线对应的孔的序号。例如，T6/5表示该插头为6个端子，连接导线对应的插孔的序号为5。依此类推，T29/6表示导线对应29孔插头的第6位。

7）导线颜色采用直观表达法。在电路中，车上的导线用什么颜色，电路上就印成什么颜色，一看便知，本书中用文字进行了标注。导线的颜色在使用上也有一定的规律：红色导

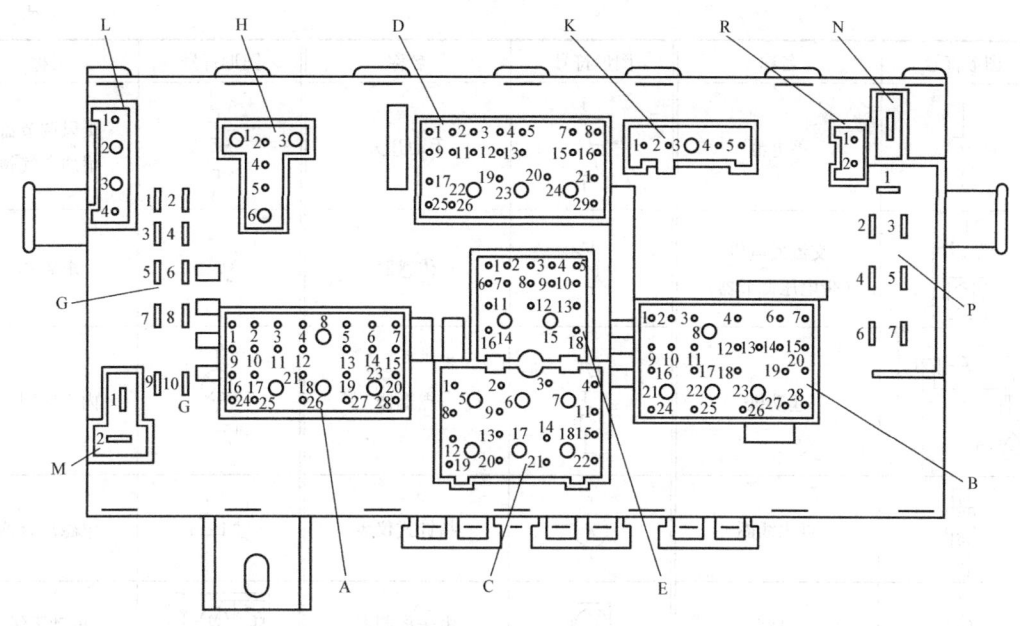

图 7-24 中央电路板背面

注：A——用于仪表板线束，插件颜色为蓝色；B——用于连接仪表板线束，插件颜色为红色；C——用于连接发动机室左边线束，插件颜色为黄色；D——用于连接发动机室右边线束，插件颜色为白色；E——用于连接车辆后部线束，插件颜色为黑色；G——用于连接单个插头（主要用于冷却水不足指示控制器）；H——用于连接空调装置的线束，插件颜色为棕色；K——空位；L——用于连接双音电喇叭等线束，插件颜色为灰色；M——空位；N——用于单个插头（主要用于进气管预热器的加热电阻的电源）；P——用于单个插头（主要用于蓄电池相线与中央电路板"30"的连接，中央电路板"30"与点火开关"30"接线柱连接）；R——空位。

线大多数用作控制相线；棕色为接地线；白/黄色用来控制灯；蓝色导线大多用在指示灯或传感器电路上；浅绿、红/黑或绿/黑多用于脉冲式的用电器上。电路中的连接导线都标有铜心截面的截面积（mm^2），如 1.5、1.0、2.5 分别表示该线的截面积为 $1.5mm^2$、$1.0mm^2$、$2.5mm^2$。为了保证导线具有足够的强度，其最小截面积不得低于 $0.5mm^2$。

8）桑塔纳 2000 型轿车电路中，J_2、J_{81} 为继电器，其中 J_2 为电子控制复合式，J_{81} 为变通继电器。圆圈内的标号 12 和标号 2 表示 J_2 继电器位于中央电路板上的第 12 位上，而 J_{81} 则处于 2 位上。

9）电路中 S 代表熔丝，下脚标号代表该熔丝在中央电路板上的位置。如 S_{19} 表示该熔丝处于中央电路板第 19 位。熔丝的容量可以从它的颜色来判断：红色为 15A，绿色为 30A，黄色则为 20A。

桑塔纳 2000 型轿车的电气电路符号说明见表 7-1 所示。

表 7-1 桑塔纳 2000 型轿车的电气电路符号说明

图形符号	名称	图形符号	名称	图形符号	名称
	熔丝	Ⓜ	电动机		手动多级开关

（续）

图形符号	名称	图形符号	名称	图形符号	名称
	蓄电池		手动开关		暖风调节器附加空气阀
	交流发电机（带电压调节器）		传感器		电磁阀
	起动机		点烟器		内部照明灯
	点火线圈		指针式仪表		电磁离合器
	灯泡		电子控制器		电动天线
	电子控制继电器		加热电阻		数字式时钟
	电喇叭		手动按钮		扁平插头
	继电器		机械控制开关		火花塞
	刮水电动机		压力开关		

三、桑塔纳2000型轿车电器系统特点

1. 电源系电路

上海桑塔纳轿车的电源由负极搭铁的12V蓄电池（容量为54A·h）与内装电子电压调节器的硅整流发电机并联组成。

当点火开关D置于Ⅰ挡时，发电机转速低于1200r/min时，蓄电池承担着向用电设备供电的任务，同时向发电机提供励磁电流，其电路为蓄电池正极→发电机磁场绕组→电子调节器功率管→蓄电池负极。

在发电机转速达到或高于1200r/min时，发电机电压高于蓄电池电动势时，用电设备由发电机供电，同时向蓄电池充电，充电指示灯熄灭，指示发电机工作状态良好。

2. 起动系电路

起动机由点火开关的起动挡直接控制。当点火开关置于起动挡时，接通起动机电磁开关内的吸拉和保持线圈，线圈通电产生电磁吸力，接通起动机主电路。

3. 点火系电路

将点火开关置于 I 挡，点火系的初级电路接通，其电路为电源正极→点火开关 30 端子→点火开关 15 端子→中央电路板 D23 端子→点火线圈初级绕组→电子点火控制器 N41→电源负极。

4. 仪表及进气预热电路

点火系统工作的同时，仪表和指示灯电路也同时工作。

（1）润滑系低压传感器电路 当发动机润滑系的润滑油压力低于 30kPa 时，低压传感器触点闭合，其电路为电源正极→点火开关 30 端子→15 端子→油压检查控制器 J_{114}→低压传感器 F_1（低压油压开关）触点→F_1 外壳→搭铁→电源负极；当油压高于 30kPa 时，低压传感器触点断开。

（2）润滑系高压传感器电路 当发动机润滑系的润滑油压力低于 180kPa 时，高压传感器触点断开；当油压高于 180kPa 时，高压传感器触点闭合。其电路为电源正极→点火开关 30 端子→15 端子→油压检查控制器 J_{114}→高压传感器 F_{22}（高压油压开关）触点→F_{22} 外壳→搭铁→电源负极。当发动机转速高于 2150r/min 时，油压仍不正常，则油压检查控制器 J_{114} 发出蜂鸣报警声。

（3）油压指示灯电路 其电路为电源正极→点火开关 30 端子→15 端子→油压检查控制器 J_{114}→降压电阻→油压指示灯 K_3→油压检查控制器 J_{114}→搭铁→电源负极。

（4）水温表电路 其电路为电源正极→点火开关 30 端子→15 端子→稳压器 J_6→水温表 G_3→水温表传感器 G_2→搭铁→电源负极。

（5）冷却水液位报警指示电路 其电路为电源正极→点火开关 30 端子→15 端子→稳压器 J_6→液位报警灯 K_{28}→液位控制器 J_{120}→冷却水不足开关 F_{66}→搭铁→电源负极。

当冷却水温度超过 124℃ 或液位低于限定值时，报警灯 K_{28} 点亮。

（6）燃油表电路 其电路为电源正极→点火开关 30 端子→15 端子→稳压器 J_6→燃油表 G_1→燃油传感器 G→搭铁→电源负极。

（7）电子式发动机转速表 当点火线圈初级电流接通或切断时，产生的脉冲信号进入转速表控制电路。控制电路为数字集成电路，脉冲信号经集成电路处理后，有转速表指针指示出发动机转速。

（8）进气预热电路 当发动机的出水温度低于 65℃ 时，安装在发动机出水管的温控开关 F_{35} 闭合，进气预热继电器 J_{81} 工作，进气预热继电器线圈经熔断器 S_{17}、进气预热热敏开关 F_{18}、进气预热继电器励磁线圈而到电源负极，位于进气管内的进气预热器 N_{51} 通电加热混合气。在发动机出水温度高于设定温度时，温控开关 F_{35} 自动断开，进气预热器 N_{51} 断电停止工作。

5. 照明系电路

（1）前照灯 前照灯 L_1、L_2 由车灯开关 E_1 和转向组合手柄开关中的变光与超车灯开关 E_4 控制。当向上抬起组合开关手柄时，E_4 中的变光与超车灯开关触点接通，30 号线电源经熔断器 S_9、S_{10} 直接接通左前照灯 L_1、右前照灯 L_2 的远光灯丝电路。与此同时，经熔断器 S_9，远光指示灯发亮。反复抬起和放松组合开关手柄，向前方汽车发出超车信号。

当车灯开关 E_1 拨到 II 挡（位置 3）时，30 号线电源经点火开关 D 第二挪、车灯 E_1 第一挪加到变光开关与超车灯开关 E_4 上，当向上拨动一下组合开关手柄时，可依次接通左、右前照灯的近光灯丝电路（经熔断器 S_{21}、S_{22}）或远光灯丝电路（经熔断器 S_9、S_{10}）。

（2）雾灯　雾灯由车灯开关 E_1 和雾灯开关 E_{23} 控制。如图 7-26 所示，当雾灯开关拨到 Ⅰ 挡（位置2）时，前雾灯 L_{22}、L_{23} 灯丝电路接通。当雾灯开关拨到 Ⅱ 挡（位置3）时，前雾灯 L_{22}、L_{23} 仍然亮，后雾灯也亮。

（3）小灯、尾灯与停车灯　小灯与尾灯兼作停车灯使用，当汽车停驶时，用作停车灯；当汽车行驶时，用作小灯和尾灯。如图 7-26 所示，小灯 M_1、M_3 和尾灯 M_2、M_4 由点火开关 D（四掷第三位）、车灯开关 E_1（四掷第三位）和停车灯开关 E_{19} 控制。

（4）行李箱照明灯　行李箱照明灯 W_3 由 30 号线电源经熔断器 S_3 供电，由行李箱照明灯开关 F5 控制。

（5）顶灯　顶灯 W 由 30 号线电源经熔断器 S_3 供电，并分别由顶灯开关和 4 个并联的门控开关 F_2、F_3、F_{10} 和 F_{11} 控制。

（6）牌照灯　牌照灯 X 有两只，由车灯开关控制。

（7）倒车灯与制动灯　倒车灯和制动灯分为左、右两只，与后转向信号灯、尾灯等组合在一起。

当变速杆拨到倒车挡时，倒车挡开关 F_4 接通，15 号线电源给倒车灯 M_{16}、M_{17} 供电。

当驾驶员踩下制动踏板时，位于踏板支架上部的制动灯开关 F 接通，30 号线电源给制动灯供电。

（8）其他照明灯　仪表盘照明灯 L_{10} 两只、时钟照明灯 L_8、点烟器照明灯 L_{28}、烟灰缸照明灯 L_{41}、除霜器开关照明灯 L_{39}、雾灯开关照明灯 L_{40}、空调开关控制面板照明灯 L_{21} 等七种照明灯均由车灯开关控制。

6. 转向信号灯与报警灯

转向信号灯与报警信号系四只转向信号灯 M_5、M_6、M_7、M_8 兼作报警灯使用，当报警时，报警开关 E_3 接通，所有转向灯同时闪烁，报警指示灯 K_6 闪亮。

7. 辅助装置电路

（1）刮水洗涤器　刮水洗涤系统有六种工作状态，高速刮水、低速刮水、点动刮水、间歇刮水、清洗玻璃和停机复位。

（2）电动后视镜　电动后视镜由"X"供电，两侧后视镜各有两个永磁电动机，每个电动机可获得两种旋转方向，两个电动机即可完成镜面在四个方位的位置调整。

（3）电动车门玻璃升降器　电动车门玻璃升降器的组合控制开关，位于仪表板下方，前排左、右座椅之间的中央通道面板上。组合开关的四个白色按键开关分别控制各自相应的门窗玻璃升降，中间黄色开关为锁定开关，按下此开关，后门的玻璃升降开关就失去作用。

（4）中央集控门锁　蓄电池通过熔断器 S_3 直接向左前集控锁控制器 J_{53} 供电，遥控器通过左前集控锁控制器控制所有门锁的开启或关闭，车门上的提钮可控制各自门锁的开启或关闭。

8. 桑塔纳 2000Gli 型轿车发动机电子控制系统

桑塔纳 2000Gli 型轿车是在桑塔纳 2000 型轿车的基础上增加了电子控制燃油喷射系统，其电路如图 7-25 所示。

电子控制燃油喷射系统由电子控制单元（ECU）、传感器和执行器组成。

（1）电子控制单元（ECU）　电子控制单元接收到传感器采集的发动机工况信号，进行分析、比较、判断发出指令，控制执行器工作。ECU 的 18 端子与常相线 30 连接，可保证

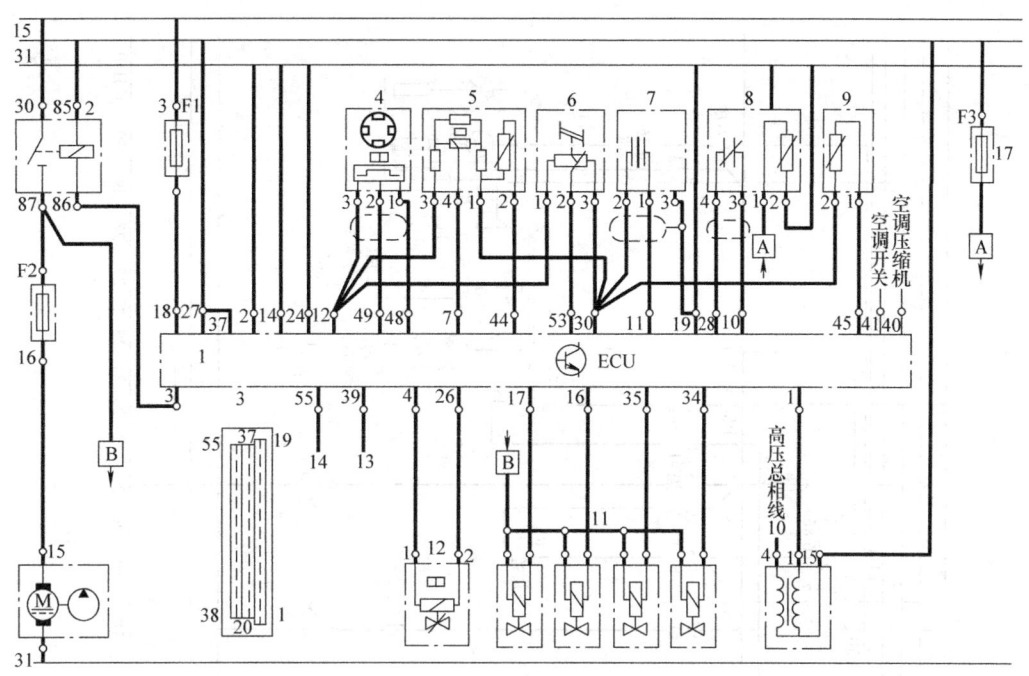

图 7-25 桑塔纳 2000Gli 型轿车发动机电子控制系统电路
1—发动机电子控制单元 2—燃油泵继电器 3—发动机计算机熔断器 4—霍尔式传感器
5—进气压力传感器与进气温度传感器 6—节气门位置传感器 7—爆振传感器 8—氧传感器 9—冷却水温度传感器
10—点火线圈 11—喷油器 12—怠速控制阀 13—调整怠速、点火提前角的搭铁线 14—故障诊断仪搭铁线
15—燃油泵 16—燃油泵熔断器 17—氧传感器加热装置熔断器
注：A——连接氧传感器加热装置电源（12V）端子；B——连接喷油器电源（12V）端子。

发动机熄火后，ECU 的数据不丢失，27、37 插脚为点火开关控制的 ECU 的电源线。

（2）传感器 传感器采集发动机的工况信号，并将非电信号变为电信号输入 ECU。桑塔纳 2000Gli 型轿车所采用的传感器包括进气温度传感器和进气压力传感器、节气门位置传感器、爆震传感器、氧传感器、冷却水温度传感器和霍尔传感器。

（3）执行器 执行器接受 ECU 的指令，控制发动机工作。

1）电动汽油泵。装在油箱内，油泵工作由油泵继电器和 ECU 控制。当点火开关置于 ON 挡，未起动发动机时，ECU 没检测到发动机的转速信号，泵继电器触点闭合 1s 左右；发动机起动后，ECU 检测到发动机的转速信号，控制油泵继电器线圈搭铁，油泵正常泵油。

2）喷油器。喷油器由油泵继电器和 ECU 的 17、16、35、34 端子控制。

3）怠速控制阀。安装在发动机旁通进气道上，自动控制旁通进气道的开度，通过调节旁通进气道进气量来控制发动机的怠速运转。

4）点火控制。由 ECU、霍尔传感器、点火线圈、分电器和火花塞等组成。

四、上海桑塔纳 2000 型轿车全车电路

上海桑塔纳 2000 型轿车电路原理图采用了当前国际上流行的"纵向排列式画法"，给读图提供了方便，上海桑塔纳 2000 型轿车全车电路如图 7-26 所示。

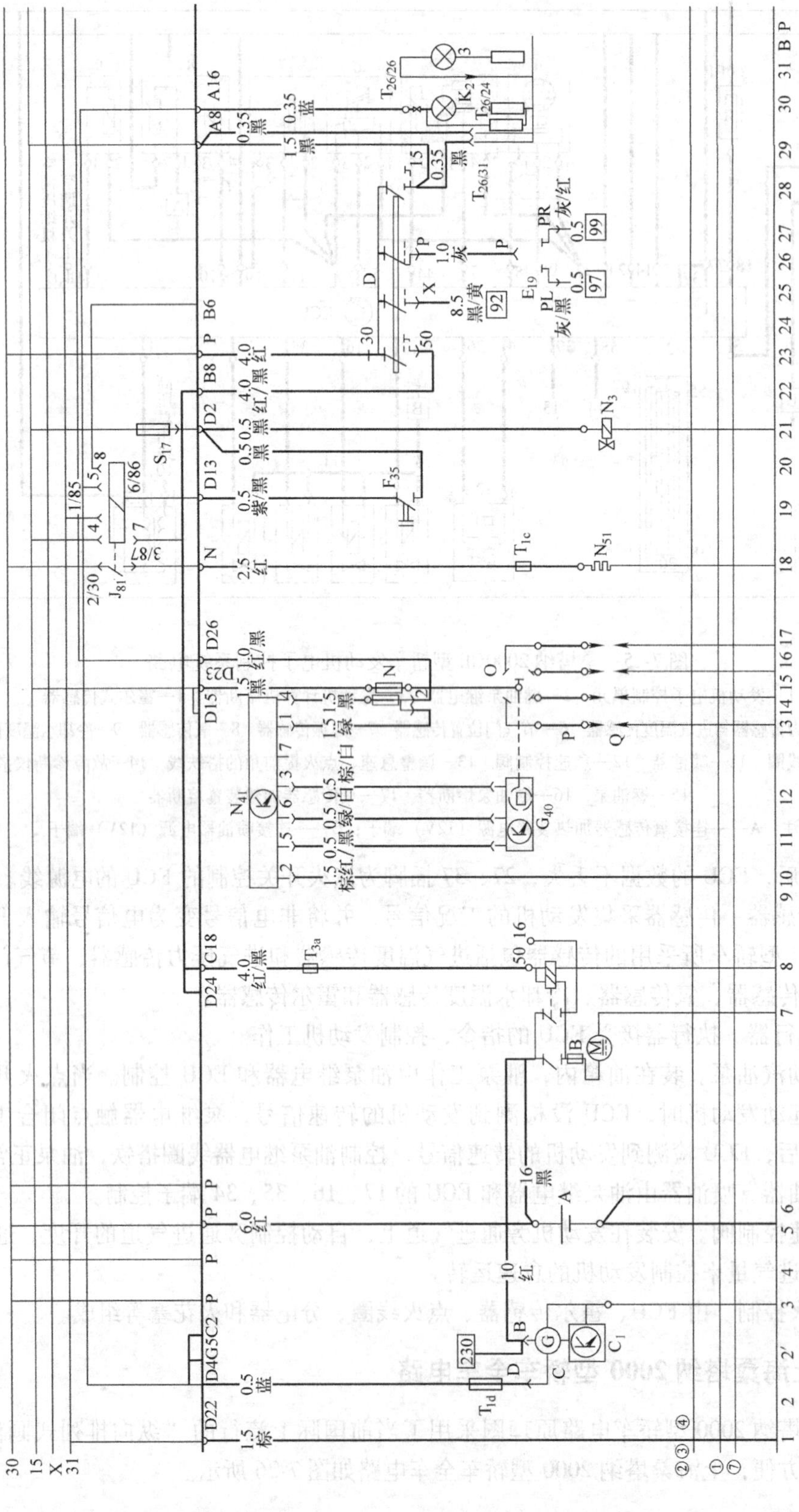

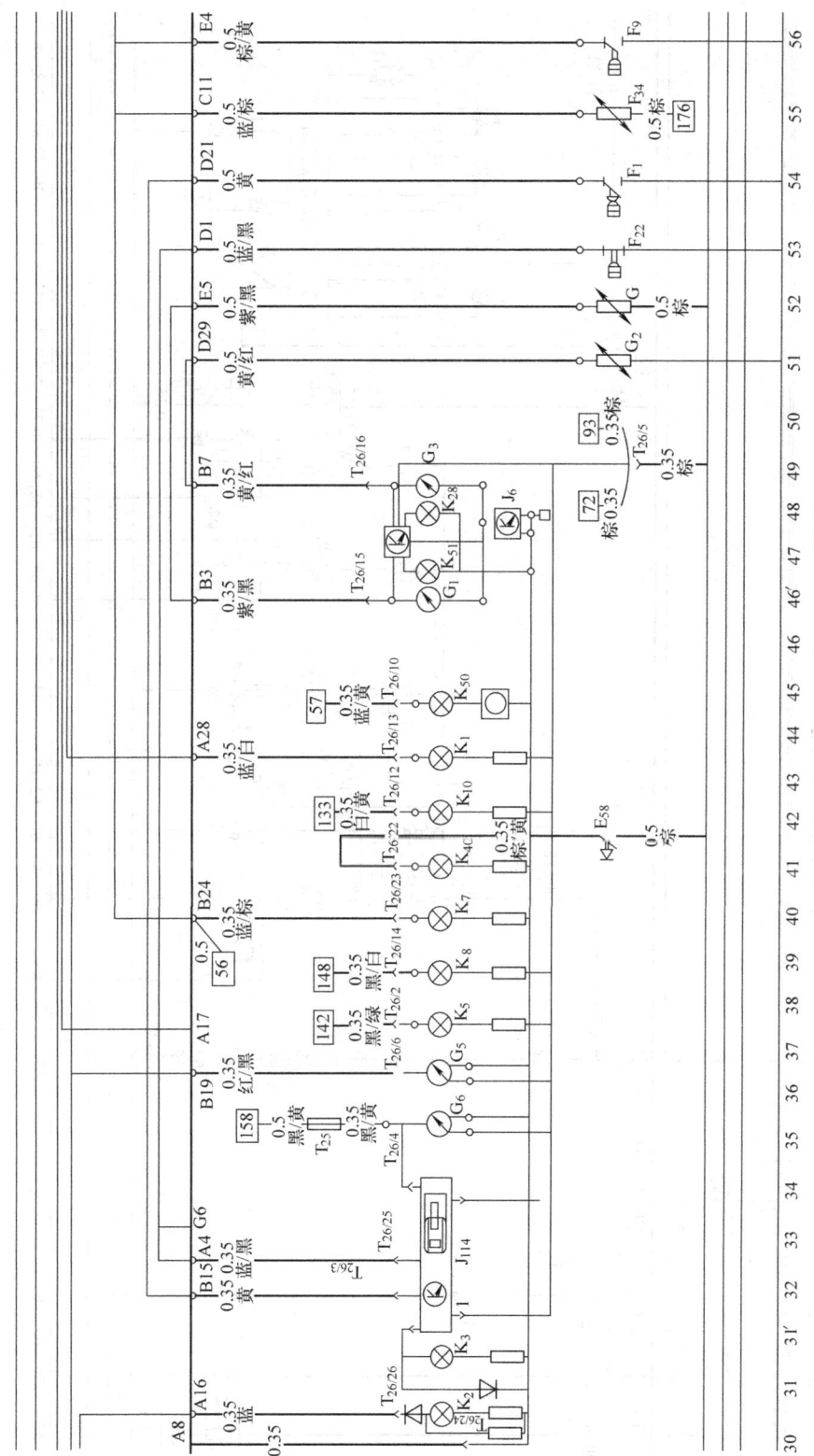

图7-25 上海桑塔纳2000型轿车全车电路

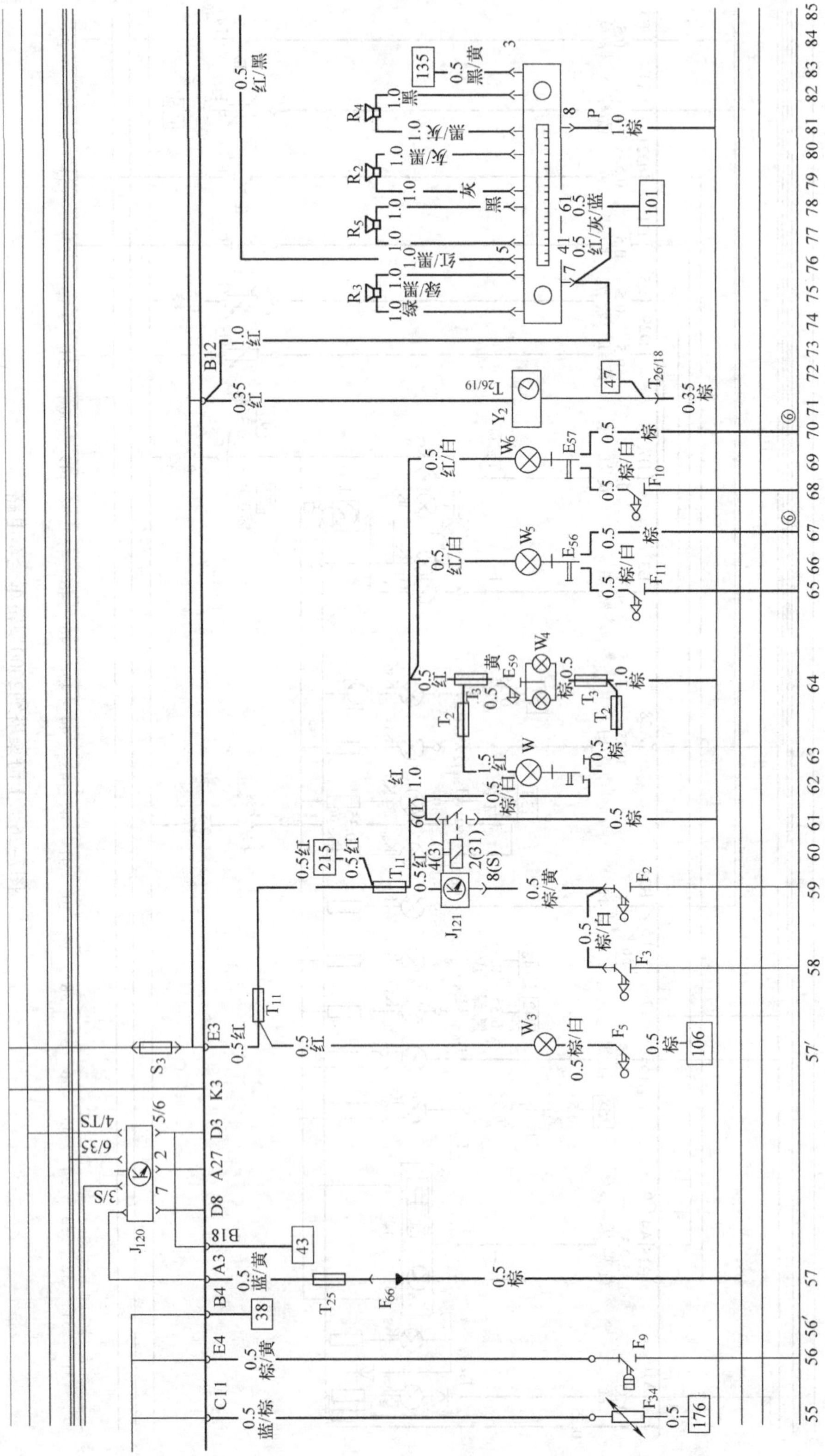

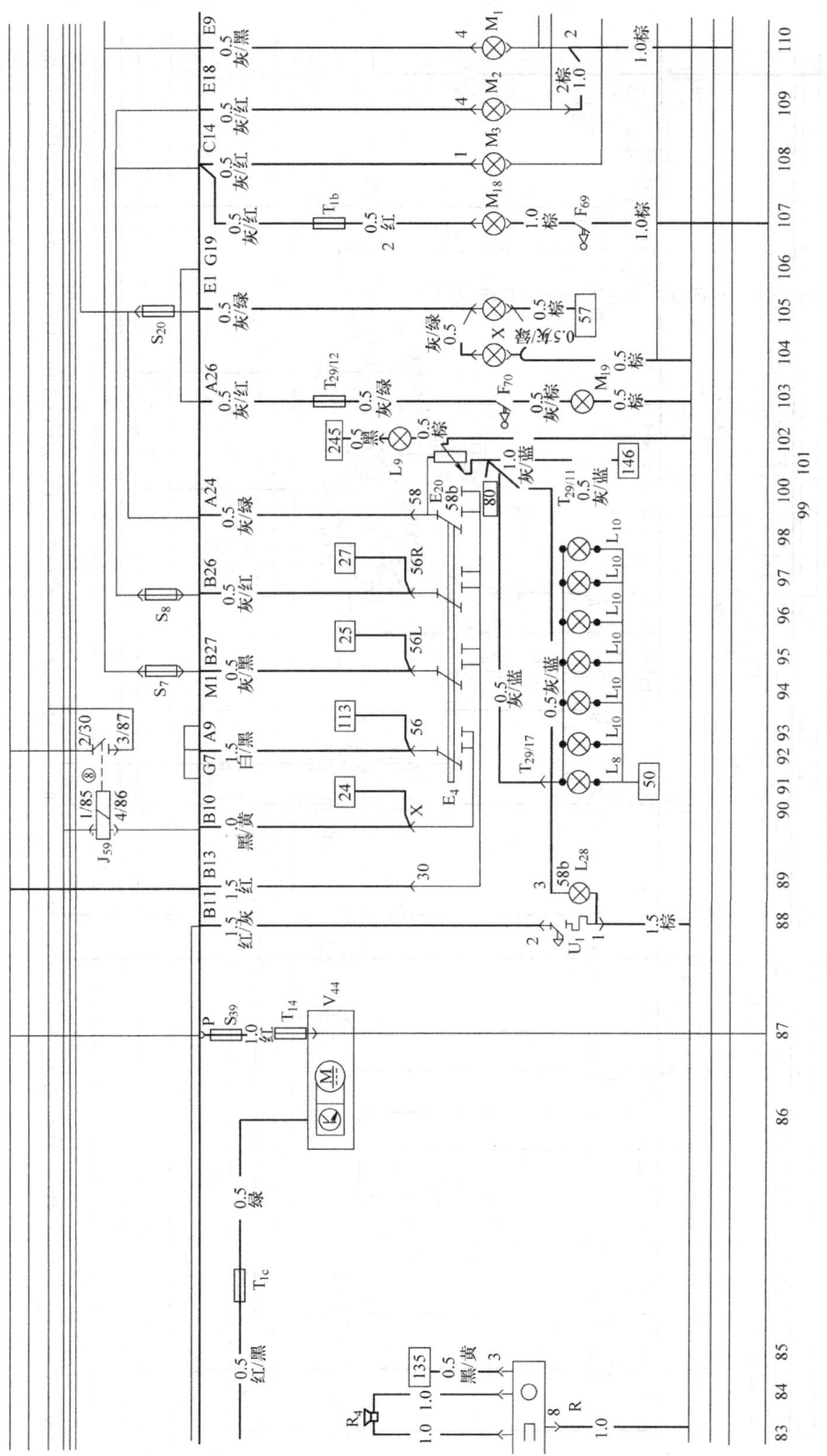

图7-26 上海桑塔纳2000型轿车全车电路（续）

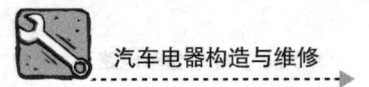

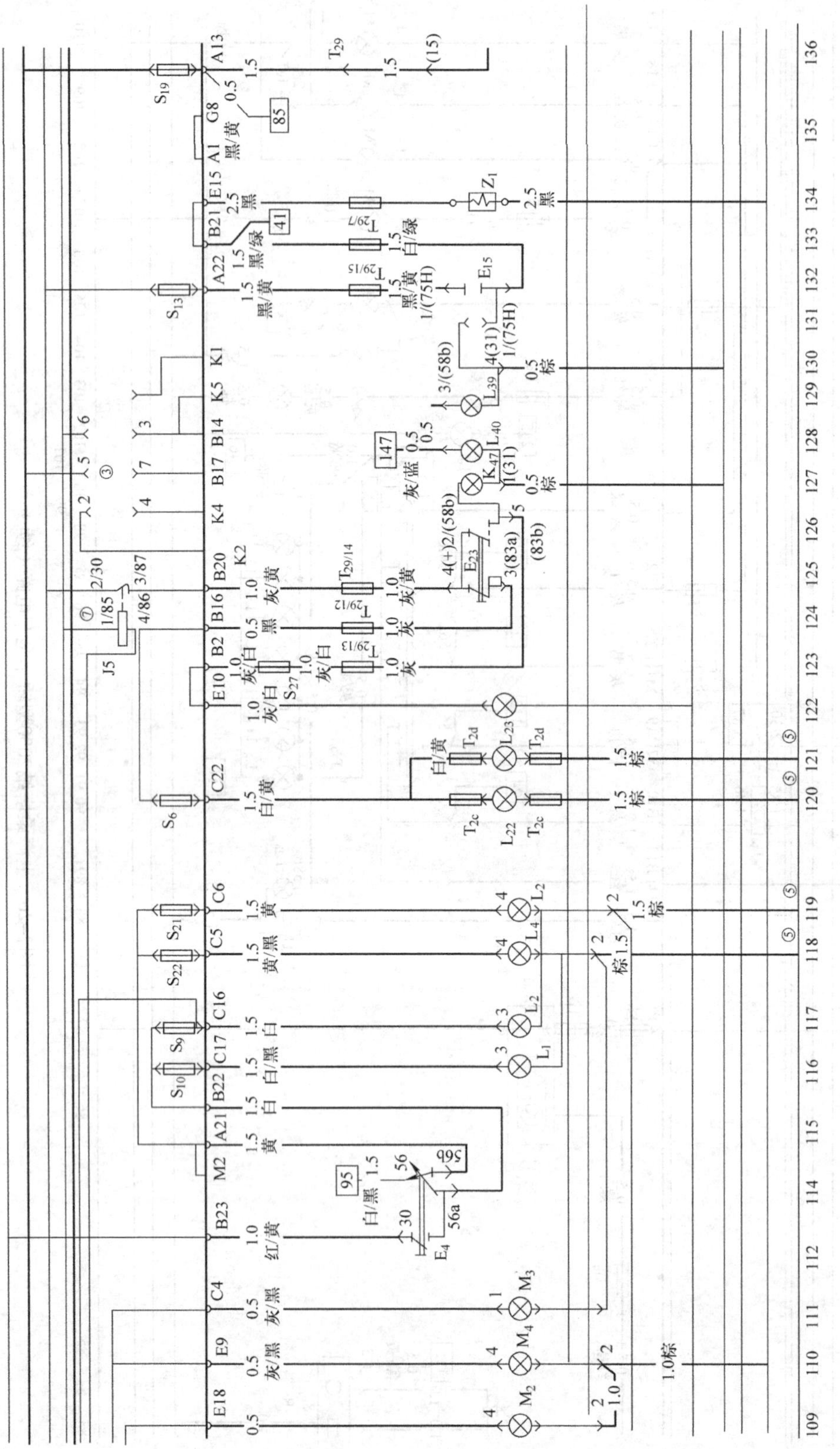

S19
A13
1.5
T29
1.5
(15)
G8
0.5
85
A1
黑/黄
E15
2.5
黑
Z1
2.5
黑
B21
41
A22
1.5
黑/绿
1.5
白/绿
S13
1.5
黑/黄
1.5
黑/黄
1/(75H)
E15
1/(75H)
K1
K5
B14
B17
K4
B20
K2
3/(58b)
4(31)
0.5
棕
L39
147
0.5
灰/蓝
L40
K47
(31)
0.5
棕
4(+)2/(58b)
E23
3(83a)
(83b)
5
2/30
3/87
1/85
4/86
J5
B16
1.0
灰/黄
B2
0.5
黑
1.0
灰
E10
1.0
灰/白
S27
1.0
灰/白
L23
C22
S6
1.5
白/黄
白/黄
T2d
T2c
L22
1.5
棕
C6
C5
S21
S22
1.5
黄
1.5
黄/黑
L4
L2
C16
C17
B22
S9
S10
1.5
白
1.5
白/黑
L1
A21
M2
1.5
黄
95
白/黑
56
56b
56a
30
E4
B23
1.0
红/黄
C4
0.5
灰/黑
M3
E9
M4
E18
M2
1.0棕
109
110
111
112
114
115
116
117
118
119
120
121
122
123
124
125
126
127
128
129
130
131
132
133
134
135
136

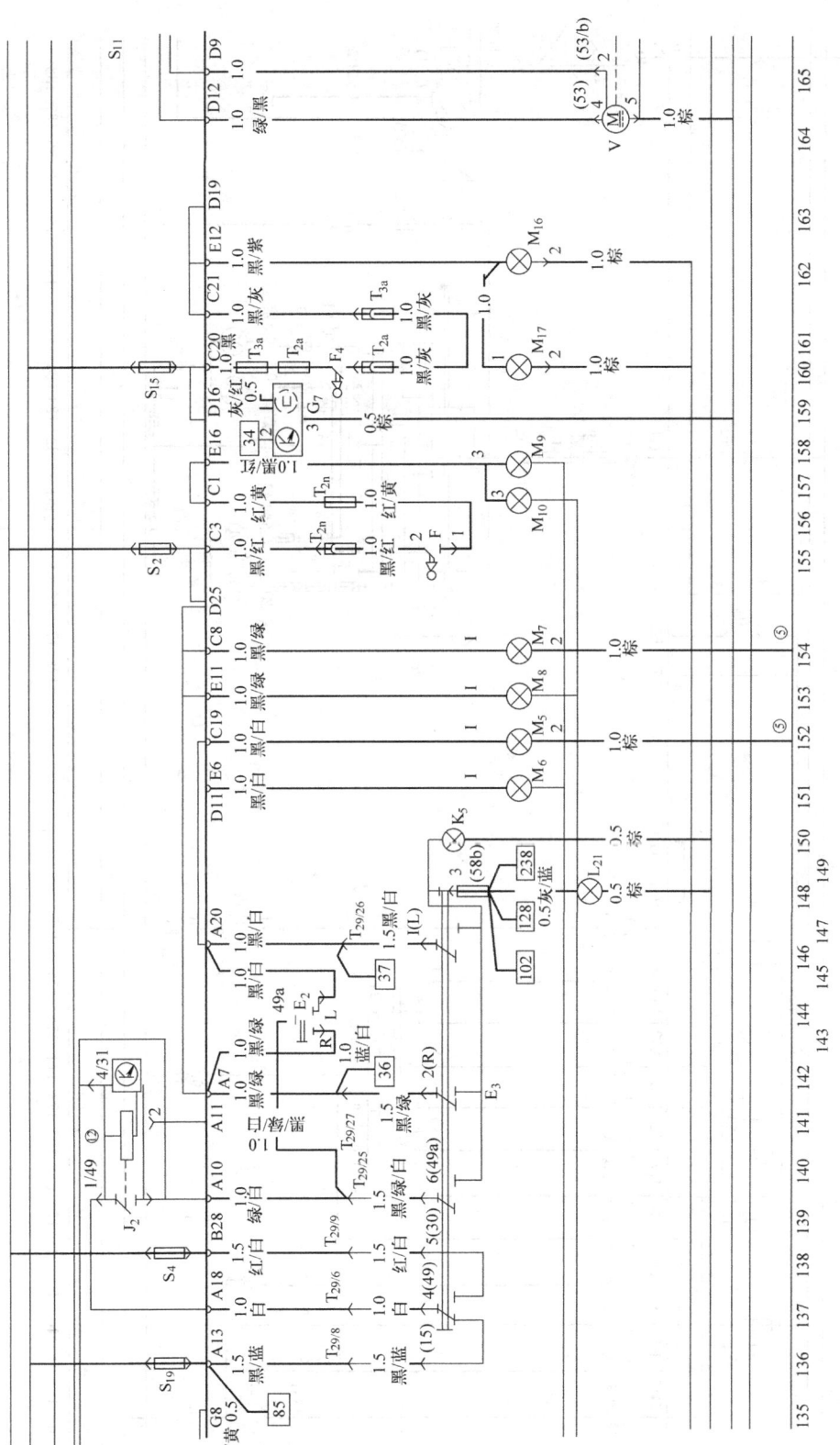

图7-26 上海桑塔纳2000型轿车全车电路（续）

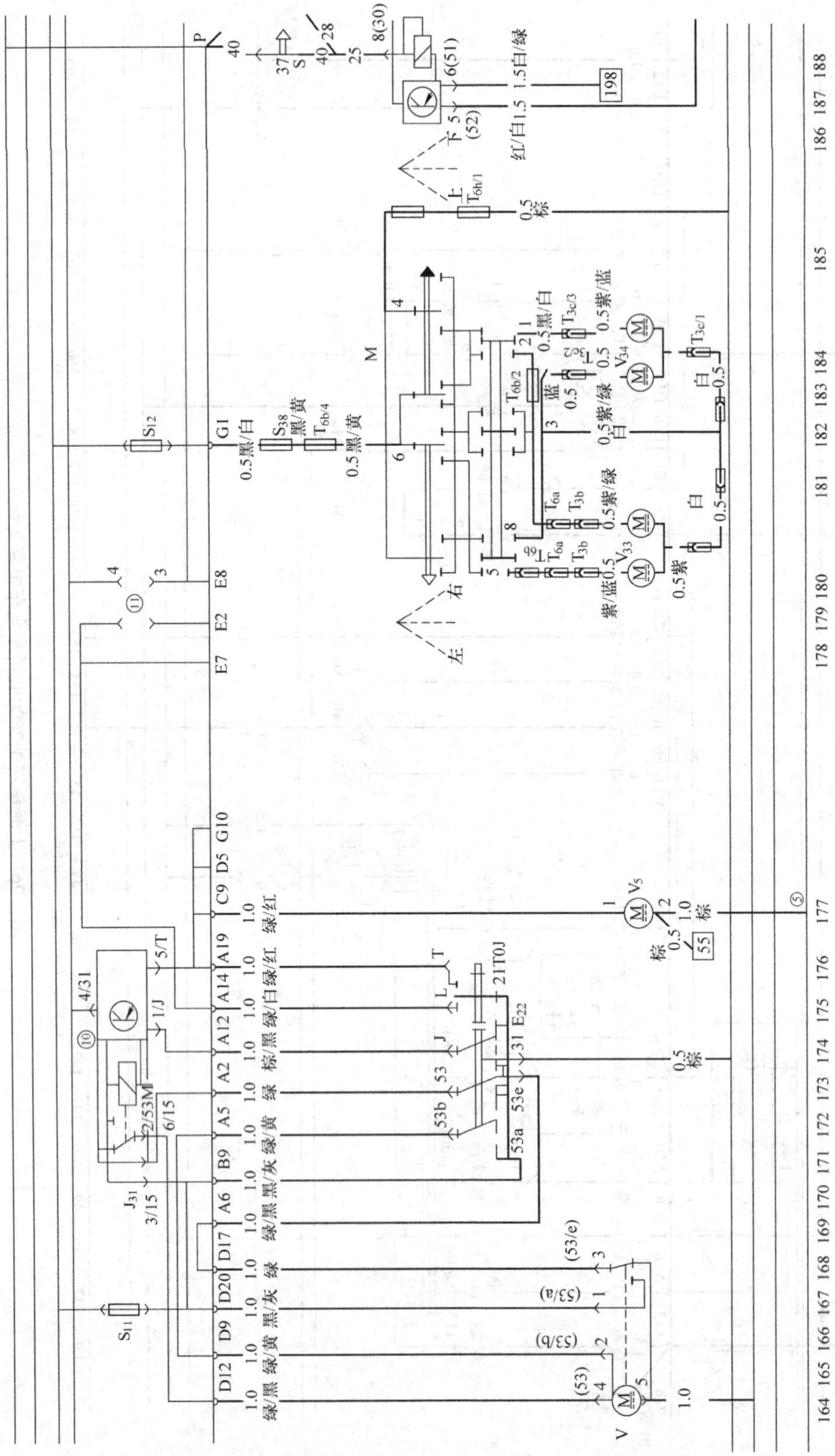

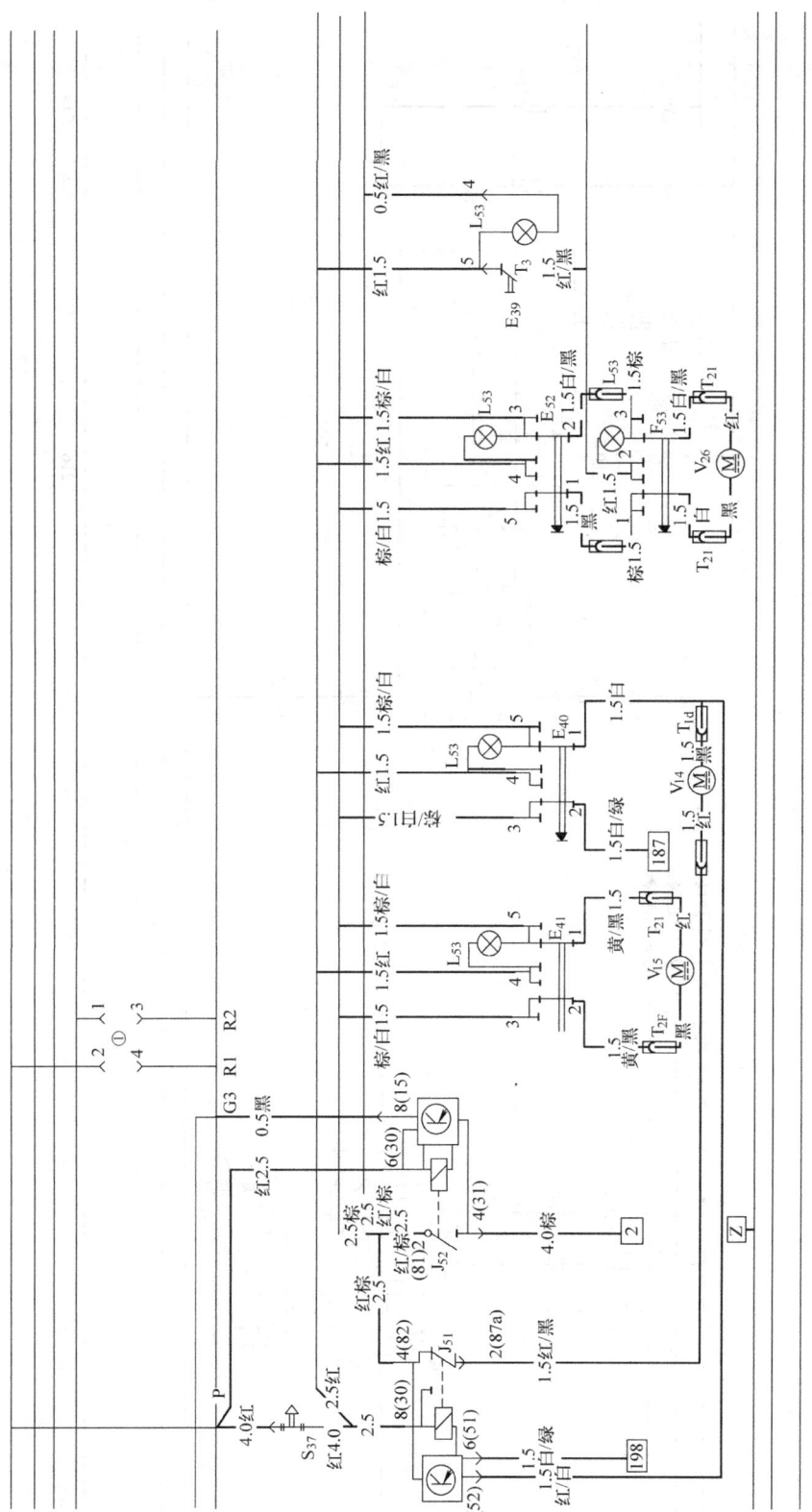

图7-25 上海桑塔纳2000型轿车全车电路（续）

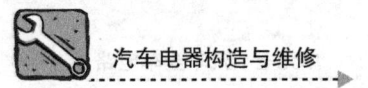

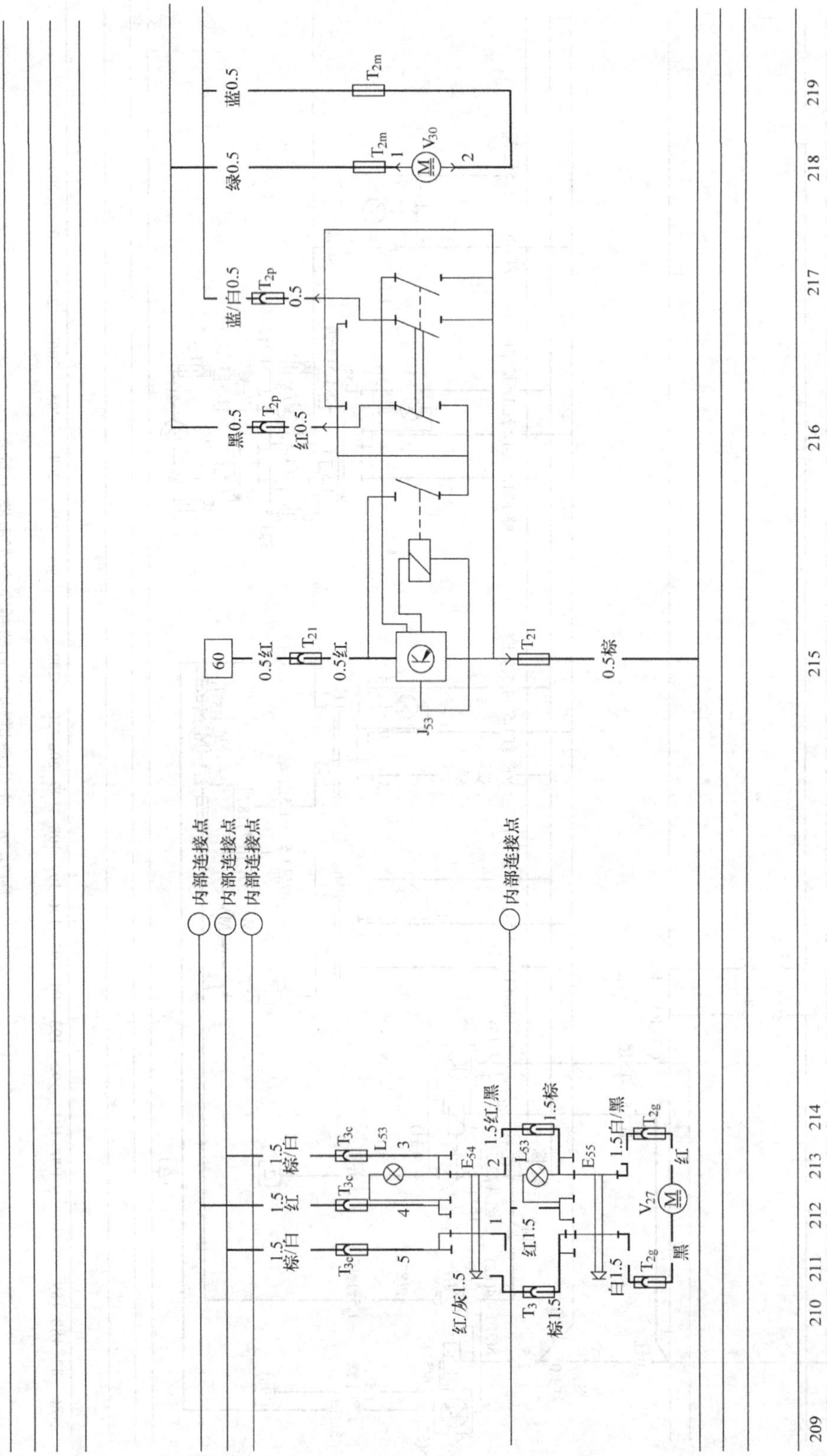

60
0.5红
T_{21}
0.5红
J_{53}
T_{21}
0.5棕
黑0.5
T_{2p}
红0.5
蓝/白0.5
T_{2p}
0.5
绿0.5
T_{2m}
1
V_{30}
2
蓝0.5
T_{2m}
内部连接点
内部连接点
内部连接点
内部连接点
1.5 棕/白
1.5 红
1.5 棕/白
T_{3c}
T_{3c}
T_{3c}
L_{53}
3
4
5
E_{54}
2
1
红/灰1.5
1.5红/黑
L_{53}
红1.5
T_3
棕1.5
1.5棕
E_{55}
1.5白/黑
T_{2g}
V_{27}
红
白1.5
T_{2g}
黑
209
210
211
212
213
214
215
216
217
218
219

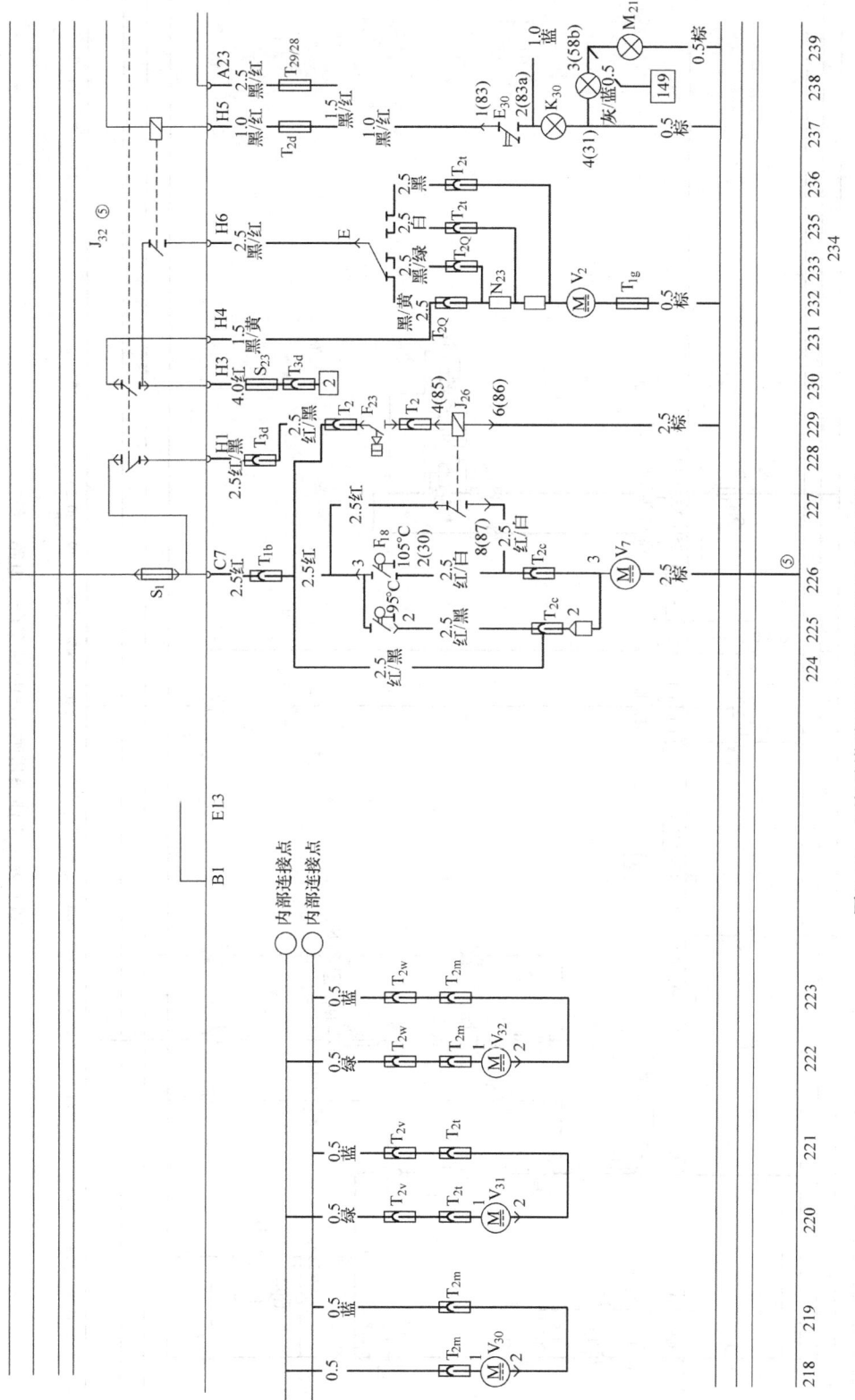

图7-26 上海桑塔纳2000型轿车全车电路（续）

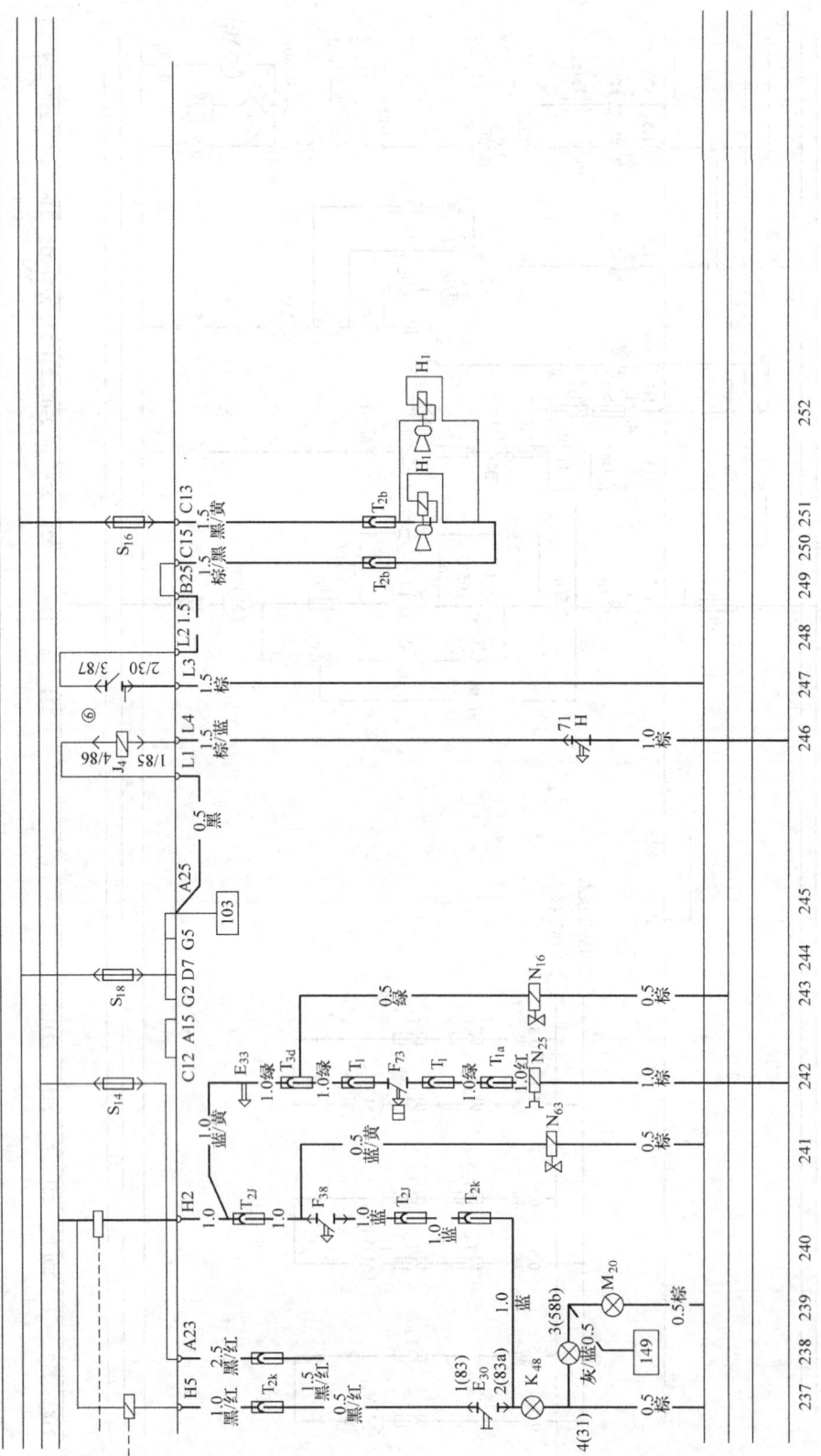

图7-26 上海桑塔纳2000型轿车全车电路（续）

上海桑塔纳2000型轿车全车电路中各元器件的编号和名称见表7-2。

表7-2　上海桑塔纳2000型轿车全车电路中各元器件编号和名称

编号	元器件名称	编号	元器件名称
①	蓄电池搭铁线	F_4	倒车灯开关
②③④	中央电路板搭铁线	F_5	行李箱照明灯开关
⑤	发动机室左线束搭铁	F_9	驻车制动指示灯开关
⑥	阅读灯搭铁线	F_{10}	左后车门接触开关
⑦	尾灯线束搭铁线	F_{11}	右后车门接触开关
⑨	接地点在继电器盘的支架上	F_{18}	散热风扇温控开关
⑩	接地点在仪表板后面	F_{22}	低压油压开关（30kPa）
30	常相线	F_{23}	空调高压开关
15	小容量电器用相线	F_{34}	制动液不足指示器开关
X	大容量电器用相线	F_{35}	进气预热温控开关
31	中央电路板内搭铁线	F_{38}	空调室温开关
A	蓄电池	F_{66}	冷却水不足指示器开关
B	起动机	F_{69}	发动机室照明灯开关
C	发电机	F_{70}	杂物箱照明灯开关
C_1	发电机内置电压调节器	F_{73}	空调压缩机开关
D	点火开关	G	燃油表传感器
E_1	灯光总开关	G_1	燃油表
E_2	转向灯开关	G_2	冷却水温度表传感器
E_3	危险报警灯开关	G_3	冷却水温度表
E_4	变光开关	G_5	转速表
E_9	空调风速开关	G_6	车速表
E_{15}	后风窗加热器开关	G_7	车速传感器
E_{19}	停车灯开关	G_{40}	霍尔传感器
E_{20}	仪表板照明灯亮度调节器	H	电喇叭按钮
E_{22}	前风窗刮水器开关	H_1	双音电喇叭
E_{23}	雾灯开关	J_2	报警灯继电器
E_{30}	空调开关	J_4	双音电喇叭继电器
E_{33}	空调风量开关	J_5	雾灯继电器
E_{39}	电动摇窗机安全开关	J_6	稳压器
E_{40}	左前电动摇窗机开关	J_{26}	冷却风扇继电器
E_{41}	右前电动摇窗机开关	J_{31}	刮水器、洗涤器继电器
E_{52}	左后电动摇窗机开关	J_{32}	空调继电器
E_{53}	左后电动摇窗机开关	J_{51}	电动摇窗机自动继电器
E_{54}	右后电动摇窗机开关	J_{52}	电动摇窗机延时继电器
E_{55}	电右后动摇窗机开关	J_{53}	左前中央集控锁控制器
E_{56}	右后阅读灯开关	J_{59}	减荷继电器
E_{57}	左后阅读灯开关	J_{81}	进气歧管预热继电器
E_{58}	遮阳灯开关	J_{114}	油压检查控制器
F	制动灯开关	J_{120}	冷却水不足指示器控制器
F_1	高压油压开关（180kPa）	J_{121}	内部照明继电器
F_2	左前车门接触开关	K_1	远光指示灯
F_3	右前车门接触开关	K_2	发电机充电指示灯

（续）

编号	元器件名称	编号	元器件名称
K_3	机油压力警告灯	P	火花塞插头
K_5	转向指示灯	Q	火花塞
K_6	报警闪光装置指示灯	R	收放机
K_7	驻车制动装置指示灯	R_1、R_2	扬声器
K_{10}	后风窗加热器指示灯	R_3、R_4	扬声器
K_{17}	雾灯指示灯	S_1、S_2	熔丝
K_{28}	冷却水温度指示灯	S_3、S_4	熔丝
K_{48}	空调开关照明灯	S_6、S_7	熔丝
K_{50}	冷却水液面警告灯	S_8、S_9	熔丝
K_{51}	燃油液面警告灯	S_{10}、S_{11}	熔丝
L_1	左前照灯双丝灯泡	S_{12}、S_{13}	熔丝
L_2	右前照灯双丝灯泡	S_{14}、S_{15}	熔丝
L_8	电子钟照明灯	S_{16}、S_{17}	熔丝
L_9	灯光开关照明灯	S_{18}、S_{19}	熔丝
L_{10}	仪表板照明灯	S_{20}	熔丝
L_{20}	后雾灯	S_{21}、S_{22}	熔丝
L_{21}	暖风开关照明灯	S_{23}	空调熔丝30（A）
L_{22}	左前雾灯	S_{27}	后雾灯熔丝
L_{23}	右前雾灯	S_{37}	电动摇窗机热保护器
L_{28}	点烟器照明灯	S_{38}	电动后视镜熔丝（3A）
L_{39}	后窗加热器开关照明	S_{39}	电动天线熔丝
L_{40}	雾灯开关照明灯	U_1	点烟器
L_{53}	摇窗机开关照明灯	V	前风窗刮水器电动机
M	电动后视镜开关	V_2	新鲜空气鼓风机电动机
M_1	左停车灯	V_5	前风窗喷水泵
M_2	右尾灯	V_7	散热风扇电机
M_3	右停车灯	V_{14}	左前电动摇窗机电动机
M_4	左尾灯灯泡	V_{15}	右前电动摇窗机电动机
M_5	前左转向灯	V_{26}	左后电动摇窗机电动机
M_6	后左转向灯	V_{27}	右后电动摇窗机电动机
M_7	前右转向灯	V_{30}	左前电动摇窗机电动机
M_8	后右转向灯	V_{31}	左后中央集控锁电动机
M_9	左制动灯	V_{32}	左后中央集控锁电动机
M_{10}	右制动灯	V_{33}	右电动后视镜电动机
M_{16}	左倒车灯	V_{34}	左右电动后视镜电动机
M_{17}	右倒车灯	V_{44}	电动天线
M_{20}	空调开关指示灯	W	车内照明灯
N	点火线圈	W_3	行李箱照明灯
N_{16}	空调升速电磁阀	W_4	遮阳灯
N_{23}	鼓风机换挡电阻	W_5	右后阅读灯
N_{25}	电磁离合器	W_6	左后阅读灯
N_{51}	进气预热器	X	牌照照明灯
N_{63}	进气门电磁阀	Y_2	电子钟
O	分电器	Z_1	后风窗加热器

上海桑塔纳2000型轿车全车电路中对应器件部分熔丝的编号、容量和颜色见表7-3。

表7-3 对应器件部分熔丝的编号、容量和颜色

编号	元器件名称	容量/A	颜色	编号	元器件名称	容量/A	颜色
S_1	却风扇	30	绿	S_{14}	空调	20	黄
S_2	制动灯	10	红	S_{15}	倒车灯、车速传感器	10	红
S_3	点烟器、顶灯、电子钟	15	蓝	S_{16}	高、低音电喇叭	15	蓝
S_4	报警灯	15	蓝	S_{17}	进气预热温控开关	10	红
S_6	前雾灯	15	蓝	S_{18}	电喇叭继电器灯光开关照明	15	蓝
S_7	小灯、尾灯（左）	10	红	S_{19}	转向灯	10	红
S_8	小灯、尾灯（右）	10	红	S_{20}	牌照灯	10	红
S_9	右前照灯远光	10	红	S_{21}	左前照灯近光	10	红
S_{10}	左前照灯远光	10	红	S_{22}	右前照灯近光	10	红
S_{11}	刮水器与洗涤泵	15	蓝	S_{23}	鼓风机	30	绿
S_{12}	电动后视镜、电摇窗机	15	蓝	S_{27}	后雾灯	10	红
S_{13}	后风窗除霜	20	黄				

【任务实施】

一、准备工作

1）准备一套汽车电工专用工具和桑塔纳2000型轿车全车电路。
2）根据实际情况准备实习车辆或桑塔纳2000型轿车全车电气电路实验台架。
3）将台架停放在通风良好、地面平整干净、周围无安全隐患的环境下。
4）放置车轮挡块并拉紧驻车制动，避免工作时车辆移动。
5）检查车辆的油、液、水、电等，使车辆处于完好状态，以保证任务实施的顺利进行。

二、实施任务

1）通过观察了解实习车辆或实验台架上各系统中电气设备的组成，从全车电路中找出这些电气元器件。
2）根据电路对各系统电路及工作过程进行分析。
3）分别完成实习车辆或实验台架上各系统电路的连接。
4）分别完成实习车辆或实验台架上各系统中保险装置、导线、用电设备及开关的检查。
5）试车，观察各系统能否正常工作。
6）清洁、整理工具、设备，并妥善保管存放。
7）记录实习过程和结果，写出实习报告。

参考文献

［1］张茂国．汽车电器构造与维修［M］．北京：人民交通出版社，2002.
［2］陈作兴．汽车电气设备与修理［M］．北京：中国劳动社会保障出版社，2004.
［3］周建平．汽车电气设备构造与维修［M］．北京：人民交通出版社，2002.
［4］王勇．汽车电气设备构造与维修［M］．北京：机械工业出版社，2005.
［5］王海兴．汽车电器［M］．北京：机械工业出版社，2003.
［6］裘玉平．汽车电器设备［M］．北京：人民交通出版社，2001.
［7］舒华，姚国平．汽车电气与电子技术［M］．北京：人民交通出版社，2004.
［8］张永玉，田西玲．现代小型汽车结构与维修［M］．济南：山东科学技术出版社，1996.

读者信息反馈表

感谢您购买《汽车电器构造与维修》一书。为了更好地为您服务,有针对性地为您提供图书信息,方便您选购合适图书,我们希望了解您的需求和对我们教材的意见和建议,愿这小小的表格为我们架起一座沟通的桥梁。

姓　名		所在单位名称	
性　别		所从事工作(或专业)	
通信地址		邮　编	
办公电话		移动电话	
E-mail			
1. 您选择图书时主要考虑的因素:(在相应项前面画✓) (　)出版社　(　)内容　(　)价格　(　)封面设计　(　)其他 2. 您选择我们图书的途径(在相应项前面画✓) (　)书目　(　)书店　(　)网站　(　)朋友推介　(　)其他			
希望我们与您经常保持联系的方式: 　　　　□ 电子邮件信息　　□ 定期邮寄书目 　　　　□ 通过编辑联络　　□ 定期电话咨询			
您关注(或需要)哪些类图书和教材:			
您对我社图书出版有哪些意见和建议(可从内容、质量、设计、需求等方面谈):			
您今后是否准备出版相应的教材、图书或专著(请写出出版的专业方向、准备出版的时间、出版社的选择等):			

非常感谢您能抽出宝贵的时间完成这张调查表的填写并回寄给我们,我们愿以真诚的服务回报您对机械工业出版社技能教育分社的关心和支持。

请联系我们——
地　址　北京市西城区百万庄大街22号　机械工业出版社技能教育分社
邮　编　100037
社长电话　(010)88379080　88379083　68329397(带传真)
E-mail　jnfs@ mail. machineinfo. gov. cn